本书是吴文劲主持的2018年度湖北金融发展与金融安全研究中心课题"后补贴时代湖北新能源汽车发展金融支持机制研究"的成果。

本书是中国清洁发展机制基金2013年度赠款项目计划"湖北省应对气候变化统计核算制度研究及能力建设"的成果。

湖北省新能源汽车战略和政策绩效评价及完善研究

吴文劲　著

图书在版编目(CIP)数据

湖北省新能源汽车战略和政策绩效评价及完善研究/吴文劲著.
—武汉：武汉大学出版社,2019.12
ISBN 978-7-307-19814-2

Ⅰ.湖…　Ⅱ.吴…　Ⅲ.①新能源—汽车工业—工业发展战略—研究—湖北　②新能源—汽车工业—经济政策—研究—湖北　Ⅳ.F426.471

中国版本图书馆 CIP 数据核字(2017)第 276534 号

责任编辑：黄金涛　　　责任校对：汪欣怡　　　版式设计：汪冰滢

出版发行：武汉大学出版社　　（430072　武昌　珞珈山）
（电子邮箱：cbs22@whu.edu.cn　网址：www.wdp.whu.edu.cn）
印刷：北京虎彩文化传播有限公司
开本：720×1000　1/16　印张：20　字数：278 千字　插页：1
版次：2019 年 12 月第 1 版　　2019 年 12 月第 1 次印刷
ISBN 978-7-307-19814-2　　定价：80.00 元

版权所有，不得翻印；凡购我社的图书，如有质量问题，请与当地图书销售部门联系调换。

前　言

2015年,《中国制造2025》将新能源汽车作为未来十年大力推动的十大重点发展领域之一,国家及地方鼓励发展新能源汽车产业的政策也日益增多,显示其在改善中国空气质量策略以及汽车产业转型中的重要作用。2016年,著名经济学家吴敬琏和国家"863"小组组长、清华大学欧阳明高教授提出作为一种替代政策,在补贴退坡并可能将于2020年终止的背景下,效仿美国加州,将新能源汽车纳入中国碳排放交易权积分机制。2016年8月2日,国家发展改革办公厅出台《新能源汽车碳配额管理办法》(征求意见稿),低排放的新能源汽车与碳排放交易的结合趋势成为定局。工信部拟在全国推行新能源汽车双积分制,2016年9月21日,工信部发布《企业平均燃料消耗量与新能源汽车积分并行管理暂行办法(征求意见稿)》,旨在提升中国传统能源汽车节能水平,促进新能源汽车产业发展,建立中国新能源汽车管理的长效机制。

"交通能源消耗是造成局部环境污染和全球温室气体排放的主要来源之一"早已是全球共识,据国际汽车制造商协会统计,全球CO_2排放量中,超过15%来自道路交通(主要是汽车尾气)。《巴黎协定》(2015)指出运输业是欧盟温室气体排放量的第二大行业。其中,公路运输在运输业中又占比较大。为此,欧盟采取系列政策措施减少交通业排放,并设置汽车CO_2排放标准。

低排放的新能源汽车作为未来汽车业发展的必然趋势,被定位为"战略性新兴产业"。新能源汽车成为重振经济、实现产业结构转型升级的第一选择，更被认为是解决能源和环保等世界性难题的重要途径之一。发展新能源汽车已成为当今社会的共识，但新能源汽车仍处在发展初期，技术不成熟、市场需求量小导致了市场不经济性，因此，需要政府扶持以促进其更好发展。世界主要发达经济体如美国、日本和欧盟等都纷纷出台各种政策并取得一定成效。中国政府也出台了一系列鼓励和促进新能源汽车发展的政策，2001年，新能源汽车研究项目被列入中国国家"十五"期间的"863"重大科技课题，规划了以汽油车为起点，向氢动力车目标挺进的战略。2017年是中国新能源汽车进入全面成长期的开始，而国家补贴退坡力度却在加大，2020年国家补贴或取消，接下来的鼓励机制该如何接档？

湖北省是中国传统的汽车工业基地，为了实现湖北省汽车产业低碳转型和绿色升级的可持续发展，湖北省制定并实施了系列促进新能源汽车发展的产业政策。鉴于新能源汽车政策是一种综合复杂的产业政策，要想发挥政策效应，需要进行科学的政策构建，如果构建不合理，政策成效将大打折扣。因此，梳理国内外和省内外战略发展经验和政策借鉴，对湖北省新能源汽车战略和政策工具进行研究和评价，发现存在的问题、提出对策建议并完善，对湖北省新能源汽车产业的未来发展具有重要意义。

制度经济学指出，政策在社会经济发展中起着至关重要的作用。诺思制度经济学认为有效率的经济组织与制度创新是经济社会成功的根本，综观世界新能源汽车发展，政策的推进功不可没。正如诺思提出的，在稀缺经济和竞争环境下，制度和组织的连续交互作用是制度变迁的关键所在。"有为的政府"必定能促进湖北省新能源汽车更好的发展。

新能源汽车能否带动湖北省新兴产业振兴？湖北省绿色汽车产业集群如何进一步完善和发展？本书以新能源汽车作契机研究湖北省把握低碳交通的机遇实现"绿色崛起"，研究产业结构升级下湖北省低碳交通发展。全书共7章，从新能源汽车的发展战略和政策等方面展开了国内外和湖北省内外理论和实证的比较和分析。

其中，第一章论证报告包括研究的背景、主要内容、研究方法、创新点、存在问题和未来思路等，本章分析了湖北省新能源汽车政策研究的背景、现实意义和理论价值，介绍本书的研究方法、基本观点及创新之处。

第二章的文献综述梳理了国内外和湖北省新能源汽车战略和政策相关研究文献，本章重点是较为详实的文献，尤其是湖北省新能源汽车发展战略和政策的文献整理。

第三章对湖北省新能源汽车发展战略和政策分别进行了述评，本章首先概述了湖北省新能源汽车战略背景、阶段、特点、变迁和政策，具体评述了湖北主要汽车基地的新能源汽车发展战略及政策。

第四章简述以美日欧为代表的国际新能源汽车发展战略及相关绿色产业政策。首先，分析美国新能源汽车发展战略及相关政策的几度变迁。随后，描述亚洲国家新能源汽车的成功发展战略，比较中美日新能源汽车政策，最后分析比较国际战略和政策绩效，分析其对湖北省的借鉴。本章对湖北省新能源汽车发展进行了较为全面的省内外、国内外比较。结合实际，分析各国新能源汽车战略和政策及其对湖北省的借鉴和启示。

第五章基于 2009 年以来对湖北省主要汽车基地武汉市、襄阳市和十堰市的新能源汽车发展和政策调研，对湖北省新能源汽车发展战略和政策绩效进行了实证评价，基于微观数据分析宏观问题，并提出了相应的对策建议。

第六章对湖北省新能源汽车发展战略和政策进行了经济学评述。首先，基于 SWOT 理论分析了湖北省新能源汽车发展战略和政策。基于钻石模型分析了湖北省新能源汽车的蛙跳效应，提出以新能源汽车为契机实现湖北绿色"中部崛起"。随后，基于制度经济学简析了湖北省新能源汽车的未来路径，分析了湖北省新能源汽车发展中的制度因素和政策思考。最后，基于克鲁格曼的贸易发展战略理论对湖北省新能源汽车贸易战略与瓶颈突破进行了探讨。

最后的第七章结合碳排放交易体系，配合国家新能源汽车碳配额和国家双积分制，提出了湖北省新能源汽车政策的完善机制。本章是全书的创新之处，基于中国清洁发展机制基金2013年度赠款项目计划"湖北省应对气候变化统计核算制度研究及能力建设"，提出湖北省新能源汽车减排指标，并具体落实到可操作的层面。

新能源汽车是低碳经济下汽车业产业结构转型的"制高点"，其巨大的社会效应和经济效应博得了众多追捧。但由于新能源汽车发展时间不长，其产业化和规模化仍需要一个艰辛的过程，尤其是湖北省新能源汽车产业化刚刚起步，存在诸如产业技术研发成本高、新能源汽车售价明显高于传统汽车等问题。因此，政策对于新能源汽车产业的快速发展和市场启动，有着极其重要的作用。

目　录

第一章　新能源汽车战略研究的意义及内容 …………………… 001
　一、研究的背景及价值 ………………………………………… 001
　二、研究的创新之处 …………………………………………… 004
　三、主要研究方法 ……………………………………………… 005
　四、主要研究内容 ……………………………………………… 007
　五、本书研究尚待完善之处和未来的方向 …………………… 009

第二章　新能源汽车战略与政策文献综述 …………………… 011
　第一节　国内相关研究概述 …………………………………… 012
　　一、新能源汽车政策文献研究 ……………………………… 013
　　二、新能源汽车贸易战略研究 ……………………………… 018
　　三、新能源汽车战略的实证研究 …………………………… 020
　　四、中国新能源汽车产业化发展战略与产业结构升级 …… 023
　　五、提升中国新能源汽车产业竞争力战略研究 …………… 025
　　六、新能源汽车产业链战略研究 …………………………… 027
　　七、新能源汽车战略的国际比较研究 ……………………… 028
　　八、新能源汽车战略与中国能源结构、环境保护 ………… 029
　　九、新能源汽车发展战略存在的问题 ……………………… 031
　第二节　国外相关研究述评 …………………………………… 033
　　一、美国新能源汽车战略 …………………………………… 034

二、其他国家新能源汽车战略 ……………………………………… 038
　第三节　湖北省新能源汽车战略与政策研究文献述评 …………… 040

第三章　湖北省新能源汽车战略及政策绩效分析 …………………… 046
　第一节　发展的背景与环境
　　　　　——湖北省新能源汽车战略概述 ………………………… 047
　　一、国内节能与新能源汽车的两种定义 …………………………… 047
　　二、中国目前主要的新能源汽车种类 ……………………………… 048
　　三、湖北省发展的国内环境——中国主要试点城市的新能源
　　　　汽车战略 ……………………………………………………… 050
　　四、湖北省发展背景评析——中国新能源汽车战略 ……………… 054
　第二节　湖北省新能源汽车战略与政策述评 ……………………… 058
　　一、发展的必要性分析——能源的稀缺 …………………………… 058
　　二、良好的产业基础——湖北发展概述 …………………………… 062
　　三、湖北省新能源汽车战略及历程 ………………………………… 066
　　四、湖北汽车长廊新能源汽车战略分析 …………………………… 076
　　五、湖北省新能源汽车战略述评——机遇与挑战 ………………… 081
　　六、汽车产业结构升级与湖北省新能源汽车战略发展 …………… 084
　第三节　湖北省新能源汽车政策绩效述评 ………………………… 089
　　一、湖北省地方政策简析 …………………………………………… 089
　　二、湖北省新能源汽车政策述评 …………………………………… 093
　　三、思考及建议 ……………………………………………………… 096

第四章　2009 年—2017 年湖北省新能源汽车战略及政策绩效调研 …… 099
　第一节　2009 年—2015 年武汉市新能源汽车战略调研及述评 …… 099
　　一、2009 年武汉市新能源汽车战略及发展现状调研 …………… 100
　　二、2010 年武汉市新能源汽车战略调研 ………………………… 105
　　三、2010 年—2011 年武汉市新能源汽车调研 …………………… 114

第二节 2013年—2017年武汉市新能源汽车政策绩效调研 …… 119
一、2013年武汉市新能源汽车政策调研 …… 119
二、2014年长春市一汽新能源汽车政策调查 …… 122
三、2015年湖北省新能源汽车发展政策绩效调研 …… 125
四、2016年—2017年武汉市新能源汽车战略及双积分制调研…… 128

第三节 新能源汽车减排指标调研报告 …… 129
一、调研背景和目的 …… 129
二、调研时间 …… 129
三、调研对象 …… 129
四、调研实施过程 …… 130
五、调研结论 …… 144

第四节 2014年—2015年湖北省襄阳市新能源汽车战略调研 …… 145
一、襄阳市新能源公交战略发展概述 …… 145
二、襄阳市新能源公交发展概况 …… 147
三、湖北省襄阳市新能源汽车发展战略调研分析 …… 150
四、湖北省襄阳市新能源汽车战略分析 …… 156

第五节 湖北省典型车企
——扬子江汽车有限公司新能源汽车战略及绩效 …… 157
一、扬子江新能源汽车战略及研发历程 …… 158
二、扬子江新能源汽车背景——国家战略与政策 …… 160
三、扬子江主要的新能源汽车产品 …… 165
四、扬子江新能源汽车战略的挑战 …… 166
五、扬子江新能源汽车的未来战略 …… 169

第五章 湖北省新能源汽车战略及政策绩效的经济学评析 …… 174
第一节 湖北省新能源汽车战略及政策绩效的SWOT分析 …… 174
一、湖北省新能源汽车产业的发展优势分析(STRENGTH) …… 177

二、湖北省新能源汽车产业的发展劣势分析(WEAKNESS) … 178
三、湖北省新能源汽车发展的政策机遇(OPPORTUNITY) …… 181
四、湖北省新能源汽车发展面临的压力(THREAT) ………… 185

第二节 基于公司理论的湖北省新能源汽车战略及政策绩效
述评……………………………………………………… 192
一、增强自主创新能力永远是根本,湖北基础良好…………… 193
二、吸纳多渠道资金支持,调动湖北省车企内在积极性……… 194
三、坚持培养地方专业人才,重视人才,吸引人才,留住
人才……………………………………………………… 196
四、以国家战略完善湖北省新能源汽车产业体系……………… 197
五、加强湖北省内外、国内外全面合作………………………… 199
六、培育湖北省优势企业和新能源汽车产业群………………… 199

第三节 湖北省新能源汽车战略瓶颈及对策
——基于克鲁格曼贸易发展战略理论……………………… 201
一、战略性贸易政策简析………………………………………… 202
二、湖北省新能源汽车贸易发展概况…………………………… 202
三、湖北省新能源汽车贸易战略概述…………………………… 206
四、湖北省新能源汽车贸易战略的瓶颈………………………… 208
五、基于克鲁格曼贸易发展战略理论的湖北省新能源汽车
贸易战略………………………………………………… 212
六、新能源汽车租赁模式——王秉刚易开电动汽车分时
租车考察………………………………………………… 215
七、一点思考和启示……………………………………………… 216

第六章 新能源汽车战略与政策国际比较及湖北借鉴 ……………… 217
第一节 美日欧新能源汽车战略与政策比较……………………… 217
一、中、美、日新能源汽车战略概述…………………………… 218
二、中、美、日战略比较分析…………………………………… 221

第二节 亚洲新能源汽车战略及政策绩效分析……………… 233
 一、亚洲新能源汽车战略概述………………………………… 233
 二、亚洲新能源汽车的战略挑战……………………………… 238
 三、亚洲新能源汽车推广战略述评…………………………… 242
 四、亚洲新能源汽车战略——合理规划"退坡机制"及借鉴 … 244
 五、湖北省的借鉴及启示……………………………………… 245
第三节 中美新能源汽车战略与政策绩效评价……………… 247
 一、中美两国历年新能源汽车战略与政策的统计…………… 247
 二、中美两国新能源汽车政策分类比较……………………… 250
 三、中美两国新能源汽车政策比较与评价…………………… 252
第四节 国际新能源汽车战略与政策对湖北的启示………… 255
 一、将新能源汽车纳入湖北现行的碳排放交易体系，
  建立可持续发展的新能源汽车市场机制………………… 255
 二、增强补贴的合理性，配以长效的市场机制激发
  消费者和企业的内在主动性和积极性…………………… 256
 三、重视自愿性的新能源汽车政策和市场措施，
  激发车企内在动力………………………………………… 257

第七章 湖北省新能源汽车政策完善机制探讨
  ——基于碳排放交易、双积分制与新能源汽车减排指标…… 258
第一节 新能源汽车双积分制和美国加州模式……………… 258
 一、美国加州模式……………………………………………… 259
 二、交通业温室气体排放概述………………………………… 262
第二节 应对气候变化湖北省交通业排放统计核算新指标
  ——新能源汽车……………………………………………… 264
 一、湖北省新能源汽车减排指标设定目的和意义…………… 266
 二、湖北省碳排放交易发展与新能源汽车减排核算方法…… 266
 三、湖北省交通业温室气体排放核算方法与报告…………… 267

第三节　湖北省新能源汽车减排核算方法与报告……………… 271
　一、湖北省交通业碳排放统计新指标——新能源汽车………… 271
　二、湖北省交通业排放统计指标体系……………………………… 272
　三、节能与新能源汽车温室气体减排计算方法及核算
　　（实施细则草稿）…………………………………………… 279

主要参考文献…………………………………………………… 289

附录一　湖北省襄阳市新能源汽车发展调查问卷……………… 299

附录二　2015 年湖北省十堰市新能源汽车支持政策调查问卷 …… 302

附录三　2017 年湖北省新能源汽车发展政策调查问卷 ………… 305

后记………………………………………………………………… 308

第一章 新能源汽车战略研究的意义及内容

作为战略性新兴产业之一的新能源汽车产业可谓一直是在争议中曲折前行。2016年，国家新能源汽车碳配额制度和双积分制相继出台，引发国内外关注。与此同时，"所有的电动汽车都是垃圾"一文则旗帜鲜明地提出对市场销售的国产电动汽车不信任和不支持，并由此引申出中国发展新能源汽车不行的论点。

新能源汽车战略发展与政策研究一次又一次被推上风口浪尖。

一、研究的背景及价值

2008年全球经济危机阴影仍未完全散去，欧债危机接踵而来，IMF（2012）指出经济增长将继续疲软，失业率将继续维持高位，新兴经济体也不能幸免，金融不确定性，连同风险偏好的急剧变化将导致资本流动的波动。① 伴随能源危机和能源安全问题，空气污染更成为世界性难题，2015年，中国成为世界第一大新能源汽车市场，2017年—2018年，中国拟正式施行新能源汽车双积分制。与此同时，2016年，美国总统特朗普宣布退出《巴黎协定》，并限制美国新能源汽车发展，这对于中国新能源汽车是一次"蛙跳效用"的发展机遇吗？

---

① IMF. World Economic Outlook Update[P]. April 17th, 2012.

1. 研究的背景

随着经济的发展，石油资源的需求量也在不断上升，供需矛盾日益严重，据有关机构统计，即使全球能源需求不再增长，能源危机和能源安全问题也是当今世界多个国家越来越重视的问题，新能源汽车的研发和应用将有利于改善能源供应的紧张局面，推动节能环保和全球经济可持续发展。

2008年源于美国的世界经济危机爆发以来，各国积极应对，均对本国科技和产业发展进行新的部署，开始了新一轮抢占科技和产业发展制高点的竞争。历史经验证明，经济危机往往是新科技革命和产业革命的催化剂，汽车业作为许多国家的支柱性产业而备受重视。汽车是现代人类重要的交通工具，中国是世界第一大汽车生产和销售市场，随着经济快速增长和居民收入的提高，中国已经进入汽车消费大国的行列，私人购买消费成为了汽车市场的消费主体。但是，汽车给人们带来方便出行的同时，是以消耗能源和污染环境为代价。因此，开发清洁环保低耗的新能源汽车迫在眉睫。这是根据国情采取的行动，也是中国为应对全球气候变化所作出的努力。

全球就"交通能源消耗是造成局部环境污染和全球温室气体排放的主要来源之一"已达成共识，新能源汽车的研发和应用成为未来汽车产业发展的重要趋势，被定位为"战略性新兴产业"之一，更成为绿色发展指标之一。汽车行业是中国一大重要经济支柱，中国是世界第一大新能源汽车生产和销售市场，随着新能源汽车销量和保有量的迅速增长，开发新能源汽车带动了中国国民经济的迅速提升，新能源汽车成为汽车行业的主力军将是必然趋势。

作为国家绿色发展指标之一，发展新能源汽车具有十分重大的意义，美国加州和日本普锐斯都采取积分制鼓励新能源汽车发展。从低碳环保角度讲，新能源汽车减少传统汽车尾气排放产生的空气污染；从国家能源安全角度讲，新能源汽车减少石油依赖——2015年中国石油对外依存度首破60%，达到60.6%，威胁到中国的能源安全。从规模经济角度讲,新能源汽车尚处在产业化初期,由于技术不成熟、市场需求量小等市场不经济性,需要通过政策扶持以推动新能源汽车产业发展;从外部性角度讲,新能源汽车产业具有较强的正外部性,新能源汽车产业能够从本产业和其他相关产业的技术外溢中获得相关知识和技术,因此,政府有必要扶持。

为实现新能源汽车的"蛙跳效应",早在2001年,新能源汽车研究项目就被列入国家"十五"期间的"863"重大科技课题,"十三五"期间,新能源汽车进入全面产业化发展阶段。2016年2月,吴敬琏和欧阳明高正式向有关政府部门提出效仿美国加州,将新能源汽车纳入碳排放交易权积分机制。国家《新能源汽车碳配额管理办法》(征求意见稿)和《企业平均燃料消耗量与新能源汽车积分并行管理暂行办法(征求意见稿)》也已相继出台并引起了国际社会的关注。湖北省作为中国汽车业发展的重镇,进行新能源汽车研究更是迫在眉睫。

2. 选题的价值

2017年7月4日,马凯副总理调研新能源汽车产业发展,深入调研了新能源汽车充换电设施、充电服务平台、分时租赁等单位,强调统筹规划、创新发展,推动新能源汽车产业做优做强。

2016年,中国发改委和工信部相继出台《新能源汽车碳配额管理办法》(征求意见稿)和《企业平均燃料消耗量与新能源汽车积分并行管理暂行办法(征求意见稿)》。

中国各级政府也颁布系列扶持政策。鉴于新能源汽车政策是一种综合复杂的产业政策,需要合理、科学的政策构建。因此,对省内外和国内外新能源汽车战略和政策进行比较研究,这对湖北省新能源汽车产业的未来发展具有重要意义。

2009年以来,中国连续8年蝉联世界第一汽车生产和销售市场。2012年迎来了中国新能源汽车产业化高潮,2015年中国成为世界第一大新能源汽车生产和销售市场。湖北正处于新能源汽车产业格局形成的关键时期,新能源汽车必将成为拉动经济发展的新增长点。越早重视研发新能源汽车，也就越早掌握未来汽车市场的先机和主动权。科学合理规划湖北省新能源汽车产业发展蓝图，实现湖北绿色"中部崛起"、打造"美丽湖北"极具价值。

湖北省作为中国三大汽车工业基地之一的汽车大省，拥有东风和神龙两大领头羊，武汉市、十堰市、襄樊市、宜昌市、荆州市等汽车和零部件生产基地的发展历程是中国汽车产业发展的缩影，本书着眼当前湖北省新能源汽车的发展战略，借鉴国际新能源汽车产业战略抉择，重点研究湖北省新能源汽车产业战略和政策绩效的经济学原理，以期为湖北省新能源汽车战略和未来完善提供切实可行的建议。

二、研究的创新之处

新能源汽车产业被认为是经济未来的新增长点，被定位为战略性产业，得到大力扶持，竞争态势已然形成，但学术研究相对落后，迄今没有出版研究湖北省新能源汽车的专门书籍，关于湖北省新能源汽车产业发展战略及政策绩效的学术研究更是有待系统化、深入化。

本书结合中国清洁发展机制课题和湖北省碳排放权交易，采用田野调研、与东风扬子江汽车有限公司专家合作，比较中、美、日、欧等主要汽车经济体的新能源汽车发展历程，通过新能源汽车减排指标和积分制度来探讨湖北省新能源汽车进一步发展。同时，基于2009年以来对武汉市、十堰市、襄阳市、长春市、上海市、天津市等地的调研，拟结合美、日积分制，基于新能源汽车补贴政策、新能源汽车碳配额管理办法和新能源汽车积分制，运用贸易战略发展理论和制度经济学等经济学理论分析湖北省新能源汽车现状、存在的问题及发展路径选择。

本书选取典型汽车国家、湖北省主要汽车基地城市和典型车企，从经济学视角对新能源汽车发展的路径、战略和政策进行了较为全面的国内外比较分析：(1)目前仍然没有看到以制度经济学对新能源汽车发展进行分析的相关研究；(2)基于资源经济学和贸易发展战略理论方面的研究也较少。本书拟从经济学角度进行制度论证，提出湖北省新能源汽车发展的政策建议：

（1）结合碳排放交易权、城市绿色发展测评体系指标、《新能源汽车碳配额管理办法》(征求意见稿)和《企业平均燃料消耗量与新能源汽车积分并行管理暂行办法(征求意见稿)》，结合2009年以来对湖北省主要汽车城市的持续调研，进行政策绩效评价和战略发展分析，与东风、扬子江等代表性车企以及汽车专家雷洪钧等合作，从经济学角度进行制度论证，提出湖北省新能源汽车发展的政策和完善机制研究。

（2）通过对湖北省新能源汽车战略和政策梳理评述，把握湖北省新能源汽车发展的真实情况，为湖北省新能源汽车产业发展提供理论参考和制度对策，探讨湖北省新能源汽车品牌发展的核心竞争力和未来路径。尝试分析产业结构调整下湖北省新能源汽车发展，探讨如何以新能源汽车更好地促进湖北省汽车产业低碳转型。

对新能源汽车发展战略及相关政策进行比较和借鉴研究，分析湖北省新能源汽车战略、政策绩效和未来的完善机制；基于蛙跳理论、贸易战略发展理论和制度经济学等经济学理论分析湖北省新能源汽车的可持续发展。

综上所述，本书创新点主要是，基于国家《新能源汽车碳配额管理办法》(征求意见稿)和《企业平均燃料消耗量与新能源汽车积分并行管理暂行办法(征求意见稿)》，结合湖北省碳排放交易和绿色发展测评体系，提出湖北省交通行业碳排放交易的节能减排新指标——新能源汽车，并落实到具体可操作的层面。

三、主要研究方法

本书拟把新能源汽车发展与湖北省碳排放交易权相结合进行分析。采用文献分析与田野调查相结合、定性分析与定量分析相结合、中外比较分析与综合分析相结合等研究方法。此外，主要采用政策制度分析法——这一现代企业理论中最核心的研究方法，分析湖北省新能源汽车未来发展的制度因素和完善机制。

（1）研究方法多样化：本研究融汇多学科研究方法。综合运用问卷调查、案例分析等方法探讨湖北省新能源汽车战略规划等研究重点。研究成员中既有高校教师，也有拥有丰富工作经验的实务部门专家，具有广阔的视野和多学科融合基础，可以更全面、更深入地对课题进行探讨。

（2）研究体系系统化：新能源汽车产业发展对策的制定是一个有机体系，需要对各组成部分以及相互关系进行全面深入的探讨。本书注重系统与非系统相结合，宏观与微观相结合、理论与实践相结合的原则。分析湖北省新能源汽车战略和政策的发展定位与外部环境、中长期制约因素和未来的完善机制。

主要的研究方法包括：

（1）文献梳理和国内外比较研究：搜集、研读、分析权威国内外、省内外相关文献，梳理研究脉络和趋势，总结国内外、省内外新能源汽车发展战略的可借鉴的理论和实践基础。

（2）典型城市和典型案例研究：对湖北省主要新能源汽车发展试点城市武汉市、十堰市和襄阳市进行持续调研，选择美国、日本等国和湖北省地区的典型汽车公司、新能源汽车战略和政策为研究对象，进行案例内分析和交叉案例分析，利用多维尺度衡量，总结新能源汽车发展战略的省内外和国内外经验。

（3）调查问卷与实证研究——持续的专家咨询与问卷调查：本课题设计问卷并不断调整问卷，增强其针对性和深度。同时，在国内外网站查询新能源汽车的权威资料和数据进行比较分析，基于 M. 拉米什的政策工具图谱分类比较。

（4）模型构建与实证分析：基于湖北省汽车行业协会和东风扬子江汽车有限公司调查的权威数据，选取重要经济变量，构建数理模型，对湖北省新能源汽车产业发展规模等进行实证分析，结合国家针对车企的新能源汽车双积分制和武汉针对个人的手机碳宝包，提出新能源汽车减排指标，为湖北省新能源汽车发展战略的制定和实施提供实证支持。

(5)跨学科研究：融合多门学科，如低碳经济学、制度经济学、管理学、统计学、计量经济学等，力求多维视角分析，结合湖北省的实际情况，提出科学合理，具备前瞻性和可操作性的湖北省新能源汽车发展战略规划。

四、主要研究内容

本书以制度经济学和政策工具分类理论为基础，结合国际政策比较和国内实地政策调研，对国内外、湖北省内外新能源汽车政策进行了描述和分析。根据湖北省多年来发展新能源汽车的现实状况，通过调查走访武汉市、上海市、天津市、长春市、襄阳市和十堰市新能源汽车产业基地，了解目前消费者和企业对湖北省新能源汽车政策的看法。总结湖北省新能源汽车战略和政策的风格及特点，分析存在的问题，提出一些针对性的建议。

(1)湖北省发展新能源汽车拥有自身的优势和劣势，因此在深入分析国际新能源汽车产业发展趋势的基础上，认清国内外竞争局势，深入探讨如何扩大优势，弥补短板，是战略规划中重要的一环，战略规划需要兼具前瞻性和可操作性。

(2)节能、环保、安全是汽车产业发展永恒的主题。电动车对电池、电机和电控的要求很高，且配套设施的完备与否和高成本均直接影响电动汽车的推广，选择哪类新能源作为主要研发方向需要根据自身实际情况，参考专家的实践经验和分析国家的支持导向。

(3)新能源汽车属于资金和技术密集型产业，湖北省汽车企业需要在已有的产业联盟基础上，持续深入与国内其他企业的合作，建立高效率的分联盟，形成研发合力，提高国际竞争力。

本书以新能源汽车发展战略和政策作为切入点进行比较研究和评价。首先，分析以新能源汽车为代表的湖北省产业经济战略及相关政策。随后，结合湖北省内外和国内外政策比较，根据湖北省新能源汽车战略和政策的现实状况，整理新能源汽车相关文献和政策文件，分析湖北省新能源汽车政策工具的运用情况及其影响,通过调查走访上海市、天津市、长春市、武汉市、襄阳市和十堰市汽车产业基地,结合正在进行的对武汉、十堰和襄阳的持续调研,了解目前消费者、专家和企业对湖北省新能源汽车战略和政策的看法。

基于低碳经济学、制度经济学、资源经济学、贸易发展战略理论和"钻石模型"等经济学原理,分析湖北省新能源汽车的"蛙跳效应",提出湖北省新能源汽车减排指标,探讨湖北省新能源汽车产业集群发展的路径与对策。

根据"蛙跳效应"理论,湖北省劳动力成本较低,可以一开始就选择新能源、新材料、新技术和新机制,从而取得新能源汽车的未来优势,缩短与发达地区的差距。湖北省以新能源汽车等战略性产业带动新兴产业振兴进程中,应吸收和借鉴湖北省内外和国内外发展经验,如政府主导的日本新能源汽车发展和欧洲"绿色"汽车业的成功经验,继续大力发展节能环保公交,实现低碳超越,实现湖北省绿色崛起。本书以新能源汽车作为切入点来研究湖北省如何把握机遇成功地实现绿色产业结构升级和转型,研究以新能源汽车为代表的湖北省产业经济发展。

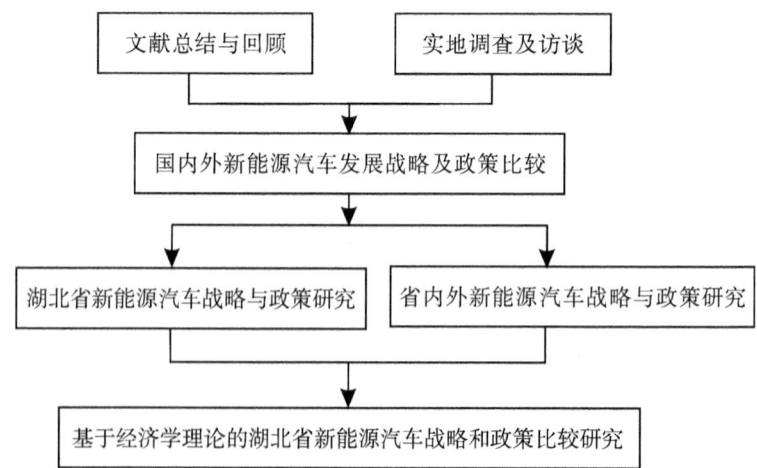

研究的技术路线：

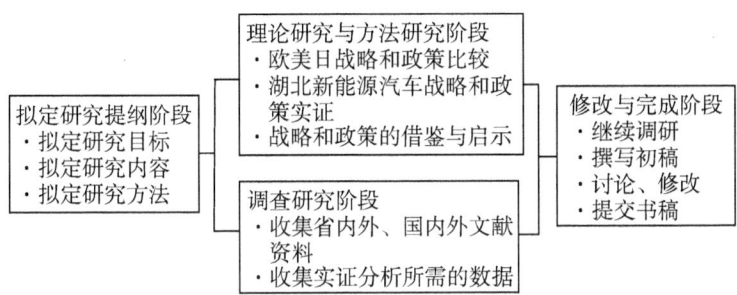

五、本书研究尚待完善之处和未来的方向

由于中国新能源汽车最早的权威定义 2007 年才出来，中国主要有广义和狭义两个定义。目前，权威而完整的新能源汽车数据依旧较少，加上汽车企业近年来的兼并重组，相关统计数据比较混乱，相关计量分析因数据口径差异很难进行。导致本书的数据处理依旧较为困难，计量回归证明一直在探讨，但仍然难以进行。

(一) 尚需完成的工作

(1) 湖北省新能源汽车相关数据较少且统计口径不统一，加上受研究时间等所限，一些数据尚未完全统计出，加上新能源汽车销量小相关统计仍在整理和完善，因而计量分析部分一直都在努力，但仍未能完成。

(2) 调查问卷已经设计出来，每年更新并正在湖北省武汉市、十堰市、襄阳市和黄冈市等多地进行持续的调查咨询，2017 年，对上海市、东风、一汽和中汽研进行了专家调研，相关问卷统计正在补充和更新。

(二) 尚待深入分析的问题

本书仍存在诸多不足。新能源汽车发展及政策需要长期跟踪研究，结合碳排放交易权,本书的结论只是初步完成,提出的新能源汽车减排指标简单,计算粗糙。后续将会继续调研咨询和收集资料,完成统计分析,并继续咨询行业专家,不断深入完善。本书从经济学视角展开分析,希望能以此新能源汽车的国内外比较,为湖北省汽车业相关研究人员和决策者提供一定的参考。

(三)未来的研究方向

未来的研究方向是进一步结合中国清洁发展机制课题和湖北省碳排放权交易,与上汽、一汽、东风和东风扬子江汽车有限公司专家合作,比较中、美、日、欧等主要汽车经济体的新能源汽车发展,通过新能源汽车减排指标和积分制度来探讨湖北省新能源汽车进一步发展,研究重点是新能源汽车与产业结构转型升级。

第二章　新能源汽车战略与政策文献综述

　　新能源汽车政策是一种错综复杂的产业政策，中国各地的新能源汽车也一直是在政策扶持下发展起来的。对于产业政策的作用，学术界存在支持和反对两种截然对立的观点——林毅夫和张维迎在产业政策有着可谓"针锋相对"的观点。

　　林毅夫认为，尽管许多国家产业政策以失败告终，但尚未见不采用产业政策而成功追赶发达国家的发展中国家和保持持续发展的发达国家——没有产业政策的国家经济发展必然不成功。产业政策之所以需要是因为推动经济发展的技术创新和产业升级既要有企业家的个人努力，也需要有政府帮助解决企业家难于克服的外部性和相应软硬基础设施完善的协调问题。由于政府能使用的资源有限，不能对任何可能的技术创新和可能的产业升级均提供帮助，因此只能策略性地使用其有限资源，优先帮助能对经济持续发展作出最大贡献的产业。这种有选择性地使用资源帮助某些产业的企业家克服外部性和协调问题的措施就是产业政策。经济学家的责任不是因为担心产业政策失败而对产业政策都一概反对，或因为产业政策是经济发展的必要条件就无条件地支持一切产业政策，而是要研究清楚产业政策成功和失败的道理，帮助政府的产业政策减少失败，提高成功的概率(林毅夫，2016)。

　　时至今日，不少经济学家、政府官员，甚至一些企业家仍然不断呼吁政府制定产业政策。事实上，产业政策成功的案例凤毛麟角，失败的例子比比皆是。产业政策的失败不是偶然的，而是必然的。产业政策注定会失败归纳为两个原因：第一个原因是由于人类认知能力的限制；第二个原因是由于激励机制的扭曲。认知能力的限制比激励机制扭曲更为根本(张维迎，2016)。

本书认为新能源汽车是新生事物，因此，发展初期的政府政策扶持非常重要，但双积分制和碳配额相互协调能够使得市场机制在新能源汽车可持续发展中发挥更加积极的作用。

第一节 国内相关研究概述

目前国内对于新能源汽车的研究主要集中在：(1)新能源汽车政策研究；(2)中国新能源汽车自主创新与产业结构转型升级战略研究；(3)提升中国新能源汽车产业竞争力战略研究；(4)中国新能源汽车产业链研究；(5)新能源汽车战略的国际比较；(6)新能源汽车战略与中国能源结构调整和环保；(7)新能源汽车战略的实证研究；(8)新能源汽车战略的地方性研究；(9)新能源汽车积分制研究。新能源汽车经济学角度的研究相对较少，特别是从经济学角度来对湖北省内外、国内外新能源汽车战略和政策绩效进行综合和比较研究的更少。

2016年，《中华人民共和国经济和社会发展第十三个五年规划纲要》提出优化现代产业体系，推动传统产业改造升级，构建绿色制造体系，发展包括新能源汽车在内的战略性新兴产业。实施制造业朝高端、智能、绿色、服务方向发展，培育制造业竞争新优势。国家《新能源汽车碳配额管理办法(征求意见稿)》和《企业平均燃料消耗量与新能源汽车积分并行管理暂行办法(征求意见稿)》也相继出台。

2016年，工信部辛国斌在"2016中国电动车百人会论坛"上称，随着新能源汽车补贴政策逐步退出，企业的内生动力要作为产业发展的主要推动力。工信部准备采取新能源汽车积分和传统能源汽车燃料消耗量限值挂钩的方式来鼓励新能源汽车产业的发展。

2014年，中国政府工作报告虽然首次未直接提及新能源汽车发展规划,但却强调将以雾霾频发的特大城市和区域为重点,以细颗粒物(PM2.5)和可吸入颗粒物(PM10)治理为突破口,抓住产业结构调整、能源效率、尾气排放和扬尘等关键环节,健全政府、企业和公众共同参与新机制,实行区域联防联控,深入实施大气污染防治行动计划。发展新能源汽车是提高能源效率,降低尾气排放的一项有效措施。

科技部万钢(2014)强调新能源汽车发展需要竞争。各部委及专家要帮助企业把市场竞争做起来,建立起企业间技术、原材料共享平台与公共政策平台。

2009年1月14日,国务院《汽车产业调整和振兴规划》作为中国汽车产业应对国际金融危机综合性应对措施的行动方案,提出示范推广新能源汽车。2010年,《国务院关于加快培育和发展战略性新兴产业的决定》确定了战略性新兴产业发展的重点方向、主要任务和扶持政策,新材料和新能源汽车成为七大受扶持新兴战略性产业之一。中国新能源汽车主攻方向在纯电动汽车,混合动力汽车将承担汽车业节能减排的重要角色。

作为极具发展潜力同时也是世界各国重点扶持发展的新兴产业,新能源汽车一直是内外研究的热点。鉴于政策对新能源汽车发展的巨大推动作用,众多学者对中国新能源汽车战略和政策进行了研究。国家各部委、各地方政府、大学及科研机构等都对新能源汽车战略进行了深入研究分析,根据本书初步统计,国内发表的研究成果由2002年全年不足3000份猛增到2016年的突破15000份,国外的也越来越多,国内学术研究的焦点主要集中在补贴政策和基础设施建设等方面。

一、新能源汽车政策文献研究

目前,国内新能源汽车最热门话题就是新能源汽车碳配额制、双积分制和绿色发展测评指标。中国新能源汽车双积分制仍未正式实施,但却引起了国际的普遍关注。据德国《经济周刊》,世界四大汽车行业协会——该四大协会分别来自欧洲、美国、日本和韩国,代表了全球

70%左右的汽车产量，呼吁中国改变其严格的电动汽车销售配额计划，希望中国政府将完成配额时间至少推迟1—3年。

国内有关新能源汽车政府政策如补贴政策的相关研究多，而针对消费者和企业对政策需求的研究分析相对较少，这可能是因为中国新能源汽车并未形成市场规模或消费热潮尚未到来的缘故。中国新能源汽车政策研究大致有以下几个方面。

1. 政府补贴政策绩效分析

中国新能源汽车补贴进入全面退坡机制，预计2020年终止，鉴于国家新能源汽车双积分制和配额制仍有待于正式实施，对于国家补贴是否应该全面取消也存在不同声音。中国新能源汽车一直是在国家补贴政策扶持下发展起来的，国内许多学者对新能源汽车的补贴都有深入研究，赵东平(2008)、高育红(2009)、吴憩棠(2010)从财政补贴效应的角度出发，研究了政府对中国新能源汽车上市公司财政补贴情况，得出了补贴对企业经济效益的提高，企业规模的扩大起到了积极的推动作用，但是技术创新等因素的制约，财政补贴效应有限。认为新能源汽车的产业发展成效还是取决于政府对此产业的财政补贴政策。指出，中国消费人群普遍对价格比较敏感，新能源汽车市场发展的关键在于价格的降低，而补贴政策能降低新能源汽车购置成本和使用成本，促进产业发展。

早几年学者们倾向于分析积极影响，近几年才加大了对不利影响的分析，但也没有系统深入的研究，开始从正反两面分析补贴的影响。王海啸(2013)、朱江(2014)、晓宇(2015)、宋海青(2015)、刘小青(2016)、张水伟(2016)指出政府补贴在给企业带来收益的同时，也会造成社会成本的增加，影响新能源汽车产业发展的环境。朱江提出补贴是保障新能源汽车产业尽快起步的重要推动力，但补贴政策任何微小的变化或对不同车型的差别补贴都会使新能源汽车产业处于很被动的地位。晓宇认为补贴应该和产销规模相关联，否则会给企业带来不必要的成本压力，阻碍新能源汽车产业的发展。宋海青认为政府通过实施补贴政策来影响新能源汽车价格和生产成本，目的是为了调整资源配置结构、供给结构和需求结构，使企业扩大生产、增加技术研发投入，扩大新能源汽车的市场需求，促使汽车产业结构升级转型，但这种有利影响只是在一定范围内的，超过这一范围就会带来负效应。刘小青认为，国内新能源汽车补贴呈现着一个逐步退出的趋势，这主要是考虑到新能源汽车技术成熟后，生产制造成本将会大幅下降，若补贴持续高企，超额盈利容易滋生"骗补"等不当社会行为，不利于市场良性竞争和企业优胜劣汰。政策的补贴扶持是新兴产业在成长初期得以发展壮大的关键因素，而新技术趋于成熟后逐步退出，以及补贴相应合理下降是考虑到市场发展的自身规律，符合产业健康可持续发展的内在需求。张水伟提出以往人们对补贴政策普遍存在认知误区，认为补贴力度越大，产业发展越快，但补贴，特别是直接货币化的补贴是一把双刃剑，必须要有很好的转换机制与其衔接。

何鹏（2014）、李立理（2013）、唐葆君（2012）、苏小惠（2012）、吴憩棠（2010）、伍世安，杨青龙（2009）等对中国补贴政策进行分析。指出：（1）新能源汽车成本过高，政府应根据不同车型的现行成本、售价和外部性情况，配以税收和补贴的系列调控措施，将外部性内在化；（2）不同的补贴方式会产生不同的效果，应根据具体政策目标选择补贴方式。政府单靠补贴对车企的作用十分有限，重点应该放在使车企生产新能源汽车的利润增大，突出车企进行新能源汽车生产相对于传统汽车生产的优势。政府激励政策对销售量有正面积极的作用，但由于消费者的收入水平是决定汽车购买的重要因素之一，如果可将混合动力汽车价格减低，会增加购买意愿的可能性，这种激励将比补贴来的更直接有效；（3）现有的补贴政策需要改进，中国政府补贴范围相对有限，尚未实现全国覆盖。相比之下，美国、日本和欧洲多国的政府补贴已经实现了全范围覆盖。美国和韩国制定了针对充电设施安装的补贴政策，中国应当加强对充电基础设施方面的政策引导和扶持。

学者对中国目前的补贴主要有四类观点。第一类积极支持补贴政策，如伍世安等（2009）、吴憩棠（2010）对价格补贴的经济效应分析中指出，不同的补贴方式会产生不同的效果，应根据具体政策目标选择补贴方式，其提到新能源汽车由于成本过高，政府应根据不同车型的现行成本、售价和外部性情况，配以税收和补贴的系列调控措施，将外部性内在化。吴憩棠指出，对"价格敏感"的中国新能源汽车潜在消费人群来说，市场跨越式发展的关键在于汽车价格的降低和补贴政策的完善所带来的新能源汽车购置成本和使用成本的降低。

第二类对补贴政策持怀疑态度，如苏小惠（2012）、唐葆君等（2012）认为政府单靠补贴对车企的作用十分有限，重点应该放在使车企生产新能源汽车的利润增大，突出车企进行新能源汽车生产相对于传统汽车生产的优势。唐葆君等采用了政府激励政策、国民收入和原油价格三个变量对购买混合动力车做研究，认为政府激励政策是对销售量有正面积极的作用，但由于消费者的收入水平是决定汽车购买的重要因素，如果可将混合动力汽车价格减低，这样反而会增加购买意愿的可能性，这种激励将比补贴来的更直接有效。另外，消费者对原油价格的波动并不敏感，但对购车价格与后续使用成本费用则更为敏感。

第三类则认为现有的补贴政策需要改进，如李立理等（2013）、何鹏（2014）在对国内外电动车市场比较分析时指出政府补贴范围相对有限，尚未实现全国覆盖。2010年出台的"私人购买新能源汽车补贴试点"政策则仅针对6个试点城市的私人领域示范推广电动汽车提供则政补贴。相比之下，美国、日本和西欧多国的政府补贴则已经实现了全范围覆盖。何鹏通过对国外政府相关支持政策比较分析，认为在消费补贴方面，中国政府对新能源汽车的补贴力度最大．但是在基础设施建设方面，美国和韩国制定了针对充电设施安装的补贴政策，认为中国应当加强对充电基础设施方面的政策引导和扶持。

第四类是目前颇受瞩目的新能源汽车双积分制度，主张由政府主导转向市场主导，提出激发车企的内在积极性，以积分制等促进新能源汽车的可持续发展。典型代表有吴敬琏和欧阳明高。2016年，经济学家吴敬琏和国家"863"小组组长欧阳明高提出作为一种替代政策，在补贴逐渐退出并将于2020年终止的背景下，效仿美国加州，将新能源汽车纳入碳排放交易权积分机制。2016年，国家新能源汽车碳配额制度和双积分制相关政策也已经正式出台，并引起了国际社会的关注。

凡事都有两面性，补贴在带动新能源汽车产业发展的同时也正在对社会造成一定影响，因此尽早深入研究并采取措施才能避免对产业、对社会发展带来太大阻碍。

2. 税收优惠政策绩效分析

部分学者认为中国目前的新能源汽车税收制度还有很大提升空间，如路春城（2011）、顾瑞兰（2013）指出中国现行的新能源汽车税制仍以价格和排量为主要指标、以控制购买为税负重点、以财政收入为征税主要目的。而美国、日本及欧洲等发达国家，汽车购置和保有环节所征收的税款在整个汽车消费税收中所占的份额较小，税收主要集中在使用环节。顾瑞兰认为中国目前的税制设计未体现对新能源汽车的支持导向。从税种剖析，除消费税、车船税按排量等级履行差异税率外，其余都按雷同税率征收，不能体现对传统汽车产业的限制，以及对新能源汽车产业发展的支持导向作用。

3. 市场管制政策绩效分析

有学者支持政府对新能源汽车市场的管制，如李国强（2014）、沙京京（2014）、何应成（2011）支持政府对新能源汽车市场的管制，认为新能源汽车产业的发展应当具备高职能的政府、完善的市场经济体制、规模化准则和市场进入壁垒标准，才能实现规模经济效益。也有观点认为管制可能限制发展，应该改变入门审批制度，鼓励社会力量参与。

他们基于战略性贸易视角认为，新能源汽车产业的发展应当具备以下几个条件：一是高职能的政府，高效的政府可以为新能源汽车产业发展奠定了坚实的基础；二是完善的市场经济体制，完善的市场经济体制有利于充分调动企业的生产和发展积极性，有利于企业开展自主创新和技术研发；三是规模化准则，只有产业规模化才能降低新能源汽车的生产成本；四是市场进入壁垒标准，新能源汽车行业具有：前期研发成本高，投资周期长；知识和技术密集，科研人员比重高；产品差异化程度、附加值高等特点，必须要集中行业集中度，才能实现规模经济效益。沙京京基于斯坦克尔伯格模型对新能源汽车市场分析时指出，对于进入者能力较差又水平相当时，如果进入者的数目过多，将会导致每个生产商所获得利润都非常小，导致资源浪费，反倒不如企业数目少一点，规模大一点，行业能获得利润则稍多一些，这样也有助于新能源汽车企业在汽车市场上长期存在发展。而另一部分则认为管制可能限制发展，李国强指出，在发展电动汽车时中国也没有脱离审批制度。表面上看是为更好发展电动汽车，其实形成了最大的制约。应该改变入门审批制度，鼓励社会力量参与。任何人和企业，能够整合社会资源做电动汽车，都应该允许，但要严格审查产品质量，确保符合标准的才能销售。

上述学者从不同的角度对新能源汽车政策的各个方面如补贴、管制、税收进行了细致的研究，具有很好的参考价值。而要想发挥政策效应，需要进行科学的政策构建，但是目前对新能源汽车政策体系进行一个系统化构建的研究却很少。

二、新能源汽车贸易战略研究

盛德浩、李洪（2009）分析中国新能源汽车发展现状，指出近期内中国汽车市场虽仍被汽油车所占据，但其市场份额会有所降低，柴油车和燃气汽车市场前景及其广阔，虽有可能有较大幅度的提高市场份额，但预计份额不会超过汽油市场，都很看好混合动力在目前发展前景，但在长期发展中不能占据主导地位，而燃料电池车是最为清洁的新能源汽车，将在未来有长足发展，这也将决定中国新能源汽车贸易的商品结构。

Yoichi Kaya（2010）指出日本 2009 年实施"绿色税制"，免除消费者在购买新能源汽车时的多项税收；2010 年再提供 2300 亿日元资金用于支持节能环保车型的补贴，对购买新能源汽车的消费者给予与同级别传统车之间差价50%的优惠补贴。因为其强大的政府政策，其新能源汽车已经和中国的新能源汽车贸易拉开了一定的差距。

Griffin Brugh(2012)指出美国对新能源汽车贸易的补贴扶持力度最大，奥巴马政府大力发展新能源技术，对新能源汽车和零部件生产商提供贷款支持和税收减免；对新能源汽车消费者提供税收优惠；为新能源汽车消费者提供补贴；并提出政府将提供7500亿美元给购买者以抵免税收。都促进了其本国的新能源汽车贸易的发展，给中国新能源汽车的进入带来了极大的阻力。

董艳慧、杨品杰(2013)也分别利用了显示性比较优势指数、国际市场占有率、贸易竞争指数和质量竞争指数四个指标对新能源汽车产业出口竞争力进行分析，都各自得出竞争力指数低下，出口产品竞争力较弱的结论。

Joyce. D和Dermot. G(2013)就通过建立动态分布函数将经合组织成员国的汽车保有量、人口数量、GNP三者联合分析，得出了汽车拥有量和二氧化碳排放的关系——前者增加，后者也随之增加，如不控制前者，传统能源消耗和污染气体的排放将呈现急速上升的趋势，从而证明了发展低排放的新能源汽车的必要性。

李艳(2014)认为中国的传统汽车产业一直在模仿西方，这种发展方式使中国的汽车行业落后他国很多年，新能源汽车的发展为中国汽车产业发展带来了新的机遇，其把新能源汽车看成是实现跨越式发展缩小与世界汽车差距的历史机遇，认为发展新能源汽势在必行。

兰永霞(2012)指出，限制新能源汽车贸易市场需求的原因有5个方面，其中量产车型少，可选择余地小，配套设施的滞后，价格过高，售后服务不健全，人们消费观念尚未转变为最主要的影响因素。

刘宝华(2013)在对新能源汽车销售情况进行调查后发现新能源汽车与传统汽车相比在性能与价格上都不占优势，除了这两个因素外，消费观念也是阻碍新能源汽车需求的重要因素。

薛震(2013)通过分析中国新能源汽车在实践中的问题，得出中国发展新能源汽车的贸易发展面临着市场风险：没有足够的市场；国内一定程度的市场垄断；国外强力度的政府保护，新能源汽车难以发展到国际市场。

Volker Blandow、Ludwig Boelow(2015)通过对比中美新能源汽车贸易的发展，指出中国的新能源汽车贸易难以进入欧美市场，一方面是因为欧美国家政府政策对本国新能源汽车贸易的保护；另一方面是因为中国的新能源汽车贸易的发展缺少厂商合作、缺少统一的标准和方向。

田萍、刘春娜、周洁(2012)针对中国政府对新能源汽车贸易的补贴政策来分析新能源汽车贸易的发展，指出随着政府在研发、量产和消费方面不断的实行政府补贴政策，中国新能源汽车贸易一定会有更广阔的发展平台。

Toshihiko Nakata(2013)通过运用实证分析的方法对新能源汽车的数量与温室气体排放量的相关性分析，最后对发展新能源汽车的可行性进行了分析与研究，也为中国发展新能源汽车贸易提供了有力的支持。

Hasishi Ishitani(2014)提出了针对纯电动与插电式混合动力汽车发展的总体战略、产业化政策等方面内容。Max Ahman认为在新能源汽车的研发早期，国家政策能有效推动新能源汽车的发展，在政策制定的时候，应该侧重于研发投入、示范运营和市场推广等方面，由此推动新能源汽车贸易的发展。

李金津(2013)对中国发展新能源汽车贸易提出了建议，从政府扶持、加强国际分工合作、借鉴国际经验、完善立法、研发多样化、加强社会宣传等方面进行了阐述。戴娟辉(2015)针对新能源汽车贸易发展缺乏统一标准和方向的问题，提出建立新能源汽车零部件标准是加速新能源汽车贸易发展的关键步骤。

三、新能源汽车战略的实证研究

对消费者购买新能源汽车行为的研究方面，王颖(2010)以感知风险和涉入程度的理论基础从消费者视角对"新能源汽车"购买意愿进行研究，研究的理论模型中以感知风险的 5 个评估因子(财务风险、身体风险、功能风险、时间风险和社会心理风险)、涉入程度的两个评估因子(产品知识、产品象征性)和人口统计变量(调节变量)的 4 个评估因子(性别、年龄、教育程度及家庭收入)作为对购买意愿的理论模型，最后的实证研究中得到，感知风险越大，消费者有负向影响和降低购买新能源汽车意愿，消费者对新能源汽车的涉入程度越高，显示购买意愿越强。但 4 个调节变量中，年龄和教育程度对感知风险与涉入程度有明显的调节作用，但对购买意愿却没有反应。此外，家庭收入对感知风险、涉入程度和购买意愿有明显的调节功能。另外，教育程度和收入越高的消费者，对新能源汽车的接受程度越高。

殷正远(2013)、隋梦晴(2012)对消费者购买新能源汽车的意愿进行了分析。在用车行为方面，发现只拥有一辆车的家庭对新能源汽车的购买意愿显著高于其他家庭，没有购买汽车的消费者对新能源汽车的购买意愿最低；消费者日行驶里程与购买意愿呈现负相关，即遵循随着日行驶里程的增加而购买意愿下降的规律；在消费者对新能源汽车认知方面，对于新能源汽车产品的了解程度、对于新能源汽车相关扶持及优惠政策的了解程度以及对与国家大力推广新能源汽车的重要性的评价均对消费者购买意愿产生显著影响。隋梦晴针对新能源汽车企业进行了分析，对集群视角下新能源汽车技术扩散绩效影响因素进行了实证分析，认为新能源汽车技术发展对扩散绩效具有较显著影响；集群环境能有效促进企业创新；企业创新对扩散绩效具有显著影响；技术发展与集群环境相互促进。指出政府应该充分利用集群的环境优势促进对新能源汽车技术的研发和生产；对于企业而言，应该充分认识到集群低成本、高协作的竞争优势，并将集群资源化为己用，促进企业自身能力的提高。

李小楠等(2012)、徐国虎等(2010)对北京消费者进行新能源汽车问卷调查。分析发现，绝大部分消费者对新能源汽车并不了解，只有 8%受访者表示非常了解，但超过九成的受访者有购买新能源汽车的意愿。消费者对新能源汽车的技术问题、售价和续驶里程较为重视。徐国虎等《新能源汽车购买决策的影响因素研究》一文，对新能源汽车车主和潜在消费者展开研究，采用 11 个影响因子——周围人群的影响、能源耗费成本、政府优惠政策、质量可靠性、使用便利性、安全保护性、最高速度、续驶里程、销售价格、外观内饰、汽车厂商品牌影响和售后服务等——展开分析。分析结果显示，86%受访者对安全性较重视，66.3%受访者担心售后服务不方便，57.2%的受访者认为零配件售价会较高。

李佳霖（2010）以产品感知质量对新能源汽车购买意愿进行研究，认为其受到公民环保意识和政府政策 2 种因素影响，公民环保意识越强烈、政府政策约束越有利，消费者购买意愿越强。另外，教育程度和收入水平越高的消费者对新能源汽车的接受程度也越高。

阮娴静（2010）、陈清泰（2009）、徐枭等（2009）从技术和经济视角分析，指出汽车市场竞争白热化，由传统能源转向新能源成为趋势，新能源汽车产业技术链存在着较强的技术效应，并影响汽车产业链的发展和完善。建议政府制定新能源汽车产业发展战略和目标，对新能源汽车厂商提供财政税收等优惠，加强相关基础设施建设。政府主导企业和研究机构共同参与新能源关键技术的研发，并共享成果。陈清泰的《把握新能源汽车的历史机遇》一文，通过对新能源汽车调查问卷的分析得出了消费者对新能源汽车的了解情况，同时还就补贴政策对新能源汽车购买的影响进行了分析，提出了中国新能源汽车发展的相关战略。徐枭等分析并提出了制约新能源汽车发展的 5 个限制障碍。包括购买成本、车辆续驶里程、充电基础设施普及、氢燃料生产和技术支持。吕斌（2009）提出，制约中国新能源汽车规模化发展的主要问题仍然是成本和市场因素。

严浩云等（2013）、柴宗盛（2012）分析比较了新能源汽车与传统汽车、中外新能源汽车发展。严浩云等（2013）的《上海居民购买新能源汽车经济性比较研究》一文，比较了新能源汽车与传统汽车的经济性，从上海市居民的购车角度对新能源汽车作相关成本分析，计算并比较它们各自的年度费用，通过敏感性分析找到制约新能源汽车推广的因素。分析结果表明，新能源汽车的使用成本仍然高于传统汽车，汽车价格是影响新能源汽车经济性的敏感因素。柴宗盛的《上海节能与新能源汽车发展调研报告：先行与困境》一文，以上海市为例，比较了中外新能源汽车研发体系与进展，探索中国新能源汽车的发展之路。

四、中国新能源汽车产业化发展战略与产业结构升级

新能源汽车成为产业结构转型升级的关键。国家"863"计划新能源汽车重大项目总体专家组组长、清华大学汽车安全与节能国家重点实验室欧阳明高（2014）指出，国家政策倒逼汽车企业加速新能源汽车发展。欧阳明高（2010）认为，新能源汽车产业作为中国七大战略性新兴产业之一，新能源汽车产业已经历两个五年计划的发展，"十五"时期是研发阶段，"十一五"时期是示范运行，"十二五"时期是产业化的关键时期。中国汽车业现阶段发展速度过快，节能减排压力越来越大，能源形势越来越严峻。这要求汽车产业转型一定要与节能减排挂钩，新能源汽车发展非加速不可。欧阳明高指出，发展电动汽车是中国汽车业技术转型和培育战略新兴产业的历史机遇，"十二五"时期是发展中国小型电动轿车黄金时期，是中国电动汽车从科研向产业化过渡的关键期，也是将电动汽车这一战略性新兴产业做大做强的关键5年。

欧阳明高（2006）从中国交通能源动力系统发展与环境问题角度出发，论证了中国具有实现交通新能源动力系统的后发优势。分析了中国新能源汽车的现状，指出汽车能源动力转型的关键和瓶颈，从科技角度说明中国应采取的对策。提出发达国家传统汽车产业庞大，石油基础设施很完善，消费习惯难以转变，转型社会成本高昂，转型难度很大，而中国汽车工业刚发展起来，汽车普及率低，在汽车动力系统发展的战略选择上，中国有更大的自由度，在新能源汽车研发和产业化方面具有优势。

清华大学蔡继明（2014）、卢静（2013）、王秀杰等（2012）认为，在电动汽车等新能源汽车领域，中国同西方发达国家几乎处在同一起跑线上，中国完全有可能通过发展电动汽车，赶上汽车行业的国际先进水平，发展电动汽车可以改变中国汽车业的产业结构。指出推广新能源汽车有助于削减汽车尾气中二氧化碳与有毒气体的排放量，节约能源，降低中国石油对外依存度，有利于中国汽车产业升级。提出新能源汽车是全球汽车产业转型升级的方向，中国新能源汽车产业虽取得初步成果，但依然面临政策问题、技术研发问题、电池问题、成本问题、产品问题、标准问题、基础设施问题和商业化模式问题这8大新能源汽车产业化困境。

董治郡等（2014）的《中国新能源汽车发展展望》一文提出，中国新能源汽车发展重要阶段是从研发向规模产业化过渡，最终实现从汽车制造业大国向汽车强国的转型。未来新能源汽车将以混合动力汽车、纯电动汽车和燃料电池汽车为主，获取独立自主的知识产权是新能源汽车的发展趋势，应将小批量整车生产转向大规模产业化生产作为目标。

张贵群等（2014）的《新能源汽车产业发展面临的路径依赖及其破解》一文指出，中国新能源汽车产业形成了路径依赖，一定程度上形成了对传统能源汽车的"锁定"，不利于中国新能源汽车的应用和推广。并提出优化中国新能源汽车产业发展战略——加强技术创新，突破技术瓶颈，加强制度创新，完善中国的相关发展政策；加快新能源汽车基础设施建设；充分利用缝隙市场和技术兼容策略，争取尽快达到临界容量。

马春梅（2011）的《从国外的经验看我国新能源汽车的产业化发展》一文，总结了美日欧等发达国家新能源汽车的经验：采取税收和补贴政策进行成本减免；投入相当资金支持技术研发；引导降低整车重量和控制油耗；注重加强基础设施的建设；积极推动电动汽车走向市场。结合中国实际情况提出建议：加大研发投入；提升技术水平；促进生产规模化；明确市场定位。

卢凯国(2010)的《金融支持汽车产业结构调整和产业升级的难点及原因——对襄阳市新能源汽车发展及金融支持情况的调查》一文指出，湖北省襄阳市新能源汽车产业发展中，金融支持汽车产业结构调整及产业升级难点在于：产业政策不到位，金融政策不清楚，财税政策不协调。产业上无资产，无现金流和无配套。金融支持观念转变难，利益舍弃难，人才储备难。建议从税收减免和财政补贴两方面刺激金融机构加大对新能源汽车产业的支持；加快知识产权建设；加强产品创新；加大人才引进和知识培训的力度。

五、提升中国新能源汽车产业竞争力战略研究

张芳等(2012)的《我国新能源汽车市场推广问题与对策研究》一文，分析并借鉴发达国家新能源汽车市场的推广经验，提出加快中国新能源汽车市场推广的对策建议。

中国汽车工业协会(2010)称，中国汽车业"十二五"规划初稿已定，新能源汽车是中国汽车业今后五年发展的重中之重。潘建亮(2010)的《我国发展新能源汽车之分析》一文，详尽分析了当前国内新能源汽车的发展现状，提出中国发展新能源汽车的必要性。指出发展新能源汽车有利于缓和中国的石油需求，是世界各国应对危机的战略选择。符合中国产品结构的调整，是中国赶超汽车强国的难得机遇。分析了中国新能源汽车发展存在的问题，重点阐述了发展新能源汽车的政策建议。

张晓宇等(2010)的《中国新能源汽车产业发展现状研究》一文，提出中国新能源汽车发展存在战略方向不清晰、核心技术缺失及消费环境不完善等问题，建议政府加大扶持力度，企业加快技术研发等。从政府扶持和企业研发角度分析了中国新能源汽车现状，提出中国新能源汽车产业具备了与发达国家相抗衡的实力。同时，从产业发展战略和技术水平两方面分析了中国新能源汽车存在的问题，并提出了相应对策。

胡适等(2010)的《中国新能源汽车发展现状、问题及对策探讨》一文，认为中国新能源汽车的研发阵容很强大，目前国内至少有30家客车企业已涉足新能源汽车的研发，中国六大汽车集团，以及奇瑞、吉利和比亚迪等也正在大力研发新能源汽车。

中国汽车技术研究中心首席专家黄永和(2009)指出，中国新能源汽车，特别是纯电动和充电式混合动力汽车，目前处于世界领先地位。《金融时报》特约撰稿人肖爱民(2009)在《中国微型汽车透支之虞》一文指出，中国成为全球第一大汽车市场的过程中，微型车正成为主要力量。

袁华智等(2012)《中国新能源汽车产业竞争力研究》一文，运用"钻石模型"，从生产要素，需求条件，相关及支持产业，企业战略、结构和竞争，机会和政府6个方面对中国新能源汽车产业进行分析，建议提升中国新能源汽车产业竞争力途径：做好战略规划；加大政府投入力度；加强基础设施建设；加强推广、消费引导；走产学研相结合道路，提高技术与核心竞争力；加快零部件产业发展，打造完整的产业链，实现规模经济。

李建忠(2011)的《湖北省新能源汽车产业竞争力提升路径研究》一文运用"钻石模型"，从生产要素、需求条件、相关及支持产业、企业战略和结构、机会和政府6个要素，对湖北省新能源汽车产业进行了详细分析，指出提升湖北省新能源汽车产业竞争力的途径：加快调整汽车产业结构，提升湖北省自主研发水平，推广使用新能源汽车并将新能源汽车纳入政府采购范围。

王晓明(2009)的《中国汽车产业的国际竞争力分析》提出，中国汽车产业国际竞争力稳步提升：(1)产业环境竞争力提升幅度较大；(2)产业组织竞争力有所提升；(3)产业创新竞争力略有提高；(4)国际绩效竞争力提升较快。认为进步虽快，但与发达国家水平相比差距依然较大。

中国社科院工业经济研究所赵英(2009)指出：21世纪国际汽车工业竞争的核心技术——燃料电池汽车的研制方面，从政府支持研发角度看,中国汽车业几乎与发达国家汽车工业处于同一水平上。如果能把握好产业化层面的竞争路径,中国汽工业可能在发动机研制方面实现跨越。经过一段高速度增长,2010年前后,中国汽车业可成为世界主要汽车制造基地之一,其后逐步成为全球商用汽车的主要生产基地,成为面向发展中国家和某些发达国家的商用汽车、中低档轿车主要供应者,成为全球某些汽车零部件的制造中心。提出4点建议:(1)加速出台鼓励汽车消费的政策。(2)政府支持对汽车业重大共享技术项目进行攻关。(3)积极推进汽车零部件企业的兼并重组。(4)运用WTO有关机制保护中国汽车工业。

六、新能源汽车产业链战略研究

张明(2011)、马钧等(2010)、严良等(2010)等对新能源汽车产业链进行了研究。张明的《我国纯电动汽车产业发展:前景展望及策略选择》一文,分析推动中国新能源汽车产业进步的关键因素,即内部因素和外部因素。提出,内部因素主要是新能源汽车的技术因素、成本与需求因素,外部因素则与政府的支持力度、配套设施建设和能源环保因素息息相关。其中,成本削减和政府支持度是关键。马钧等的《影响消费者购买电动汽车的因素分析》一文,利用电动汽车2种属性——满足乘用车的需求和有别于传统能源汽车的特性——展开分析,利用Hofstede对文化测度的研究,从社会阶层和价值观2大因素层面为基础,从数据优化得到影响消费者购买电动汽车的6大因素,即社会阶层、价值观、消费心理、居住条件、出行需求和交通环保意识。提出随着电动汽车的产业链发展,使用者对电动汽车的认知和成熟度,相应的影响因素也会有所改变。严良等的《浅析资源视角下的中国新能源汽车产业价值链的构成》一文指出,中国新能源汽车产业价值链由技术研发、产品设计、产品生产和市场营销4项所构成。全球新能源汽车产业价值链、中国政府政策扶持和消费者均对其有所影响,中国新能源汽车产业价值链各组成部分是一个有机整体,具备较强的范围经济和规模经济效应。

七、新能源汽车战略的国际比较研究

韩怀玉(2012)、杨萍等(2011)等分析了新能源汽车发展战略。韩怀玉的《我国新能源汽车产业发展的国际比较研究》一文，从中国新能源汽车发展战略、国家政策、发展模式和产业化进程4个方面与美日欧等国进行比较分析。运用"钻石模型"和SWOT分析法进行国内外具体对比，探讨中国新能源汽车的竞争力。指出中国新能源汽车处于产业化初级阶段，国家鼓励政策较为单一，车企缺乏明确的中长期战略定位，但具备后发优势。建议加强中国新能源汽车产业的扶持力度，加快基础设施建设，培养技术人才，加强技术研发，完善售后服务，积极推广和宣传新能源汽车。杨萍等的《后危机时代我国发展新能源汽车的SWOT分析》一文，认为发展新能源汽车是中国低碳发展的必然选择，能源的现实选择。运用SWOT分析，指明中国新能源汽车发展的主要优势是有较强的后发优势，消费习惯相对美日欧等国易于改变。主要劣势为核心技术与发达国家存在差距，尚未形成规模集聚效应。机会在于新能源汽车是全球节能减排的新产物，市场发展潜力巨大。巨大挑战是国际汽车强国竞争激烈，中国生产研发成本高且没有价格优势。

中国汽车技术研究中心首席专家黄永和(2010)认为新能源汽车是实现低碳发展的必由之路。指出中国发展新能源汽车具有明显的成本优势。中国动力电池成本，与日美等国外企业动力电池成本相比，国内企业成本大约是国外企业的一半左右。在传统能源汽车的发动机、变速箱、几大总成等方面，国内一些车型有明显的成本优势。提出，2009年，中国政府正式对外宣布控制温室气体排放的行动目标，预期目标是到2020年，单位国内生产总值二氧化碳排放比2005年下降40%—45%。这是交通领域节能减排的一个非常重要的目标。2008年，中国汽车保有量达到近5100万辆，2009年在6200万—6250万辆之间。2009年，中国石油对外依存度已达到51.3%，2008年就超过了50%。

雷鸣(2010)、徐长明等(2010)、陆文强(2010)、汪卫东(2005)等分析了中国新能源汽车发展机遇与发展战略。雷鸣《美日汽车巨头的困境与我国新能源汽车发展机遇》一文，对后金融危机时代下美、日汽车巨头所面临的困境和原因展开了详尽分析，探讨了中国新能源汽车的发展前景、机遇和策略。徐长明等通过对国内外新能源汽车的发展现状分析，从市场容量的角度提出中国新能源汽车发展的方式，并以发展纯电动汽车作为中国新能源汽车的突破点，分析了中国新能源汽车发展的可行性。国务院发展研究中心学术委员会陆文强表示，在新能源汽车方面我们与发达国家是站在同一水平线上的，有机会实现弯道超车。汪卫东从多方面分析了中国新能源汽车研究与国外的差距。就排放法规制定的时间表来看，中国已落后欧洲7年，落后美国更多。另外，中国在汽车环保关键技术的研发及应用方面速度缓慢，清洁能源车推行缓慢。如果不进行系统的规划和有效的管理，计划用10年的时间赶超已发展近20年的发达国家，其实现困难重重。

八、新能源汽车战略与中国能源结构、环境保护

李明光等(2013)、谢子聪(2012)等分析了新能源汽车、能源结构与环保问题。李明光等的《新能源汽车的环保效益与环保管理对策分析研究》一文分析认为，目前进入中国产业化发展阶段的混合动力汽车、纯电动汽车和燃料电池汽车具有良好的环保效益，建议在公共交通领域和个人消费领域推广使用，出台中国新能源汽车环保监管方案，加快制定环保标准，提高监管技术能力，实施实际排气污染检测，研究长期环保管理方案，加强车载动力电池废物管理。中国高科技产业化研究会谢子聪提出，能源供应紧张问题与能源工业本身有关，由3个因素决定，一是世界化石能源总量有限，作为化石能源的传统能源不能无限供给。二是市场需求不断增加，尤其是中国汽车工业的迅速发展，对能源的需求量必然不断提升。三是国际形势动荡对能源供应结构有很大影响，伊拉克、利比亚、也门、伊朗和叙利亚等国际事件直接影响世界石油供给

及石油价格变动。

张希良(2012)、欧清玲(2010)等认为中国不能重复发达国家曾走过的高油耗发展的传统道路,必须在汽车交通发展过程中持续强化石油节约和替代,中国政府应加快出台更为严格的汽车燃油经济性标准,并适时引入碳排放标准。欧清玲表示汽车工业作为国家发展的支柱产业,在全球低碳经济的视角下,面对节能减排与能源危机的压力,发展清洁能源刻不容缓,电动汽车是实现低碳交通、低碳经济及汽车业可持续发展的重要方面。

中国汽车技术研究中心情报所傅连学(2010)"2010年中国汽车产业发展国际论坛"的"十二五"汽车规划报告提出,新能源汽车是中国汽车工业的未来。据测算,2020年中国需要消耗的汽柴油总量将超过3亿吨,而整个能源的供给量为1.75亿吨,存在的缺口达1.25亿吨。如果相关政策引导到位,保障产业实现相应的技术目标,到2020年,我们才有可能通过新能源汽车发展实现替代燃料,从而解决30万吨的燃油。传统汽车应就能贡献出8000万吨的节油量,作为对于整个汽车行业的贡献。

南塞(2005)、胡冬雪(2009)等通过系列调查发现,目前城市空气污染,50%来自燃油汽车废气排放,据测定,汽油、柴油动力汽车排放的废气中含有害物质达160多种。根据联合国能源组织的评估,地球石油储量只有50余年的使用时间,世界石油供给将日趋紧张。考虑到环境和能源两大问题的制约,开发新能源汽车将是大势所趋。胡冬雪提出在环保和节能的双重压力下,贯彻中央政府明确提出的"节能减排"方针,新能源汽车的黄金时期似乎已经到来,但从中国国情来看,新能源汽车的发展之路并不平坦,政策缺位、费税制度改革以及企业盲目追求短期利益的心态都将成为新能源汽车的发展障碍。通过对中国新能源汽车发展现状进行分析,认为应该建立、细化、实化并完善中国的汽车行业政策,指导和推动企业的生产和研发,引导和鼓励正确消费。

袁哲(2009)的《发展我国新能源汽车的新机遇》一文,提出中国是一个汽车生产大国、传统汽车制造业落后于发达国家,但是在新能源汽车研发领域,中国具有成本和市场优势,在技术水平及产业化方面,与国外基本处于同一起跑线上。尽管中国新能源汽车真正实现规模化和产业化还有很长的路,但存在着新机遇。目前正是中国赶超国外的大好时机,对于石油资源匮乏和环境压力过大的中国,发展新能源汽车有着重大和深远的战略意义。指出中国政府应对国际金融危机,推出4万亿经济刺激计划和10项刺激内需的政策,会对汽车市场产生积极的影响。此外,2009年,对1.6L及以下小排量乘用车按5%征收车辆购置税并开展"汽车下乡"活动,这些政策和措施有利于新能源汽车的发展。

斯德哥尔摩国际和平研究所中国研究中心主任琳达·雅各布博士(2010)在《中俄在能源和安全领域的关系》报告指出,中国在未来三四十年会有相当大的发展,但也面临很大的挑战,提出中俄之间能源合作非常有限。《金融时报》特约撰稿人肖爱民(2009)在《中国微型汽车透支之虞》中指出,中国成为全球第一大汽车市场的过程中,微型车正成为主要力量。

诺贝尔经济学奖得主爱德华(2010)、施蒂格利茨(2009)预测2030年,中国汽车产销会达到7500万辆。称新兴经济体,包括中国刺激经济增长须防范流动性过剩导致的"泡沫"。

九、新能源汽车发展战略存在的问题

一些学者对大力发展新能源汽车政策存有异议,认为中国新能源汽车产业已面临产能过剩等等问题。尽管为迎接经济危机的严峻挑战,在政府政策大力支持下,新能源汽车已成为了汽车业的未来。尽管低碳经济下传统内燃机汽车高耗能、高污染的特点越来越不符合时代的要求,环境污染与资源匮乏等问题使发展新能源汽车有着重要的意义。全球新能源汽车正迅速发展,但作为新兴行业,新能源汽车还面临很多问题,尤其是当前新能源汽车在中国市场上的表现不尽如人意。

比如 2012 年，中国发布《节能与新能源汽车产业发展规划（2012—2020 年）》，提出了高目标："到 2015 年，国内纯电动汽车和插电式混合动力汽车累计产销要力争达到 50 万辆；到 2020 年两者累计产销量超过 500 万辆。"但中国汽车工业协会的数据显示，2011 年国内纯电动汽车的销售仅有 5579 辆，2012 年上半年的销量仅为 3444 辆；插电式混合动力汽车销售量更少，2012 年上半年的销量仅为 81 辆，因而可见与中国预期目标相隔甚远。何种原因导致新能源汽车"雷声大，雨点小"？

董建平（2011）客观分析了中国新能源汽车，特别是新能源汽车零部件行业竞争能力落后的局面，对存在的问题进行了深入分析：一是汽车电控技术落后，二是没有掌握汽车关键零部件的核心技术，三是缺乏上游基础产业，四是缺乏技术创新能力，难以形成世界级的一级供应商。上述问题的原因主要在于缺乏创新：产品技术来源主要靠模仿，整车对零部件的扶持带动不够，汽车产业技术创新能力不强，缺乏对上游产业的拉动，行业公共科研开发体系缺失以及人才短缺。认为提升技术创新能力最重要的途径一是提高对外开放的水平，充分利用全球资源，主动国际化，进行实体投资。二是和国外大学和独立研发机构建起长期合作关系。三是在国外建立研发机构。

苗圩（2010）表示，中国新能源汽车技术面临许多问题，"指望在新能源汽车上实现一步跨越是不现实的"，政府对新能源汽车的补贴应该是递减式的。中国汽车工程学会秘书长付于武（2010）认为，目前中国新能源汽车的核心技术跟国际先进水平相比仍然有较大差距，例如在汽车轻量化方面就是空白，而在汽车电子技术方面，中国跟国际先进水平的距离越拉越大。

中国机械工业联合会蔡惟慈（2010）认为，在中国汽车业尚未充分发展的现状下，不能直接用电动汽车取代传统汽车，并提出，作为未来发展方向，电动汽车还有很多技术问题没有解决，中国汽车业基础与世界差距也很大。而传统汽车的节能减排还远未走到尽头。即使在汽车业高度发达的日本，目前也是采用混合动力的汽车居多。蔡惟慈认为对中国电动汽车发展不能太乐观。

汽车业资深专家贾新光（2010）认为，政策优惠没有产生足够的吸引力，高额的维修及保养成本也让消费者却步。"863 计划"专家王秉刚（2009）提出"政府课题经费根本不够"。国家统计局资料显示中国汽车业"偏热"，经济学家郎咸平（2009）"华中论剑高峰论坛"演讲，提出企业家面临的投资环境恶化和产能过剩仍未解决，制造业资金进入车市，车市不是"回暖"而是"发烧"。

电动汽车续航里程偏短、充电时间偏长，用户对此意见比较大；其次电池组寿命偏短，不能与车辆同寿命，影响了新能源汽车的市场推广；再者电池价格昂贵，不把电池价格降下来，新能源汽车就没有出路；另外为新能源汽车提供服务的配套设施利用率低下，充电站、换电站存在建设位置不合理、投资过大、服务成本过高的问题，使电动汽车的优势荡然无存；最后电动汽车存在一定的安全隐患，这是公众担心的普遍性问题。多次发生的自燃事故，都为电动汽车的推广造成了负面影响。

中国新能源汽车骗保问题引起了社会的普遍关注，2016 年 7 月 7 日，李克强就新能源汽车推广应用督查报告作出批示，要求严肃惩处骗补行为并完善相关制度。马凯和肖亚庆（2016）指出新能源汽车发展中的骗保问题，提出除骗补和"违规谋补"概念。认为骗补和违规谋补方式主要有三种：车辆未达到推广标准甚至未生产，违规取得牌照骗取补贴；车辆符合规定，但卖给关联企业而非终端用户，未达到补贴条件提前谋取补贴；车辆卖给终端用户，但在获取补贴后大量闲置，造成财政资金严重浪费。

第二节　国外相关研究述评

地球资源随着人类的不断开发而日渐枯竭，尤其是石油资源已被提升到国家安全战略的高度。"绿色经济"、"可持续发展战略"和"低碳环保"等问题的重要性日益突显，新能源汽车应运而生。大力发展新能源汽车产业是国际社会应对能源短缺、环境污染、能源安全和气候变暖问题所需要采取的共同措施。新能源汽车成为重振经济的第一选择，被认为是解决能源和环保等世界性难题的重要途径。美国、欧盟、日本等都出台大量鼓励新能源汽车发展的政策，取得了良好效果。

新能源汽车是全球经济未来的新增长点，被许多国家定位为战略产业之一，全球竞争态势已然形成。随着日益严峻的能源危机和环保压力，世界主要汽车生产国都把发展新能源汽车作为提高产业竞争能力、保持可持续发展的重大战略举措。根据本书收集情况，国外网站上主要是中国学者对新能源汽车的研究，国外研究相对很少。但中国国内新能源汽车的第一手国外学术研究仍然较少，对各国新能源汽车战略和政策的学术研究更有待系统化和深入化，新能源汽车国外学术研究相对落后。

国外对中国新能源汽车的发展予以了高度关注。有观点认为2008年经济危机给中国汽车业带来了发展的大好机遇，国外有媒体甚至称中国汽车可以拯救世界汽车工业。尤其是特朗普政府对新能源的轻视，中国新能源汽车又一次被推上了风口浪尖。

中国汽车工业协会2017年数据显示，2016年新能源汽车生产51.7万辆，销售50.7万辆，比上年同期分别增长51.7%和53%。中国新能源汽车的迅猛发展和政府重视力度导致了西方世界的担忧。2017年，德国《经济周刊》称，国外汽车制造商认为中国政府的电动汽车配额目标过于苛刻，一些规定将使得他们在同中国同行竞争时优势锐减，使少数国外汽车制造商处于劣势。

一、美国新能源汽车战略

美国新能源汽车政策可以说是峰回路转。如果说奥巴马是"理念先进的民主党人"，特朗普则是"保守的共和党代表"。美国媒体调侃特朗普是石油、军工等"硬派"传统企业利益的"代言人"。特朗普倾向于使用传统化石能源，还曾承诺放开能源产业管制、促进煤炭产业发展，鼓励增加石油和天然气产量以创造就业机会。

与奥巴马视新能源为未来国家战略不同，特朗普青睐发展传统的油气煤等能源，青睐传统能源，轻视新能源，对发展新能源不热衷，反对气候变暖等环保议题。2016年8月8日，特朗普政府提出撤销奥巴马政府一切破坏美国就业的政策措施，包括气候行动方案。

特朗普一直致力于削弱美国联邦环保署对汽车排放的限制，一旦获得进展，加上美国相对低廉的汽油价格和燃油税，美国新能源汽车的发展将会大幅减缓。销量不佳，美国本土企业就会降低在新能源汽车方面的投入。可以预见，未来美国的新能源汽车战略极有可能发生巨变。

但迄今特斯拉新能源汽车仍一直是全球行业标杆。特斯拉占据新能源汽车高端市场的同时，也关注平民市场。2017年7月，特拉斯在加州举行 Model 3 的首批30辆的交车仪式——Model 3 是特斯拉电动车走向大众化的里程碑产品，全球预定量已达50万辆。特斯拉 Model 3 定位平民车型的价格，其核心部件21700动力电池具有优异性能。

追本溯源，传统汽车大国美国研究开发了世界第一台电动汽车，美国新能源汽车相关研究可追溯至汽车产业生态学研究。1989年，通用集团研究部副总裁 Robert Frosch 和负责发动机研究的 Nicolas Gallopoulos 提出产业生态学的概念，追求人类社会和自然生态系统的和谐发展，寻求经济效益、生态效益与社会效益的统一，以实现可持续发展。2001年，美国自然科学基金和能源部共同资助，美国汽车三大巨头、美国环保署参与，马里兰大学"环境友好制造"研究报告对 BMW 等世界知名汽车制造企业的环境战略和环境管理进行实证研究，提出"减少排放、较少油耗、减少能耗、满足安全要求为目标的汽车节能减排计划"。

美国能源基金会（2006）总结和评估了促进混合动力汽车产业的政策，启动混合动力汽车科研及政策研究。美国乙醇协会（ACE）《美国各州乙醇燃料发展报告》（2007）总结了美国乙醇燃料发展的现状和政策。

美国国际纯电动汽车会议(2008)与会厂商讨论了混合动力汽车的技术发展及纯电动汽车普及的政策措施。《底特律车展的中国问号,比亚迪电动车能玩转美国吗?》(2010)提出,如果电池技术没有取得重大突破,成本继续高昂,那么电动汽车恐怕难以产生普遍的吸引力。该文估计,到2020年,纯电动汽车将只占全球市场的2.8%,混动汽车与增程型(用一个小型燃油发动机为电池充电)汽车将占23%。

赵伟(2010)等认为中国正开始采用新的乘用车燃油消费标准,即2009年通过、2012年开始实施的第三阶段标准。该标准旨在将先进的节能技术引入乘用车,并将第一阶段和第二阶段的乘用车平均耗油量减少到7l/100公里,第三阶段设计者提出了整体燃油消耗减少目标、技术可行性等观点。

德勒全球制造业组(2011)在2010年11月至2011年5月期间,对美国、欧洲和亚洲的17个国家的13000位消费者对电动车的看法进行了调查。调研结果显示,受访者提出影响消费者购买意愿的6大关键因素——购买价格、续驶里程、价差、充电时间、燃料价格和燃油效率。此外,消费者对电动车的使用性能、安全性、便捷性、可靠性及经济性都有较多的顾虑,这些因素会影响消费者的购买意愿。

美国皮尤智库(2012)《谁赢得清洁能源竞赛》报告显示,2011年,美国清洁能源投资总额重夺全球第一。而2009年和2010年,中国清洁能源投资总额一直保持全球第一的领先地位。

汤姆斯·克莱尔等(2013)在《燃油价格与新汽车燃油经济——美国VS西欧》中,分析了燃油价格对美国新车燃油经济的影响,并分析了油价对欧洲最大8国平均新车燃油经济的影响。本文根据2002年—2007年数据,使用详细的汽车权威数据分析政策、消费者偏好和其他潜在因素。结果发现,价格对平均新车燃油经济具有显著的统计影响,但对于欧洲的影响要远小于美国。

近年来,美国加州新能源汽车积分制模式使特斯拉取得了成功,也成为中国学习效仿的对象。加州积分制较好地促进了电动汽车的发展,这些将在第七章做更加具体的分析。

总的来看，美国新能源汽车发展可谓曲折起伏，美国最近四任总统对节能减排与新能源汽车认识各异，导致美国新能源汽车的发展重点、方向以及技术路线，决策不一、几番变更。20 世纪 80 年代始，美国政府就在不同的阶段提出了不同的车用能源发展战略：（1）克林顿政府时期，美国以提高燃油经济性为目标，混合动力是其主要的技术解决方案。（2）布什政府时期，美国主要追求零排放和对石油的零依赖，氢燃料电池汽车是其主要的技术解决方案。布什政府曾计划实现石油替代和节约，主要措施是生物质燃料。2007 年 1 月，布什在国情咨文中宣布替代能源和节能政策，提出美国应努力在未来 10 年内将汽油使用量降低 20%。（3）奥巴马宏伟的电动汽车计划。奥巴马政府大力推行"绿色新政"。以确保能源安全、应对空气污染、促进汽车产业转型升级及抢占产业革命制高点为战略目标。2007 年美国次贷危机以后，奥巴马政府实施新能源战略，大力发展电动汽车，提出 40 亿美元的动力电池以及电动汽车研发和产业化的计划，选择以插电式混合动力电动车为重点。（4）特朗普政府时期。推翻了奥巴马电动汽车发展计划的政策，特朗普正式宣布退出《巴黎协定》，美国的新能源汽车似乎又陷入僵局。

美国传统汽车的优势、美国民众对大排放豪华车的喜爱使得美国小型绿色车的发展一波三折。

奥巴马政府大力发展电动汽车，奥巴马（2009）认为"我国还没有一项真正促进新能源车发展的政策"。提出政府促进购买节能车，把更多资金投放到新能源研究领域，以利于美国汽车业摆脱困境。锁定"绿色能源"大产业，拟投资 1400 亿用于新能源研究与开发，3400 亿用于电网改造，力争打造 20 至 30 万亿美元价值的绿色能源产业。但美国参议员领袖麦康奈尔（2009）则认为，政府从 9000 亿美元的刺激法案中拿出 6 亿美元购买新能源汽车是资金浪费。

而特朗普政府似乎采取了与奥巴马截然相反的新能源道路。奥巴马对发展新能源有着极大的热情，"我们将利用太阳、风和土壤来为我们的汽车和工厂提供能源"。他在《无畏的希望》提出："一个控制不了能源的国家也控制不了自己的未来"、"增加美国竞争力最后一个关键的投资是能源基础设施"。而特朗普却对新能源不屑一顾,他明显倾向于传统石化燃料,在其网站上公开宣称:石油就在那里等着你开采,我们只管开采就好(The oil is there for the taking; we just have to take it)"。

二、其他国家新能源汽车战略

世界环保组织、各国环保机构都对汽车尾气的污染问题进行了深入探讨,新能源汽车近几年呈现出高速发展。研发领域的资源抢夺、市场的极速分化、品牌形象的重金推广等,都为日后的汽车业制高点争夺战储备着原始力量。

2017年7月,英国环境部宣布,作为30亿英镑空气污染治理计划的一部分,将于2040年起,不允许汽油和柴油车等化石燃料汽车出售,只允许电动汽车等新能源环保车辆销售。英国议会2018年提出减少二氧化碳排放的具体措施,英国解决道路污染计划显示,英国政府将确保2050年道路上不再有汽油和柴油车行驶。

2017年,德国宝马汽车公司宣布,2019年起在英国牛津工厂生产纯电动Mini汽车。而法国则宣布将在2040年前禁止销售柴油和汽油汽车。挪威也宣布2025年前禁止销售化石燃料汽车。

亚洲汽车业较发达的日本、韩国和印度,从国家到企业均如火如荼的参与到新能源汽车研发与产业化的国际竞赛中。印度政府确定2020年印度新能源汽车保有量达600万辆的目标。韩国环保汽车近年来以混合动力汽车为主,2012年销量3.7万辆,占新车总销量比例2.4%。其中,现代混合动力汽车销售1.8万辆,几乎占到韩国销售总量50%。韩国政府规划到2015年生产120万辆新能源汽车,出口90万辆,国内市场占有率提高到21%。

2010年,史上最大规模的日本丰田普锐斯全球"召回门"曾使全球新能源汽车战白热化。日本的节能与新能源汽车销售已经占到汽车总销量的一成以上，欧洲市场上纯电动汽车与插电式混合动力汽车各占半边天。

Hasishi Ishitani（2007）对日本可充电式混合动力汽车和纯电动汽车研发的政策体系、总体战略和战略目标等进行了研究，主张建立全社会参与的新能源汽车发展体系。

欧洲正日益侧重温室气体减排战略，日益严格的二氧化碳排放限制要求成为欧洲新能源汽车发展的主要驱动力。欧洲新能源汽车发展早期以生物质燃料、天然气以及氢燃料为主，提出到2020年23%的石油替代目标。近年来，欧洲对电动汽车高度关注，如德国2009年发布电动汽车计划，高度重视纯电驱动的电动汽车发展，以纯电为重点，提出了2012年、2016年、2020年的产业化和市场化目标。

Yoichi Kaya（2006）、Kempton W.（2005）认为氢能和燃料电池是新能源汽车发展的未来方向，提出其应用关键是加强氢能源基础设施建设。提出随着轻型车发展进入到电动车时代，包括混合电池汽车和燃料电池汽车等的发展，这给了 Vehicle to grid（汽车到电网）电力系统一个市场机会。K. Czira（2005）从汽车产业供应商的角度分析FDI对汽车供应网络产生的作用，以促进汽车业发展。

Lin CC（2003）、Chan C. C（2002）研究了车用能源。Lin CC 的《并联混合动力汽车的能量管理策略》一文，强调混合动力汽车是未来地面的主要交通工具，混合动力汽车技术会显著提高燃料的经济性和动力性能。Chan C. C 的《电动和混合动力汽车的高级模型及商业化挑战》一文认为当今世界环保节能备受关注，电动汽车和混合动力汽车正加速发展，跟两者商业价值有关的梦想正成为现实。

Strategy Analytics 预测，由于对消费者购买激励不足，2015年中国混合动力汽车占整体汽车产量比例仍将低于2%，而全球混合动力汽车总产量将达到420万台，日本和西方市场将会是混合动力汽车增长的主要推动力。

第三节　湖北省新能源汽车战略与政策研究文献述评

目前湖北省新能源汽车相关研究主要集中在：（1）湖北省新能源汽车零配件方面；（2）湖北省新能源汽车优化产业结构和自主创新；（3）湖北省新能源汽车产业竞争力方面；（4）湖北省新能源汽车产业链方面。

2017年5月，"中国智造·绿动未来——2017中国新能源汽车产融创新发展高峰论坛暨'一带一路'战略下新能源汽车产业发展新机遇"在武汉市召开，中能万源董事长吴堂箐开幕词提出，深入贯彻"跨界、融合、创新、颠覆、共享"的发展理念，不断把握、引领新能源汽车产业发展新趋势，积极推进新能源汽车产业集群化平台建设，在"一带一路"的时代背景下，通过新能源汽车的创新发展，为中国企业之未来发展探索出一条创新之路。

2015年5月，戴德彦在湖北经济学院提出，电动汽车在中国有很好的发展前景。工程院院士刘经南（2010）提出建立"官产学研用"一体化"柔性的研究院"。湖北省人大代表肖铠旋（2010）认为产业转移中政府不能缺位。时任湖北省委副书记杨松指出："新兴产业要抓住官产学研用"紧密结合的机制，发挥政府牵头作用，带动科研机构和企业等走市场化道路。

武汉市委书记阮成发（2016）表示，10年内武汉市第一支柱产业是汽车，而且汽车产业链很长。武汉市周边地市在"十三五"期间也有相关布局，襄阳力争汽车及零部件产业突破4000亿元；随州市专用汽车力争总产值突破1000亿元。

湖北经济学院吴文劲（2016）在《两会视点追问湖北万亿产业：一枝独秀 虚位待谁》指出，2006年，汽车成为湖北省首个千亿元产业。"湖北省是中国三大汽车工业基地之一，经过50多年的发展，湖北省已形成了十堰市—襄阳市—武汉市和宜昌市—荆州市—黄石市两条汽车长廊。"吴文劲表示。"湖北省具有高级生产要素资源，汽车产业集群已初步形成，按照当前的发展速度，'十三五'期间，汽车产业实现万亿规模不是梦。"

中国新能源汽车政策运用了强制型或混合型的政策工具，多方面鼓励和支持了新能源汽车发展。中美两国新能源汽车政策主要集中在混合型政策区域。然而不同之处十分明显，首先，美国新能源汽车政策强度大于中国。其次，美国政策更加多样化，各种政策手段和强度皆有。再次，中国政府目前引导新能源汽车消费的主要是直接给购车者财政补贴，方式比较单一，其他手段几乎没有。

中美两国都重视新能源部汽车政策的顶层设计作用，但美国政策由于各届政府观点不一而更替摇摆，中国政策则相对较为稳定，具有一致性。美国政府的更替也带来新能源汽车政策的几番变更，比如布什政府的氢燃料电池汽车发展策略可以说是对上一届克林顿政府纯电动汽车的一种否定。而奥巴马又推翻布什政府的新能源汽车政策，重提电动汽车计划。目前看来，特朗普政府时期的美国电动车计划前途渺茫。中国新能源汽车目标相比美国明显坚定并具有一致性，主要是依靠顶层设计，由各级政府规划中国新能源汽车的总体发展，政策具有连续性，没有美国反复和摇摆不定的状况，这给予中国新能源汽车最重要的政策保障。

华中科技大学教授谭必恩（2016）提出，"湖北省发展新能源汽车有很大的区位优势，应提早布局，引导高校和企业组成产学研创新联合体加快发展"。2016年1月25日，湖北省政协十一届四次会议在武汉市召开。谭必恩表示，要争取国家对湖北发展新能源汽车给予补贴，同时，出台政策提高企业发展新能源汽车的积极性，并鼓励老百姓购买新能源汽车。

2015年8月，湖北省正式发布加快新能源汽车推广应用实施意见，明确2013年—2015年，武汉市、襄阳市两地新能源汽车推广应用目标任务分别为10000辆和5000辆，鼓励其他城市推广应用新能源汽车，要求党政机关、国企事业单位等公共服务领域加大新能源汽车推广力度,党政机关、公共机构更新车辆时,当年购买配备新能源汽车数量不低于年度更新车辆总量的30%,并逐年提高比例。意见同时要求加快充电设施建设、推进湖北省新能源汽车关键技术攻关、创新商业模式、推动公共服务领域率先推广新能源汽车等任务。

湖北省汽车行业协会叶向阳(2013)指出湖北省作为中国的汽车大省,拥有神龙和东风两大领头羊,武汉市、十堰市、襄阳市、宜昌市和荆州市等汽车和零部件生产基地,成为了中国汽车产业发展的缩影,应着眼当前湖北省汽车产业的发展现状,特别是新能源汽车的发展现状,借鉴国际新能源汽车产业发展的战略选择,重点研究新能源汽车产业发展缓慢的深层次原因,以期为湖北省新能源汽车的发展战略提供切实可行的建议。

湖北汽车工业学院项目组(2011)从微观层面建议:完善技术创新组织方式,提高研发效率。坚持开放式创新,支持高等院校、科研机构和企业加强产学研结合,整合优势资源,共同组建关键技术、共性技术和前瞻性技术研发机构。依托骨干企业加速组建和提升一批省级以上新能源汽车工程(技术研究)中心、企业技术中心、重点实验室、博士后工作站,形成新能源汽车产业发展技术创新平台体系。加快"走出去"步伐,通过收购兼并海外研发型企业、研发机构和研发团队,建立海外研发基地,实现研发目标自主确定、研发过程自主控制、研发成果自主支配。加快标准化步伐,引导和支持企业、行业技术平台参与国家标准制订,加快推进动力电池等关键部件标准化。创新人才流动机制,大力引进和培养领军人才,积极引导和形成优秀团队,推进动力电池、驱动电机、变频驱动、电动空调、汽车电子等关键部件研发及产业化应用研究。

湖北汽车行业协会(2011)指出,2010年,武汉市新兴产业技术改造投资高速增长,节能环保等新兴产业技术改造投资同比增幅达594.4%。一批新能源、新能源汽车和新材料等战略性新兴产业项目加快了产业化进程,正逐渐成为新的经济增长点,使工业和技术改造投资结构进一步优化。

东风汽车程振彪(2009)在《论金融危机下汽车行业发展形势》中提出以坚定信心克服危机给汽车业造成的巨大困难,认为平稳的正常增长速度有利于做强汽车业,有利于社会适应汽车化,能保证中国汽车产业既快又好的健康发展。东风公司杨诚认为,数字汽车时代,汽车电子技术的先进性很大程度上决定汽车产品的先进性。东风正着手在自主品牌轿车中植入更多信息化元素。

2009 年 8 月,武汉市市长阮成发指出全国公交系统中,武汉市新能源汽车最多,提出以新能源公交等九大示范工程带动武汉新兴产业振兴。湖北省省长李鸿忠(2009)指出,危机标志着区域经济发展由原来的沿海地区率先发展转变为开放型加"内生型"双重优势的地区快速推进。中部大省湖北省兼具发达地区和欠发达地区的双重优势,"提档进位"恰逢其时。他认为,湖北省承东启西,既有经济后发达地区资源丰富、劳务成本低的特点,又有武汉市等比较发达地区,交通便利,科研实力强,工业基础完备。沿海产业加速转移,中部地区"板块效应"日益凸显,为湖北省带来了打破常规的"弯道超越"机遇。

湖北省汽车流通协会罗吉文(2009)指出:国家促进汽车市场消费政策利好出尽,油价反弹,车市逐渐走弱。赵斌(2009)在《世界金融危机对湖北经济的影响及对策》中指出,湖北省实体经济受危机影响较为明显。武钢利润急剧下降,其 2 个附属公司亏损分别高达 1.8 亿和 2.8 亿。湖北社科院经济研究所龚益鸣(2009)在《金融危机的传导与湖北经济》中指出危机给湖北省汽车业带来严重冲击,钢材和铁矿石等成本价格急剧下降,成本与产品销价大幅倒挂。企业生产得越多,亏损越大,整个重化工业都面临严峻的亏损局面。

湖北省汽车流通协会常务副会长罗吉文(2009)表示,湖北省车市走势之好超出预计,2010 年,东风汽车公司总销售汽车 261.5 万辆,同比增长 37.8%。2010 年,全年生产汽车 266.15 万辆,同比增长 39.98%。继 2007 年实现年产销百万辆后,超过预计,高质量跨越 200

万辆新台阶。

湖北经济学院叶楠、吴文劲(2009)《金融危机下湖北汽车业的挑战与机遇》提出：危机使湖北省汽车业资金不足，对抗危机，政府援助必不可少，但政府财政资金有限，金融支持就显得更重要。汽车业与经济增长关系密切，相关产业链条又影响许多行业的发展，如何重整汽车业对于各国政府都有重要影响。认为百年一遇的危机使全球汽车业陷入深潭，中国政府一系列支持措施使中国汽车业成为全球汽车业为数不多的亮点。

另一方面，全球经济危机带给湖北省汽车业严峻的挑战，消极影响至今仍然存在。湖北省汽车行业协会叶向阳(2009)在《金融危机成因及湖北汽车行业对策》中提出，受国内需求增速下行压力增大的影响，2008年湖北省汽车产销呈"前高后低"的走势。2008年下半年，湖北省出口汽车及零部件订单锐减，大部分出口企业现处于"饥饿"状态。内需放缓和外需萎缩的双重压力下，目前有50%多企业开工不足，如果危机持续加剧，这些企业将面临生存问题。湖北省中小汽车企业普遍反映资金困难，项目建设资金尤其紧缺，如不尽快化解，势必影响行业持续发展和结构升级。

苗圩(2010)表示，中国新能源汽车技术面临许多问题，"指望在新能源汽车上实现一步跨越是不现实的"，政府对新能源汽车的补贴应该是递减式的。中国汽车工程学会秘书长付于武(2010)认为，目前中国新能源汽车的核心技术跟国际先进水平相比仍然有较大差距，例如在汽车轻量化方面就是空白，而在汽车电子技术方面，中国跟国际先进水平的距离越拉越大。中国机械工业联合会蔡惟慈(2010)认为，在中国汽车业尚未充分发展的现状下，不能直接用电动汽车取代传统汽车。提出，作为未来发展方向，电动汽车还有很多技术问题没有解决，中国汽车业基础与世界差距也很大。而传统汽车的节能减排还远未走到尽头。即使在汽车业高度发达的日本，目前也是采用混合动力的汽车居多。苗圩认为在电动汽车的发展方面不能太乐观。

此外，当前新能源汽车在中国市场上表现不尽如人意。"863 计划"专家王秉刚(2009)提出"政府课题经费根本不够"。汽车业资深专家贾新光(2010)认为，政策优惠没有产生足够的吸引力，高额的维修及保养成本也让消费者却步。一些学者对大力发展新能源政策存有异议，认为中国新能源产业已面临产能过剩。国家统计局资料显示汽车业"偏热"。

第三章　湖北省新能源汽车战略及政策绩效分析

根据《2017—2021年新能源汽车产业商业模式深度调研报告》，2016年新能源汽车生产51.7万辆，销售50.7万辆，比2015年同期分别增长51.7%和53.0%。其中纯电动汽车产销分别完成41.7万辆和40.9万辆，比2015年同期分别增长63.9%和65.1%；插电式混合动力汽车产销分别完成9.9万辆和9.8万辆，比2015年同期分别增长15.7%和17.1%。2017年1月—4月，新能源汽车生产95856辆，销量90402辆，比2016年同期分别增长1.4%和下降0.2%。2015年以来，中国一直是世界最大新能源汽车生产和销售市场。

作为中国传统汽车基地，汽车大省湖北省新能源汽车正努力赶超国内外先进水平，早日实现"美丽湖北"。湖北省相应地制定并实施了系列促进新能源汽车发展的产业政策，但政策实施的成效却不尽如人意。中部地区的湖北省新能源汽车发展相对滞后，在技术、规模及产业化方面与发达地区相比还有较大的差距，湖北省列入国家名录的两个新能源汽车试点城市武汉市和襄阳市曾在全国网上评比中被列入第三级别的城市，甚至落后于临近的非工业城市省份。本章从湖北省新能源汽车的外部环境、发展历程和战略分析相关政策绩效。

第一节 发展的背景与环境
——湖北省新能源汽车战略概述

新能源汽车的完整称谓是节能与新能源汽车，本书统一采用新能源汽车的表述。目前，各国对新能源汽车定义也不尽相同，中国也存在不同的新能源汽车界定。

一、国内节能与新能源汽车的两种定义

新能源汽车是相对传统燃料汽车而言的，由于新能源汽车发展较晚，目前在中国还没有统一认可的定义，目前国内的定义有广义和狭义两种说法。

广义的新能源汽车，是指使用除汽油和柴油等石油燃料以外的能源作为动力来源的汽车，既包括全部使用非石油燃料的汽车(如纯电动汽车、燃料电池汽车等)，也包括部分使用非石油燃料的汽车(如混合动力汽车、乙醇汽油汽车等)。该定义囊括了目前新型动力汽车，包括混合动力汽车(HEV，Hybrid Electrical Vehicle)、纯电动汽车(EV，Electrical Vehicle)、燃料电池汽车(FCEV，Fuel Cell Electrical Vehicle)、氢燃料汽车、二甲醚汽车、甲醇汽车、天然气汽车(包括压缩天然气CNG、液化天然气LNG和液化石油气LPGA)、乙醇燃料汽车等。

国家发改委(2007)《新能源汽车生产准入管理规则》，新能源汽车是指以采用非常规的车用燃料①作为动力来源(或使用常规的车用燃料、采用新型车载动力装置)，综合车辆的动力控制以及驱动方面的先进技术，形成的技术原理先进，有新技术、新结构的汽车。新能源汽车具体包括纯电动汽车(包括太阳能汽车)、混合动力电动汽车、燃料电池电

---

① 非常规的车用燃料是指除汽油、柴油、天然气、液化石油气、乙醇汽油、甲醇、二甲醚之外的燃料。

动汽车(包含氢燃料电池汽车)、其他新能源(如超级电容器、飞轮等高效储能器)汽车等。

狭义新能源汽车包括混合动力汽车、纯电动汽车、燃料电池汽车、氢动力汽车、其他新能源(如高效储能器)汽车等。狭义的新能源汽车缩小了汽车动力来源的范围,代表了新能源汽车中科技含量高、燃料清洁的技术,该定义方法有助于国家制定相关产业政策。工业和信息化部(2009)《新能源汽车生产企业及产品准入管理规则》定义新能源汽车为,采用非常规的车用燃料作为动力来源(或使用常规的车用燃料、采用新型车载动力装置),综合车辆的动力控制和驱动方面的先进技术,形成的技术原理先进,具有新技术、新结构的汽车。包括混合动力汽车、纯电动汽车(包括太阳能汽车)、燃料电池电动汽车,氢发动机汽车、其他新能源(如高效储能器、二甲醚)汽车等各类别产品。该定义将甲醇汽车、天然气汽车、乙醇汽油汽车等都排除在新能源汽车之外。

本书新能源汽车采用的是狭义新能源汽车的定义,主要是研究电动汽车。

二、中国目前主要的新能源汽车种类

中国主要的新能源汽车有三类:纯电动汽车、混合动力汽车和燃料电池汽车。[①] 经过了混合动力汽车和纯电动汽车并行发展的阶段,目前国家确定的新能源汽车主要是纯电动汽车。

---

① 燃料电池电动汽车(FCEV,即 Fuel Cell Electric Vehicle),燃料电池电动汽车是指采用燃料电池作为能源的电动汽车。燃料电池电动汽车与纯电动汽车除了动力源不同之外,其驱动电机、传动系统等部件都完全相同。燃料电池电动汽车可以说是世界上最环保、高效、低公害的汽车,代表着未来汽车工业的发展方向。在燃料电池汽车方面,氢动力汽车和甲醇汽车倍受青睐,但在推广应用中仍困难重重。(1)氢动力汽车。氢动力汽车被认为是传统汽车的最理想的替代方案,氢动力车真正实现零排放,具有无污染、储备丰富的优势,但造价比传统汽车至少高20%。(2)甲醇汽车。用甲醇代替石油燃料应用在汽车里。普通的汽车要改装成甲醇汽车,需要在汽车喷油嘴和原车电脑内加装一个甲醇控制器,把甲醇控制器串联在整个系统中,起到调节喷油量的作用,汽油发动机就能够燃烧甲醇燃料。

1. 纯电动汽车

纯电动汽车(EV,即 Electric Vehicle),是采用电力驱动的汽车,电机的驱动能源来源于蓄电池,因此其结构和燃油汽车明显不同:由电动机取代了内燃机,另外在能源、储能装置、传动系统等方面也有所不同。用电动机代替内燃机及其附属装置(即润滑、冷却、进排气系统等),使其结构简单;在动力传动装置上,取消了燃料箱和燃料控制系统,代之以电源系统、电子控制系统等。

相对传统的内燃机汽车,纯电动汽车具有如下优点,如表 3.1.1 所示。

表 3.1.1　　　　　　　**纯电动汽车的优点**

	优 点	说　明
1	污染小,噪音低	电动汽车使用的是电能,工作时不产生废气,对环境无污染。电动汽车行驶时噪声比较低,电动机产生的噪声比内燃机要小得多
2	能源多样化,效率高	电动汽车使用的电能来源广泛,可由煤炭、水力、风力、太阳能、核能、潮汐等转化而来,减少了对石油资源的依赖。电动汽车电能的利用效率比内燃机汽车热能的利用效率要高,而且在制动过程中电动汽车可以回收部分制动能量
3	结构简单,维修方便	电动汽车的结构比内燃机汽车要简单,传动部件少,维修保养方便,而且易于操纵

资料来源:作者根据相关信息整理。

2. 混合动力汽车

混合动力电动汽车(HEV,即 Hybrid Electric Vehicle),根据国际电工技术委员会 IEC(International Electro-technical Commission)的定义,混合动力电动汽车 HEV 是能够根据特定的运行要求,从两种或两种以上能源、能量储存器或转化器中获取驱动力的汽车,在运行中至少有一种能量储存器或转化器直接驱动汽车,并且至少有一种能量源、能量储存器或转化器能够提供电能。这样,HEV 就是指装有两个以上动力源(包括有电动机驱动)的汽车,其动力源有多种,包括各种蓄电池、太阳能电池、燃料电池、燃料发动机等,也就是说这种汽车就是将电动机与辅助动力单元组合在一辆汽车上做驱动力。

在混合动力汽车领域出现了一种新型的 plug-in 混合动力汽车,该系统是纯电动汽车与混合动力电动汽车的融合。正常行驶时以纯电动为主,为了减少电池的使用量(从而减轻重量,降低成本)、提高续驶里程、提高汽车的动力性和经济性,从而融合了混合动力汽车的优点,达到了最高的效率、最低的成本和废气排放。

3. 燃料电池汽车

2012 年建设甲醇汽车试点,对高比例甲醇汽车的适用性、可靠性、经济性、安全性和环保性进行评价;明确甲醇汽车产品相关技术规范,建立甲醇汽车相关标准体系并制定主要标准;提出高比例甲醇汽车替代燃料相关配套基础设施改造、建设和管理规范要求,提出甲醇汽车产业政策方面的相关建议。

三、湖北省发展的国内环境——中国主要试点城市的新能源汽车战略

2009 年,中国启动"十城千辆"工程建立了包括武汉市在内的 10 个新能源汽车试点城市,研究中国电动汽车市场的潜能、可行性及所面临的挑战。该工程迅速扩展到 39 个城市,奠定中国新能源汽车产业的初步基础。2009 年以来,中国先后有 90 个城市成为新能源汽车示范推广城市,各城市推广效果参差不齐,其中,34 个城市未出台相关政策,有激励工具的 56 个城市新能源汽车战略不尽相同。

湖北省统计局专家提出新能源汽车定义比较模糊,有车企反映"十城千辆"效果不尽如人意,中国新能源汽车主要依赖于市政及公共交通,以及高额的补贴。新能源汽车私人领域推广需更多努力。政府财政补贴之外,需更具创造性的政策支持,如建立对公众开放的充电基础设

施、开发高效的私人基础设施安装、提高消费者环保意识、鼓励将新能源汽车作为家庭用车首选等。

1. 武汉市

武汉市政府对车企和消费者都给与了极大的支持。武汉市内机关单位购置公务车中，新能源汽车购置比例不低于20%。新能源汽车消费者免征路桥费、减免停车费、纯电动出租车减半征收有偿出让费。2012年3月，武汉市《关于进一步推进节能与新能源汽车产业发展的若干意见》对于积极投资、研发和生产新能源汽车的车企，除了在审批、资金、土地和人才等方面获得优先支持之外，武汉市政府等机构还给予车企资金补贴和奖金等各种鼓励政策。若明确新能源汽车年产销量超过1000辆、5000辆或10000辆，分别给予200万元、1000万元、2000万元的奖金，给与部分贡献突出的车企退税优惠。此外，武汉市政府制订了《武汉市节能与新能源汽车示范推广工作方案》、《关于进一步推动我市节能与新能源汽车产业发展的若干意见》(2012)。《节能与新能源汽车产业发展规划(2011—2020)》等政策。

为更好支持新能源汽车的推广，2015年11月武汉市科技局和财政局联合出台《武汉市鼓励单位和个人购买使用新能源汽车地方配套补贴实施办法(暂行)》(简称《办法》)，"汉版"新能源汽车补贴政策出炉。《办法》提出，在中央财政专项资金补贴的基础上，地方财政对单位和个人购买新能源汽车，按国家补贴标准的1∶1给予地方配套补贴，国家和地方财政补贴总额最高不超过车辆销售价格的60%。

享受这一政策的车型，是被纳入国家公布的《节能与新能源汽车示范推广应用工程推荐车型目录》的纯电动汽车、插电式混合动力(含增程式)汽车和燃料电池汽车。

《武汉市新能源汽车推广应用示范实施方案》明确武汉市截至2015年新能源汽车推广数量达到10500辆，其中公交车达到1000辆。

《关于加强新能源汽车通行管理措施的通告》提出，新能源小客车继续不受区域限行规定限制，新能源大客车、新能源小货车等各类新能源车辆通行政策相应出台。全日禁止蓝牌小型载货汽车在指定的区域通行。黄牌大型载货汽车按照现行的本市大型载货汽车管理规定通行。非本市新能源客车与本市同类车辆享受同等通行待遇。非本市新能源载货汽车应遵守本市现行的外埠货车通行管理规定。

2. 北京市

2015年前7个月，北京市有6700多辆纯电动小客车新上牌，超过2014年总数。2015年5月、6月、7月三个月新上牌的纯电动汽车数量均破千辆，分别达到1101辆、1955辆、1706辆。而在《北京市电动汽车推广应用行动计划》中显示，公交车方面，2014年投运电动公交车700辆、快速公交40辆、微循环线路100辆，新城城区公交60辆以及机场运营车辆若干，合计将近1000辆。环卫、邮政和公务车方面也提出使用电动车相关要求，包括新增的公务车原则上均采用电动汽车、新增环卫车中电动环卫车比例要超过50%。出租车方面，市区内新增出租车全部采用电动汽车、10个郊区区域出租车全部采用电动汽车。

3. 上海市

上海市作为新能源汽车推广的主力城市，销量猛增的原因，除了政府各大叠加利好政策的推动外，较为开放的市场也是其中因素，特别是插电式混合动力车型的补贴和开放。2014年9月—2015年3月，上海市免购置税车辆已达13129辆，已经超过了上海提交的13000辆的任务。其中13129辆中，插电式混合动力车型占比较大。在2014年前9个月，比亚迪秦在上海市的销量占据总销量的三分之二。2014年，比亚迪秦总销量14747辆，照此估计，就有近一万辆比亚迪秦卖到上海。此外，上汽2014年累计销售荣威550插电式混动车型2000辆，荣威E50纯电动汽车销售超过400辆。

据统计，上海市2014年共发放10644张新能源汽车牌照，2015年1月—7月新能源汽车上牌量就达19480辆。与2014年1—7月上牌1923辆相比，同比增长900%。2015年7月份上海市共计上牌销售新能源汽车4933辆，创下月度历史新高。到2015年年底，上海市总共将拿出 2 万张牌照额度免费发放。

4. 深圳市

根据新能源汽车推广应用城市推广目标，深圳市计划新能源公交车保有量达到 4500 辆以上；纯电动出租车保有量达到 4500 辆以上；新增纯电动物流、环卫车 3500 辆以上；新增纯电动通勤旅游客车 2000 辆以上；个人、社会团体与企业新增购买新能源汽车 9000 辆以上。在公交领域，深圳巴士集团、东部公交、西部公交共同承担 1500 辆新能源公交的新增指标。

5. 杭州市

浙江省新能源汽车推广量达 17407 辆，超额完成目标 7000 多辆。浙江省推广量如此之好是因为杭州推行的"微公交"模式贡献良多吉利和沃尔沃合资生产新能源汽车是锦上添花的利好。到 2014 年底，康迪"微公交"在杭州市累计投放康迪牌纯电动汽车总数就达 9850 辆，而整个浙江省到 2015 年的推广任务才 10100 辆。"微公交"模式全部采用纯电动汽车，结合城市出租车、私家车、城际自驾租车和传统公交模式等优点，集可充换电智能立体车库和平面站点于一体，实现了动态交通和静态交通的协和，是一种全新的城市公共交通运营模式。

目前国内大部分城市的新能源汽车推广主要以本地车型为主，各城市车辆虽动力构型偏好不同，但主要取决于本地车型的动力构成，从车型数量上看，上海市和北京市的上牌车型较多，而上海市本地车型只占到 25.61%，说明上海市的市场开放性较好。2015 年 1 月北京市取消地方车型目录后，迫于交通和环境压力，对插电式车型仍不支持，北京市的车型数量仅次于上海市。

深圳市受地方政策影响，推广的新能源汽车以本地品牌车型为主。深圳市本地车型占比达 99.44%，以比亚迪品牌的秦和 e6 为主。深圳市的新能源汽车补贴优惠力度虽大，但是除本地车型外，其他品牌车型申领补贴门槛较高，使得外地品牌车辆经销商对于深圳推广存在疑虑，同时也间接限制了消费者的购买选择范围。

上述典型城市基本涵盖了中国大多数城市的新能源汽车推广现状，典型城市新能源汽车战略各具特色。上海市以其全产业链角度的规划、细致的管理工作、超前的基础设施布局，遥遥领先；北京市、杭州市分别受益于"不限购、不限行"的激励及新兴商业模式带动，紧随其后；深圳市由于地方保护的阻碍，推广效果不如预期。

四、湖北省发展背景评析——中国新能源汽车战略

2010年9月，国务院正式将新能源汽车产业作为加快培育和发展的七大战略性新兴产业之一。国家继续设立新能源汽车重大项目，坚持以新能源汽车市场为产品开发的导向，以整车产品为载体，以电动汽车动力系统技术平台为核心，促进企业产品的开发和创新；以关键零部件工程化、系列化促进产业链的建设；以共性基础技术促进平台、总成和零部件的深入研究；以公共服务平台、基础设施和政策法规建设促进市场应用和推广。2017年7月，马凯副总理强调新能源汽车统筹规划，强化创新驱动，深化推广应用，推动新能源汽车产业做优做强。

自2014年9月1日至2017年底，中国对获得许可在中国境内销售（包括进口）的纯电动以及符合条件的插电式（含增程式）混合动力、燃料电池三类新能源汽车，免征车辆购置税。

1. 建立新能源汽车创新体系

根据中国汽车工业协会数据，2009年，中国跃升为全球最大的汽车市场。2011年中国产销汽车1841.89万辆和1850.51万辆，2012年乘用车市场继续保持平稳增长。2013年，中国汽车产销双双超过2000万辆，汽车产销2211.68万辆和2198.41万辆，再次刷新全球纪录，2014中国汽车产销量超过2300万辆，创全球历史新高，连续六年蝉联全球第一。2015年，中国汽车市场的销量为2459.8万辆，同比增长4.7%，相比上年同期减缓2.18个百分点。这是自2013年以来连续3年超过2000万辆。2016年乘用车销量首次超过2400万辆，增幅比上

年明显提升。中国品牌乘用车销量首次超过千万辆,同比增长20.50%。2020年,中国汽车保有量将超过2亿辆。中国汽车市场已经成为全球汽车厂商争夺的焦点,拥有市场上最多的人口,这种潜在的需求能力将持续创造最大的市场。

伴随中国汽车产业发展,经过"863"连续两个五年计划的支持,中国新能源汽车取发展迅猛。几百家汽车企业、电机/电池等零部件企业、大学及科研院所等共同构建了"三纵三横"矩阵式产业化技术研发布局,通过有组织、大规模、高强度的持续研发,中国基本建立了适合我国基础特点的、能结合有效产学研力量与发达国家实力雄厚企业抗衡的国家创新体系,搭建了具有自主知识产权的电动汽车动力系统技术研发平台,初步构成了关键零部件的配套研发体系。

科技项目执行中已申请专利2881项(其中发明专利1635项),研究颁布电动汽车国家和行业标准56项,已有180余款各类电动汽车进入中国汽车产品公告。已建成30个以上新能源汽车国家重点实验室等国家级技术创新平台,并建立了车用电池、电机、整车和基础设施检测能力,有助于中国更好地掌握电动汽车核心技术,进一步推进战略性新兴产业的发展。

2. 确定新能源汽车关键技术

国家科技部颁布的新能源汽车关键技术如表3.1.2所示。

表3.1.2　　　　　　　　　　新能源汽车的关键技术

项目	具体关键技术
整车共性技术	整车和系统集成、网络通讯和控制技术、强电安全技术、电磁兼容性技术、整车轻量化技术、整车匹配标定和试验技术、系统标定和优化技术、智能感应及显示技术、失效模式、故障诊断和容错控制技术、热管理技术

续表

项目	具体关键技术
纯电动汽车	动力电池系统集成和控制技术、驱动系统总成匹配和控制、充电技术、能量回收、分配与优化控制、高速减速器技术
混合动力汽车	机电耦合技术、动力电池系统集成和控制技术、驱动系统总成匹配和控制、整车和系统动态协调控制、能量回收、分配与优化控制、专用发动机、自动变速箱
燃料电池汽车	燃料电池发动机技术、燃料电池系统匹配与优化控制技术、驱动系统总成匹配和控制、动力电池系统集成和控制技术、能量回收、分配与优化控制技术、车载高压供氢系统
驱动电机系统	驱动电机及其控制技术、系统集成、系统热管理、位置/转速传感器、高性能绝缘材料、高性能永磁材料、电力电子元器件IGBT
动力电池系统	动力电池及其成组技术、系统集成、电池管理系统、正负极材料、锂离子电池隔膜
电动辅助系统	电动空调、电动转向、电制动、电动真空系统、电动水泵、电动涡轮增压器

资料来源：根据相关内容整理。

以电动汽车领域为例，中国建立起了"三纵三横"的研发格局："三纵"是指燃料电池汽车、混合动力汽车、纯电动车三种整车技术，"三横"是指多能源动力总成系统、驱动电机、动力电池三种关键技术，如图3.1.1所示。以此布局为指导，中国电动车技术关键领域研发获得了多项突破，达到国际水平，并开始批量应用实践，未来发展潜力巨大。

3. 新能源汽车研发与产业化基地形成

针对产业化、技术转型及科技跨越的需求，在国家"863计划"重大

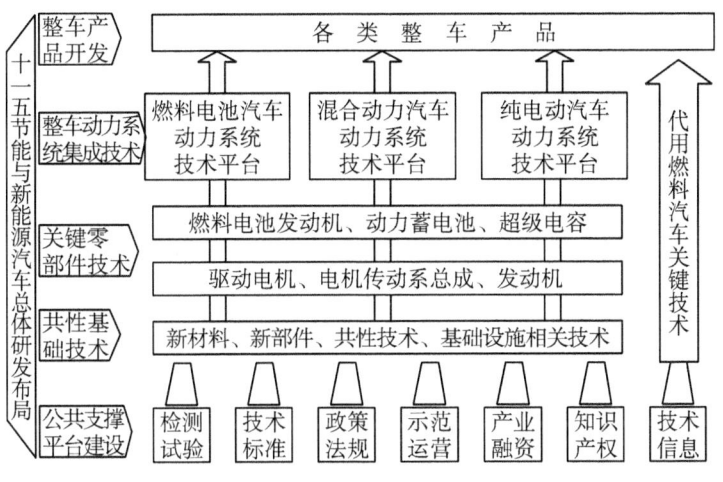

图 3.1.1　电动汽车"三纵三横"布局

科技项目的带动下,各级组织建立了不同形式科技创新联盟,推动关键技术开发及产品产业化进程。以整车企业为龙头,以关键零部件企业为支撑,结成产学研战略联盟和整车—零部件技术链产业联盟,建立了中国自主的电动汽车产业链,初步形成了研发、生产配套体系,提升了中国电动汽车的整体核心竞争力;同时,还在北京市、重庆市、广东省、吉林市、湖北省、安徽省等地建立了一批电动汽车区域产业技术创新联盟,建立了中汽协 T10 电动汽车产业联盟、国有企业电动汽车产业联盟等,积极推动新能源汽车产业的发展。

一汽集团、东风集团、上汽集团、长安汽车集团、奇瑞汽车公司等汽车企业积极参与电动汽车重大科技专项,面向市场、自主创新,研发了电动汽车整车技术,创立了电动汽车自主品牌,成为中国第一代电动汽车的产业化基地。

随着"十城千辆"工程的实施,电动汽车能源供给基础设施的潜在机会开始受到重视,中国国家电网公司、南方电网公司、中国普天集团、中海油集团等几大国企,围绕国家新能源汽车发展战略积极介入,在电动汽车能源供给体系方面累计投入将达到 20 亿元以上。

第二节　湖北省新能源汽车战略与政策述评

2012 年迎来了新能源汽车产业化高潮,"十三五"是新能源汽车产业格局形成的关键时期,新能源汽车必将成为拉动中国经济发展新增长点。越早重视研发新能源汽车,也就越早掌握未来汽车市场的先机和主动权。作为中国汽车大省,湖北省汽车产业发展至关重要;作为未来汽车产业的发展趋势,湖北省有能力也有必要尽快发展新能源汽车产业,获取竞争优势,争夺市场。

一、发展的必要性分析——能源的稀缺

张希良(2012)、谢子聪(2012)认为中国不能重复发达国家曾走过的高耗油发展的传统道路,因此必须在汽车交通的发展过程中持续强化石油节约和替代,中国政府应该加快出台更加严格的汽车燃油经济性标准,并考虑适时引入碳排放标准。谢子聪认为,能源供应紧张问题不仅与能源工业本身有关,而且由三个因素决定,一是世界化石能源总量有限,作为化石能源的传统能源不能无限供给;二是市场需求不断增加,尤其是中国汽车工业的迅速发展,对能源的需求量必然不断提升;三是国际形势动荡对能源供应结构有很大的影响,伊拉克、利比亚、也门、伊朗、叙利亚等国际事件的产生,直接影响世界石油供给以及石油价格的变动。

1. 中国已成为新能源汽车大国

中国 2009 年跃升为全球最大的汽车市场。2015 年,中国新能源汽车井喷式发展,销售 30 万辆,成为世界第一大新能源汽车市场和生产国家,也是世界上新能源汽车研发和产业化最活跃地区。

2016 年,中国新能源汽车生产 51.7 万辆,销售 50.7 万辆,其中,纯电动汽车产销分别完成 41.7 万辆和 40.9 万辆;插电式混合动力汽车

产销分别完成9.9万辆和9.8万辆。2017年1—4月，新能源汽车生产95856辆，销量90402辆，比2016年同期分别增长1.4%和下降0.2%。2015年以来，中国一直是世界最大新能源汽车生产和销售市场。

中国市场成为全球汽车厂商争夺的焦点，尽管由于外部刺激销量比之前有所下降，但中国拥有市场上最多的人口，这种潜在的需求能力将持续创造最大的市场；中国处于经济高速发展时期，居民收入提升，随着城市化的发展，汽车拥有数量将长期处在增长态势。这必将对能源供给造成重大压力。

2. 以新能源汽车增强汽车行业竞争力，减少对外石油依赖

世界汽车工业60%~70%的技术创新来源于汽车电子技术的应用，传统汽车和新能源汽车都离不开汽车电子技术的发展，而跨国公司在该领域的产品技术和制造方面已经形成垄断，中国处于落后局面，大大限制了自主创新主动权。同时中国对外石油依赖日益严重，因而发展新能源汽车是顺应国际趋势的必然选择。

2011年，中国原油消费量为4.53亿吨，其中进口约为2.54亿吨，石油的对外依赖度同比增长1.5%，超过56%。2015年度《国内外油气行业发展报告》(2016)指出，2015年，中国石油消费持续中低速增长，对外依存度首破60%，达到60.6%；中国成品油净出口量连续三年大幅递增。研究发现，汽车交通是中国石油需求增长的最主要的驱动力，2000年到2009年间，中国汽车交通对新增石油消费总量的贡献达到47%以上，据此推测，2009年到2030年，这一数字将高达45%到81%，2030年汽车交通将占石油消费总量的41%到57%。

中国车用能源研究中心发布的《中国车用能源展望2012》预测2020年和2050年，中国分别需要3.28亿吨和4.75亿吨原油用于汽车，占车用能源总消费量的93%和88%，为满足这一需求，2020年，中国原油进口量约将达6.65亿吨，进口依赖度为77%；2050年原油进口约高达10.88亿吨，进口依存度高达84%。该预测是由通用汽车、上汽集团和清华大学联合成立的中国车用能源研究中心基于中国车用能源结构现

状,且新型汽车动力技术没有取得重大突破的前提。

通用汽车中科院研究院杜江凌(2012)认为短期内石油安全问题来自成本飙升而非储量的减少。从全球来看,中东地区产油国的原油储采比不断下降,但非洲、中南美洲、俄罗斯等国的石油供应逐渐增加,加拿大油砂、美国页岩油和重油等非常规石油资源不断被发现和开采,石油资源总体而言比较丰富。但是原油供应的价格不断高涨已经成为事实,原因在于一是中国等发展中国家的石油需求不断增加;二是石油开采成本在提高。随着易开采的常规石油资源减少,越来越多的石油将来自成本较高的强化石油开采和深海石油,非常规石油资源的开采成本远高于常规石油,原油生产国的政治形势动荡更增添了很多不确定的因素。石油危机不但是供应危机更是供应成本危机。

中国创新发展新能源汽车势在必行,主要表现在以下几个方面:第一,油耗和碳排放将成为中国汽车走向世界的主要障碍。发展新能源汽车是全球汽车工业针对未来汽车技术进行竞争的焦点和制高点,具有重要的现实意义和战略意义。第二,中国传统汽车技术水平与国际先进水平相比还有较大差距,具有很大的节能潜力。因此,中国汽车工业还需要进一步提升传统汽车的节能技术,以便在短期内实现燃油消耗量的显著降低。第三,电动汽车能广泛地利用传统能源、替代能源和可再生能源,通过先进的电驱动系统能显著提高能源的利用效率。第四,代用燃料汽车可以灵活地应用气体燃料、生物质燃料和合成燃料等多种能源,降低对传统能源的依赖。同时,清洁能源的利用可以大幅度减少污染物的排放。

3. 新能源汽车竞争激烈,湖北省有产业基础和产业化的后发优势

各省均非常重视新能源汽车发展,以新能源汽车作为产业结构转型和低碳环保的契机,国内车企纷纷抢占新能源汽车发展先机。湖北省工业基础雄厚,是传统汽车工业基地,新能源汽车起步早,经过一段时间的平稳过渡,近年来新能源汽车发展迅猛,产业化发展具有后发优势。

科技部《中国 2010 发展中的清洁能源科技》报告，明确指出到 2015 年，新能源汽车保有量将发展到 100 万辆以上，到 2020 年，新能源汽车市场规模将达到千万辆级。该目标的实现需要政府的政策支持，企业研发，以及居民的购买选择，任重而道远。

汽车产业发达的国家，如美国、日本、德国等均将发展新能源汽车作为振兴经济的新增长点，纷纷颁布优惠政策措施，促进本国新能源汽车发展，以期实现产业结构升级，提升本国汽车业国际竞争力，在全球汽车业新一轮竞争中占据有利地位。日欧等国政府还采取减免购置税、消费税和个人所得税等措施，鼓励消费者优先购买新能源汽车。政府支持和补贴更是这些国家新能源汽车大规模走向市场的重要因素。

作为未来新的经济增长点，新能源汽车的研发和使用一直得到了各国政府的高度重视，表 3.2.1 显示的是当前世界各国对新能源汽车的补贴政策，从这一个视角足以见到各国的重视。

表 3.2.1　　　　　各国新能源汽车的补贴政策一览

国家	政 策 内 容
美国	对购买插电式电动车每辆车给予 7500 美元的抵税额，2015 年生产新能源汽车 100 万辆。特朗普政府提出了限制新能源发展的政策措施
日本	根据环保汽车的性质和指标不同，对汽车的购置税和重量税给予减免 50%、75% 和全免三类不同优惠；到 2020 年将新能源汽车销量占新车总销量的比例提高 50%，2030 年提高到 70%。普锐斯发展迅猛
英国	购买纯电动车免除年度流通税，2010 年 4 月 1 日起，对纯电动轿车免除前 5 年的企业车辆税，对纯电动货车免除前 5 年的货车收益费；2011 年起，购买纯电动汽车业和插电式混合动力汽车可获得车辆价格 25% 最高 5000 英镑的补贴

续表

国家	政 策 内 容
西班牙	对混合动力车补贴每辆补贴2000欧元，对纯电动汽车每辆补贴5000欧元，在2011—2012年期间促进7万辆电动车的消费
德国	购买电动汽车自注册起5年之内免年度流动税。全国电动汽车到2020年达100万辆、2030年电动汽车达500万辆
法国	购买CO_2排放不超过60克/公里的电动汽车最高可获得5000欧元的补贴，购买CO_2排放不超过135克/公里的混合动力汽车可获得2000欧元补贴，政府和大型私人企业的电动汽车订单在2015年达到10万辆
荷兰	购买补贴A标签的混合动力汽车最高可享受6400欧元的车辆注册税减免，购买B标签的混合动力汽车最高可享受3200欧元的车辆注册税减免

资料来源：宏源证券研究所。

二、良好的产业基础——湖北省发展概述

湖北省汽车工业是随着国家投资建设中国第二汽车制造厂（现东风汽车公司）发展起来的，是湖北省支柱产业之一。当前的东风公司，与国外知名的汽车厂商合资合作，组建了神龙汽车、东风日产、东风本田、东风渝安、东风电动车等一系列整车制造公司。湖北省汽车产业经过五十多年的发展，特别是改革开放30年的发展，形成了以东风公司为主导，军工企业、地方企业为依托；东风有限公司、神龙、东风本田、三环集团等大集团大公司为骨干；形成了以十堰市、襄阳市、武汉市三大汽车生产基地为核心的长江流域最大的汽车产业带，以及"重、中、轻、轿、微、专、农"等汽车生产格局；节能环保和新能源汽车研发取得突破，部分产品已经产业化；汽车零部件品种齐全，配套能力

强。湖北省汽车产业在调整和振兴中的基础和比较优势日益显现。①

1. "十一五"期间：奠定湖北省未来雄厚的发展基础

根据湖北省汽车行业协会《2010年湖北省汽车工业》报告统计，"十一五"是湖北省汽车工业历史上发展最快最好的五年，湖北省汽车产业有了以下重大发展：

2010年，湖北省汽车工业规模以上企业（下同）完成工业总产值（现价）3513亿元，同比增长50.25%，占全省规模以上工业企业总产值16.6%。东风公司位列世界500强第182位、中国企业500强第30位、中国制造业500强第6位；三环集团公司位列中国制造业500强第301位。

截至2010年底，湖北省拥有汽车工业企业1185家，比2009年增加172家和"十五"末的2005年增加755家。其中整车制造企业22家，改装车企业70家，汽车车身及零部件企业1070家。资产总额3567.7亿元。从业人员28.1万人。具体表现在以下几个方面：

（1）为建设汽车工业强省奠定了坚实基础。

"十一五"是湖北省汽车工业历史上发展最快最好的五年。"十一五"末的2010年与"十五"末的2005年相比，汽车产能由60万辆增加到200万辆，增长了2.3倍；汽车产销量由35.6万辆和35.7万辆增加172.3万辆和170.1万，增长了3.84倍和3.76倍。其中2010年生产载货汽车和轿车分别为56.2万辆和67.2万辆，同比分别增长42.6%和41.8%；生产客车28.0万辆，生产运动型多用途乘用车14.2万辆，同比分别增长42.9%和37.2%。

2010年，湖北省汽车零部件及其配件销售产值为1191.4亿元，生产改装汽车15.4万辆，同比分别增长54.9%和41.1%，比"十五"末分别增长3.3倍和2.1倍。与此同时，汽车的品种、质量、服务水平得到了全面的提升。

---

① 资料来源：根据湖北省汽车行业协会的相关资料整理。

(2)湖北省汽车产品销售收入跃上 3000 亿元新台阶。

"十一五"期间,湖北省汽车工业在省委、省政府实施的"千亿元工程"推动下,产品销售收入跃升三个台阶。2006 年汽车产品销售收入首次跨上千亿元台阶(也是湖北省第一个过千亿元的产业),为 1166 亿元,即从 1969 年第二汽车制造厂(现东风汽车公司)在湖北省十堰市建设算起,用了 37 年时间;2009 年汽车产品销售收入跨上 2000 亿元台阶,为 2135 亿元,用了 3 年时间;2010 年汽车产品销售收入再上 3000 亿元台阶,达到 3067 亿元(比 2005 年 950.6 亿元增加 2.2 倍),仅用 1 年时间。由此,也标志着武汉市至孝感市、随州市、襄阳市、十堰市的五百公里汽车走廊形成了产业优势,湖北省汽车工业进入到由大到强的重要转型期。

(3)汽车工业对湖北省经济的贡献度不断提高。

"十一五"末的 2010 年与"十五"末的 2005 年相比,湖北省汽车工业规模以上企业实现工业增加值由 280.0 亿元增加到 951.1 亿元,利润总额由 88.2 亿元增加到 347.6 亿元,税金由 43.6 亿元增加到 132 亿元。分别增长了 2.4 倍、2.9 倍和 2.03 倍,占湖北省规模以上工业 2011 年同类指标总量的 15.5%、28.7%和 13.2%,是湖北省名副其实的第一支柱产业。2010 年湖北省汽车工业完成出口交货值 43.3 亿元,增长 59.1%。

2. "十二五"湖北省汽车业发展平稳、潜力巨大

根据来自湖北省汽车行业协会的《2011 年湖北省汽车工业》报告中的统计,"十二五"湖北省汽车工业深入贯彻落实科学发展观,围绕"做强做优,建设汽车工业强省"目标,积极应对市场制约因素叠加等困难和挑战,汽车产销实现了由政策刺激拉动增长向自主增长转变,保持了平稳增长势头,规模以上工业完成总产值 4004.63 亿元,同比增长 16.99%,实现了"十二五"的良好开局。东风公司荣列"2011 中国制造业企业 500 强"第 2 名和"2011 湖北省企业 100 强第 1 名";三环集团公司荣列"2011 中国制造业企业 500 强"第 282 名和"2011 湖北企业 100 强

第 23 名"。2011 年末,湖北省汽车工业企业规模以上(下同)企业 796 家,其中整车生产企业 18 家,改装车企业 65 家,汽车车身及零部件企业 704 家,摩托车及零部件企业 9 家。资产总额 3970.14 亿元;从业人员 28.78 万人。具体表现在以下几个方面:

(1)汽车生产平稳增长。

2011 年,湖北省汽车产量 174.3 万辆,销量 173.7 万辆,同比分别增长 1.6% 和 2.1%,与同期全国汽车产销量平均增幅 0.84% 和 2.45% 的水平基本持平。其中轿车产量 67.9 万辆,同比增长 1.1%;SUV 产量 15.8 万辆,同比增长 11.6%;客车产量 30.5 万辆,同比增长 9.2%;载货车产量 59.8 万辆,同比增长 8.7%。2011 年,湖北省改装汽车产量 15.2 万辆,同比增长 4.6%;汽车零部件销售收入 1392.52 亿元,同比增长 27.7%。2011 年湖北省汽车工业完成主营业务收入 3665 亿元,同比增长 18.2%;实现增加值 1175 亿元,同比增长 14.6%;利税总额 518.5 亿元,其中利润 375.9 亿元,同比增长 9.5% 和 8.1%。

(2)湖北省汽车业发展后劲不断夯实。

大批项目落户武汉市、襄阳市、孝感市、十堰市等城市,不仅为湖北省带来巨额的投资,同时也为湖北省汽车工业未来产值上升带来不容忽视的巨大潜力。湖北省由汽车工业大省向汽车工业强省转变的基础不断夯实。

以襄阳市为例,近年来襄阳市初步形成了从电池、电机、驱动系统到整车较为完整的产业链,聚集了电池、电机、控制器、驱动系统到整车 10 多家生产企业,这些企业为发展新能源汽车提供了开发生产、试验的物质基础 也提供了生产汽车的经营、销售、市场运作的宝贵经验。截至 2011 年末,襄阳市从事新能源汽车研发和生产的企业院所达到 30 家,初步形成了"两纵三横三平台"(纯电动汽车、混合动力汽车、动力电池系统、驱动系统、控制系统、部分标准平台、基础设施平台、检测平台)的新能源汽车产业格局。2011 年该市规模以上新能源汽车产值达

7.61亿元,同比增长46%。

3."十三五"以新能源汽车实现湖北省汽车产业的绿色"蛙跳效应"

湖北省经信委《湖北省新能源汽车及专用车产业"十三五"发展规划》提出,至2020年,湖北省高品质适销对路新能源专用车产能5万辆/年。在全国的地位和影响进一步提升,生产规模在努力提高附加值基础上适度增长。

湖北省两会(2015)提出加快新能源汽车产业发展,推进湖北省转型升级。湖北省具有高级生产要素资源,汽车产业集群已初步形成,按照当前的发展速度,"十三五"期间,力争汽车产业实现万亿规模,以新能源汽车实现"美丽湖北"。

三、湖北省新能源汽车战略及历程

湖北省汽车业起步于20世纪60年代末,经历了1969年—1978年的起步阶段;1979年—1993年的汽车产业带初步形成阶段;1994年—1999年的调整酝酿期和2000年至今的汽车产业集群形成期。既有后发地区资源优势,环境容量较大,生产要素成本较低,又有发达地区工业基础较扎实,科技实力雄厚,基础设施完备的优势。

据悉,2013年,东风汽车在武汉经济技术开发区开始建设新能源汽车工厂;2014年,比亚迪汽车在黄陂区建设新能源商用车生产基地;2015年江淮汽车在蔡甸区建设年产万辆以上的新能源生产基地。同时,襄阳市也在着力打造中部地区的新能源之都。

汽车业对湖北省工业增长的贡献率高达40%左右。[1] 作为中国三大汽车工业基地之一,湖北省具备良好的新能源汽车基础,武汉市也在全国率先启动电动汽车研发和运营。截至2015年年底,武汉市财政将投入16.8亿元,力争推广应用10500辆新能源汽车。2014年武汉市供电公司将投入4430万元建设1280个充电桩。目前湖北省主要在以下几方

---

[1] 《东风公司新能源汽车产业化全面提速》,《光明日报》,2009年6月3日。

面积极推进新能源汽车发展：(1)政府公务、公安司法、公交、环卫绿化等公共服务部门更新或新增车辆的50%必须采购新能源汽车。(2)积极引导在固定区域推广应用新能源出租车，远城区(或新城区)新增出租车辆全部采用新能源汽车。(3)城市新建的小区和公用大型停车场按20%的比例规划和配置新能源汽车充电设施。(4)单位及个人购买使用新能源汽车，按国家补贴标准的1∶1给予地方配套补贴。(5)专门从事新能源汽车运营或租赁服务的企业，按其所缴纳的增值税和企业所得税市本级地方留成部分等额标准给予全额补贴。(6)社会力量采取公开招标采购，并验收合格的交(直)流充电桩，按设备投资额的20%给予一次性补贴，最高补贴金额不超过300万元。(7)落实免征车船税有关政策；免收城市道路桥梁隧道车辆通行费；免费在指定的公共充电设施场所充电。(8)在市内行驶时不受尾号限制。对从事城市配送的新能源物流车发放通行证，三环线内按核定线路通行。(9)充电设施建设在用地指标、土地预留、土地征用、土地供应等方面按照电网项目建设用地给予保障和优惠。

1. 东风集团的新能源汽车战略①

(1)发展历程。

第一，东风新能源自主品牌战略发展概述。

湖北省最具代表性的汽车厂商东风汽车公司经过长期积累迅速发展。2002年东风公司成功实施系列国际合资合作项目，开始筹划自主品牌乘用车项目，研发投入累计达120亿元。2008年，东风累计申请专利1477项。2009年3月，东风公司销售汽车14.53万辆，创造了历史同期最高销售纪录。东风成立40年来首款自主品牌轿车——东风风神批量下线，标志着湖北省汽车产业自主创新取得重大历史性突破。

2010年一季度，东风风神实现销售20807辆，2014款东风风神

---

① 资料来源：本部分数据主要来自于湖北省汽车行业协会相关资料。

S30、H30 CROSS 和 A60 顺利投放。东风商用车有限公司中重卡累计销售 3.8 万辆，其中 2010 年 3 月份销售超过 2 万辆。神龙公司累计实现整车销售 165158 辆，其中，东风雪铁龙品牌实现销售突破 8 万辆，东风标致实现销售突破 8.5 万辆。

2010 年，东风集团实现 262 万辆的销量，其中东风汽车自主品牌销量为 98.7 万辆，占其整体销量的 35%。目前，东风集团拥有 14 个左右汽车品牌。其中，商用车以自主品牌为主，拥有的 4 个品牌中，3 个为"东风"自主品牌，1 个为"东风日产"。乘用车以合资品牌为主，包括"东风雪铁龙"、"东风标致"、"东风日产"、"东风本田"、"郑州日产"、"东风悦达起亚"和"东风裕隆"等 7 个合资品牌，自主品牌有"东风风行"、"东风"（皮卡）和"东风风神"等 3 个。

表 3.2.2　　　　东风风神 2009 年—2014 年销量

年份	2009	2010	2011	2012	2013	2014	2015
销量	20002	27694	26037	60200	80077	100000	103000

数据来源：根据东风汽车集团数据整理。

东风加大研发投入，协调技术和渠道，规划战略目标，建立品牌认知，资源整合及渠道共享以发挥市场的最大作用，加速自身发展。东风总经理朱福寿表示，东风第一个层次是完全独立的东风品牌乘用车，以东风风神和东风小康为两个主战场，郑州日产和东风柳汽为两个辅助战场。第二层次自主品牌是与中国台湾裕隆集团合作的东风裕隆。第三个层次是合资自主品牌，如自主品牌乘用车中，东风乘用车、郑州日产和东风柳汽三家企业都悬挂通用风神 Logo。

东风风神 2012 年销量 6.02 万辆，超额完成年初制定的 5 万辆销售任务。2013 年，东风风神销量实现开票销量 80077 辆，迈上 8 万辆新高度，同比增长 33.02%；交付 73479 辆，同比增长 26.88%，达成年度必达目标。

2016年，东风公司武汉市基地目标是：本地整车产销力争突破160万辆，自主品牌产品产销力争超过50万辆，综合实力进入中国自主品牌乘用车前列。

第二，东风的新能源汽车进程。

依托东风集团发展起来的湖北省汽车以支持和紧跟东风为主拉动全省汽车工业发展。2008年底，东风荣获中国汽车工业20年来第一次国家科学技术进步一等奖——"东风混合动力电动城市客车的开发"项目获中国汽车业科技进步一等奖，全面提升了湖北省和中国汽车业科技水平。2009年初，东风首批进入科技部"十城千辆"计划。2009年6月30日，武汉市首款自主品牌乘用车东风风神S30下线。东风还加入了包括16家央企在内的"新能源汽车央企大联盟"，整合各环节优势资源，集中力量共同开发新能源汽车。

2010年9月，东风新能源客车项目在湖北省襄阳市新能源汽车产业基地正式奠基，成为中国中西部地区首家规模化的在建新能源客车基地。这仅是东风汽车首批16个新能源战略项目之一。东风股份新能源客车基地的奠基意味着东风汽车在新能源车上迈向产业化和市场化阶段。

龙头企业东风迅速发展成为武汉市新能源汽车产业发展的引擎。东风已有6个混合动力客车车型、1个纯电动客车车型和2个混合动力轿车车型进入国家公告和新能源汽车推荐目录。2012年5月25日，基于东风风神S30轿车平台开发的首款BSG混合动力轿车正式投放市场。武汉市成为全国新能源汽车种类齐全、型号最多的城市。

东风计划在2011年之后的五年投入30亿元用于新能源汽车研发和产业化。2011年12月，为打造新能源产业基地，东风集团收购东风渝安。2010年5月，东风乘用车公司100辆采用BSG技术的混合动力车风神S30交付给武汉市政府。2011年5月18日，武汉市开发区神龙第三工厂奠基，主要生产经济紧凑车，1.2升低排量车和新能源汽车。该项目投资64亿，新增年产30万辆整车产能，市场占有率达5%，力争中国车市"话语权"。预计2015年，东风新能源汽车产能将达到两个5万辆——纯电动产业化规模达到5万辆和中重度混合动力车辆达到5万辆。2013年底到2014年初，东风全新平台的纯电动轿车实现量产。基于2015年10万辆的基本规模预计，东风未来新能源汽车产量将是几何加速的增长。

2013年，东风乘用车新能源工厂在武汉经济技术开发区破土动工。该工厂占地400余亩，包括：焊装、涂装、总装等3大工艺，电动汽车和电子车间，主要用于新能源汽车及传统汽车的混合生产。新工厂规划年产能16万辆，一期投资24亿元，预计2014年底全面建成投产。

"东风乘用车新能源工厂建设，对于扩大以东风风神为主的东风乘用车品牌阵营、提高东风风神的整体市场竞争力大有裨益。"东风公司副总经理、东风乘用车公司总经理刘卫东表示，东风新能源汽车要打好打活技术、政策和配套3张牌。

目前东风已有的新能源汽车绝大多数都基于传统车改装，这只是新能源汽车产业化的第一步，"全新平台开发"是关键的第二步——根据纯电动车的结构和技术特征开发的全新车型，这是东风的第二步跨越。东风纯电动轿车具有三大特点：一是全新的设计平台；二是基于市场分析和产业化开发；三是采用小型化和轻量化的技术方向。东风EJ02是证明东风公司"实力与诚意"的一款新能源车型。东风投资30亿实现"第二步跨越"，全新平台纯电动轿车即将量产——2014年底即将量产的纯电动轿车是东风新一轮战略规划中最重要的项目。

（2）发展战略。

湖北省具有新能源汽车发展优势，东风电动联合武汉理工大学开展燃料电池基础性研究，成功研制25W燃料电池电动轿车"楚天一号"。2005年，东风电动在武汉市率先开建电动汽车工业园。2008年底，"东风混合动力电动城市客车的开发"项目获中国汽车业科技进步一等奖，全面提升了中国和湖北省新能源汽车科技水平。2009年初，东风首批进入科技部"十城千辆"计划，2010年，东风销售首次跃居行业第二。

2009年6月，纯电动概念车东风风神I-car首次在汉亮相。中国唯一的国家级电动汽车专利产业化试点基地落户东风，东风电动汽车产业园作为试点基地，得到国家专利产业化政策重点扶持。

东风集团是湖北省实力最强的汽车企业，在新能源汽车研发和生产方面也属于省内一流水平。刘卫东表示，东风新能源汽车会考虑放在自主品牌上推广。2011年，神龙公司推出装备STT技术（停车启动系统）的微混节能汽车，2—3年内推出插电式混合动力汽车，5年左右推出纯电动车。刘卫东称，目前微混节能汽车样车已经出来，在武汉市率先运营，普及推广计划是2012—2013年，而纯电动车大概2014年示范运营，大量工业化需要等到2017—2018年，"包括节能汽车，神龙希望今后新能源车能占公司整车的50%左右。"东风正加快推进整车换型、零部件更新和配套体系重建等工程，以尽快建成一个具有整体优势的产业集群或产业带。此外，神龙实施零部件本地化战略，在汽车零部件专项上，优先安排神龙轿车零部件本地化项目。重点支持神龙轿车零部件本地化急需的车身控制器、汽车智能化电子仪表、中控门锁和车灯系统控制模块等高附加值和高科技电子产品的发展。

东风力争将新能源乘用车销量提至总销售比重的5%，在新能源汽车研发和产业化方面投入30亿元。到2016年，东风公司武汉市基地本地整车产销力争突破160万辆，届时，自主品牌产品产销力争超过50万辆，综合实力进入中国自主品牌乘用车前列。

2. "村村通客车"与湖北省新能源汽车战略

2014年10月9日，湖北省委提出把农村客运工作作为群众路线教育实践活动成果强力推进，重点解决2300个建制村未通客车问题和2700个建制村时通时不通的问题，确保2015年底实现村村通客车，有条件的地方进行城乡公交化改造。用政府购买服务与企业营运相结合的方式，探索符合湖北省实际的"村村通客车"路径。湖北省委、省政府将"村村通客车"列为"一号工程"。《湖北省农村客运发展规划编制管理办法》(2014)和《湖北省农村客运发展规划编制指南》(2014)为湖北省农村客运发展列出明确的时间表：2015年实现农村客运村村通，2017年实现城乡客运一体化，2020年实现农村交通公交化。

(1)湖北"村村通客车"概述。

在2013年，湖北省实现了村村通公路，如今，"村村通客车"上升为全省的"一号工程"。村村通客车，是湖北省委、省政府2015年度重头推出的"民心工程"，村村通客车也是湖北省第五轮"三万"活动的主要任务。它并非一项简单的惠民工程，它不仅是农村人流、物流便捷化的需求，更是带动农村社会经济全面发展的重要抓手。

鄂州市已率先能实现村村通客车全覆盖，武汉市、荆州市、黄石市、襄阳市、黄冈市、随州市等地通客车率均超过90%。襄阳市、宜昌市多个县市，通过财政补贴、政府购买服务的方式，弥补企业亏损，已成为各级政府的共识。此外，老河口市、远安县等地都在引导客运企业优化资源配置，采取长线配合短线、热线配合冷线的搭配方式，提升运营企业的积极性。而客运企业也因地制宜，对不适合开行定期班线的村落，采取预约、电话叫车等方式，降低运营成本。

(2)湖北省6米纯电动车基础数据的设定。

①设定：车辆日运营里程200km；单台车运营平均车速13km/h(参照全国车辆运营平均车速)；

②运营线路长度：在20公里范围之内；

③车辆长度：6150mm、宽度：2200mm、高度：2600mm；

④车辆整备质量：4700kg；

⑤车载电池组总储存量64kW·h；

⑥非空调车辆，每公里耗电：0.6kW·h，日耗电量：60kW·h。

(3)湖北省 6 米纯电动车运能对比优势。

表 3.2.3 运能对比

	纯电动城市客车	柴油/天然气城市客车
车辆长度	6.2m	6.5m
车辆总质量	6.6T	6.6T
车辆整备质量	4.7T	4.7T
乘客承载质量	1.9T	1.9T
承载总人数(额定)	29 人	29 人

备注：

1. 以上数据为 6.5 米车的对比数据；
2. 纯电动城市客车参考扬子江 WG6620BEVZ 型纯电动城市客车，气、柴油城市客车参考目前市场上 6.5 米车型数据；
3. 人的重量按照平均 65kg 进行计算。

(4)湖北省 6 米纯电动车技术优势。

①外观及内饰设计充分借鉴极简主义设计，整车大平正方、内部通透敞亮。

②核心零部件采用进口配置。采用西门子公司的驱动系统，确保高效低耗。

③比能量符合国家补贴标准。车辆续驶里程≥150km(半载、40km/h 匀速)，单位载质量能量消耗量 Ekg<0.5，确保实现 30 万元全额补贴；车载动力电池组配置在确保获得足额补贴的条件下最大限度的适应微循环公交运营模式。

④整车轻量化技术。通过采用铝合金轮辋、玻纤维蒙皮等技术，整车整备质量相比同类车型下降 46%。

⑤乘客服务设施采用塞拉门、外翻式逃生窗、全景透明天窗、司机可控式折叠座椅等技术及产品，提升车辆档次。

⑥国家补贴 30 万元。

(5)6 米纯电动车经济效益分析。

通过对比分析，6 米级纯电动车比同级别的柴油车和天然气车在经济性上具有比较优势，当可以享受省级补贴时，则 6 米级纯电动车比同级别的柴油车和天然气车在经济性上具有绝对优势。总的来看，湖北新能源汽车推广如果能把村村通客车纳入新能源汽车推广应用补贴受惠对象，不仅有利于新能源汽车的推广，更有利于村村通客车的推广。具体见表 3.2.4 经济效益分析（以 1 台为例计算）。

表 3.2.4　　　　　　　　经济效益分析表

	纯电动	柴油	天然气
购车成本（全车款）	60 万元	15 万元	15 万元
购车成本 1（扣除国家补贴）	30 万元	15 万元	15 万元
购车成本 2（扣除国家补贴和省级补贴）	10 万元	15 万元	15 万元
能耗成本/天	45 元	208.75 元	144 元
能耗成本/年（360 天计算）	1.62 万元	7.515 万元	5.184 万元
能耗成本/8 年（全生命周期计算）	12.96 万元	60.0768 万元	41.472 万元
全生命周期维护总成本	25.0336 万元	20 万元	20 万元
综合使用成本	37.9936 万元	80.0768 万元	61.472 万元
总成本（一）	67.9936 万元	95.0768 万元	76.472 万元
电补 4 万元·年/台	32 万元	0 万元	0 万元
燃油（气）补贴 4 万元·年/台（2016 年起，逐年递减）	0 万元	<32 万元	<32 万元

续表

	纯电动	柴油	天然气
总成本(二)	35.9936 万元	>48.0768 万元	>44.472 万元
总成本(三)	15.9936 万元	>48.0768 万元	>44.472 万元

备注：

1. 电价按照大工业电价 0.75 元/kW·h 计算，柴油价格按照 7.45 元/L(平均)计算，天然气价格按照 4.5 元/m³(平均)计算；
2. 气、柴油车按照 15 万元/台(平均)价格计算；
3. 柴油车百公里能耗按照 14L/100km 计算，天然气车百公里能耗按照 16m³/100km 计算；
4. 气、柴油车数据按照新车型运力计算。
5. 所有车型按最大运力计算。
6. 综合使用成本=8 年能耗成本+8 年维护成本

    总成本(一)=购车成本 1+综合使用成本

    总成本(二)=购车成本 1+综合使用成本−燃油补贴；

    总成本(三)=购车成本 2+综合使用成本−燃油补贴；

    燃油补贴：车长 6≤L<8，补贴 4 万元/辆/年；燃油补贴=4×8=32 万
7. 折标系数(用于维护保养成本的计算)：

    A.0.3 公共交通标准汽车换算系数宜符合表 A.0.3 的规定

表 A.0.3　　**公共交通标准汽车换算系数**

车　种	车长范围(m)	换算系数
微型汽车	≤3.5	0.3
出租小汽车	3.6~5.0	0.5
小公共汽车	5.1~7.0	0.6
640 型单节公共汽车	7.1~10.0	1.0
650 型单节公共汽车	10.1~14.0	1.5(标准车)
≥660 型铰接公共汽车	>14	2.0
双层公共汽车	10~12	1.8

注：无轨电车的换算系数与等长的公共汽车相同。

四、湖北省汽车长廊新能源汽车战略分析

湖北省新能源汽车技术与产品在国内具有一定优势，也拥有较好的汽车工业基础：(1)地处中部，交通发达，具有区位优势；(2)拥有良好的工业基础。湖北省机械汽车业综合实力居国内同行业第七，汽车制造水平和研发能力居行业前列；(3)具备汽车业的集聚优势。已形成了武汉市、十堰市和襄阳市等汽车产业带优势；(4)拥有汽车相关产业的关联优势。湖北省是中国老工业基地之一，钢铁、电子、化工、轻工和纺织等关联产业实力较强，中国长江金属交易中心更使武汉市成为钢铁物流交易之都。

湖北省新能源汽车以东风和神龙公司为主导，主要集中在武汉市、襄阳市和十堰市三大城市，宜昌市和随州市等城市也有少量发展。

1. 武汉市新能源汽车战略

作为新能源汽车基地的武汉市一向注重研发插电式混合动力汽车和纯电动汽车等。现有新能源汽车1080台，其中出租车300多台，公交车600多台，计划2013年—2015年推广10500辆新能源汽车，拟制定车辆技术准入相关标准。

近十年，武汉市先后投放872辆新能源汽车参与试运行，营运线路达22条。投入示范运营的车辆数名列全国第三，仅次于北京市和上海市，是全国新能源汽车运营启动最早、载客人数最多和运营历程最长的城市之一。

2002年，武汉市兴建中国首家电动汽车产业化基地。2003年，被列为中国首批电动汽车示范运行城市。2003年开始混合动力公交车的示范运营。2003年11月，东风混合动力公交车就走出实验室，6辆样车在武汉市510路公交线路投放使用。2005年12月3日，国内首条混合动力公交专线——599绿色专线在武汉市开通，投入12辆油—电混合动力公交车。截至2010年7月底，武汉市新能源汽车运营总数达594辆，其中，混合动力公交车200辆，混合动力轿车50辆，用于城

市清扫、清洗的纯电动车76辆,用于城市观光纯电动小车268辆。混合动力公交车线路为12条。累计运行3151.24万公里,载客5469.91万人次,二氧化碳减排5866.86吨,节油217.31万升。其中,混合动力公交车运行1066.08万公里,载客2354.03万人次,二氧化碳减排1403.76吨,节油51.98万升。①

2010年7月,武汉市"中德电动汽车技术合作研讨会",就电动汽车示范运行、燃料电池技术、基础设施和运营管理模式、政府鼓励政策等方面进行了交流,探讨产业化合作发展方式。远大瑞华投资30亿元在汉南区兴建国内最大的纯电动汽车产业基地,中国电子信息产业集团计划在武汉市投资新能源动力电池项目,形成以东风汽车公司为核心企业,以武汉理工大学为核心科研院所(校),组建武汉新能源汽车产业战略联盟。

武汉市首座充电站——三角湖国家充电站已建成功,并已投入正式使用,② 东风汽车城拟陆续建设4个充电站。国家电网湖北公司与武汉市政府签订了合作协议,建设3座充电站和150个充电桩。

目前,武汉市是全国新能源汽车种类齐全、型号最多的城市,也是国内电动汽车运营规模最大、里程最长和载客量最多的城市。2009年—2011年,武汉市设立总额1.6亿元的电动汽车专项资金,用于车辆研发、推广、采购、上牌及示范运营的专项补贴。2011年,武汉市在原有589、510和599示范线路的基础上,新增17条混合动力公交车营运线路。

2010年,武汉市运行的混合动力公交车数量达到1000辆;2011年,公务、市政和邮政等领域的混合动力轿车数量达1000台。预计2020年,武汉市推广各类混合动力客车15000台;超级电容公交电车或者混合动力(燃气/超级电容)公交电车5000台。每年可减少石油工

---

① 数据来源于中国节能与新能源汽车网和工信部网站。
② 2010年实际调查中发现的正式使用时间与网络和报刊信息存在不一致。

业 200 万吨二氧化碳排量，可减少一氧化碳的排放 10 万吨，氮氧化物的排放 4 万吨，大幅度减少尾气颗粒排放，同时可节约每年 50 万吨燃油费用。

2017 年国家补贴新政策在 2016 年补贴力度的基础上退坡 20%：(1)根据国务院关于加快油品质量升级的要求，2017 年 1 月 1 日起全面执行国 V 标准。新车符合该排放标准才能上牌，消费者在购车时需要留心这一指标。此外，国 IV 升级为国 V 后，汽油牌号由 93 号、97 号三个牌号调整为 92 号、95 号。国 V 标准：要求颗粒物排放限值在 0.0045g/km 以下(国 IV 是 0.025g/km~0.060g/km)，尾气中的 CO(一氧化碳)、HC+NO$_x$(碳氢化合物和氮氧化物)等气体含量也有降低；(2)新能源补贴幅度下降，在原有的 2016 年至 2020 年补贴方案基础上，提高了准入门槛(包括整车能耗、续驶里程、动力电池安全性以及企业诚信等)。在提高门槛的同时，新能源车补贴幅度有所下降，部分车型的退坡幅度将达到 60%。以新能源客车为例：6 米至 8 米车型的单车：补贴由此前的 12 万元至 25 万元，调低到 7.2 万元至 15 万元；8 米至 10 米车型的单车：补贴额由此前的 20 万元至 40 万元，调降到 15 万元至 30 万元；(3)购置税减半政策可能延期，根据此前规划，小排量汽车购置税减半政策于 2016 年底退出市场。

2017 年，武汉市将新增电动汽车 3000 辆，规划建设充电桩 3160 个，将形成"1+8"城市圈，并与襄阳市、十堰市等城市形成城际示范圈。今后，所有充电站运营商，将集"网络平台、地面平台、服务平台"于一体。2017 武汉市继续对新能源汽车给予补贴，2014 年 10 月 22 日，《武汉市鼓励单位和个人购买使用新能源汽车地方配套补贴实施办法(暂行)》发布，《办法》明确规定，在中央财政专项资金补贴的基础上，地方财政对单位和个人购买新能源汽车，按国家补贴标准的 1∶1 给予地方配套补贴，国家和地方财政补贴总额最高不超过车辆销售价格的 60%。该《办法》的有效期至 2016 年 6 月 30 日。武汉市黄标车报废补贴，双重补贴包括两个方面：一方面淘汰黄标车有补贴；另一方面购买新车时又有补贴。

2. 十堰市新能源汽车战略

十堰市是湖北省传统的汽车基地之一，东风汽车公司总部位于湖北省武汉市，下属中国第一、世界前三的商用车基地——东风商用车公司总部位于湖北省十堰市。十堰市具有丰富的新能源汽车电池生产原材料，拥有丰富的汽车配套资源，具有良好的新能源汽车发展基础。2014年，十堰市尚鲜有新能源汽车，但到2016年，十堰市生产新能源汽车整车15000多辆，产值达45亿元。2017年，全市新能源整车生产有望突破3万辆，产值过百亿元。

"十二五"期间，十堰市与东风公司合作，新能源汽车为重点发展对象之一，力争成为"中国商用车之都"。十堰市委和市政府在物流、土地和税费等方面提供大力支持，促进十堰市新能源汽车发展。

《十堰市国民经济和社会发展第十二个五年规划纲要》提出，鼓励和支持东风在十堰市发展纯电动客车等新能源汽车，积极引进战略投资者建设新能源汽车项目。支持万润公司锂电池正极材料扩能上规模、创品牌，支持新星车辆有限公司纯电动车项目做大做强，争取十堰市新能源汽车有重大突破。《十堰市工业和信息化发展"十三五"规划》提出，大规模发展新能源汽车，到2020年新能源商用车年产销量达到10万辆，产值达到200亿元。

3. 襄阳市新能源汽车战略

湖北省加快新能源汽车推广应用实施意见，明确2013年—2015年，新能源汽车推广应用试点城市武汉市、襄阳市新能源汽车推广应用的目标任务分别为10000辆与5000辆，同时鼓励其他城市推广应用新能源汽车。意见提出加快充电设施建设、推进湖北省新能源汽车关键技术攻关、创新商业模式、推动公共服务领域率先推广新能源汽车等任务。

襄阳市作为全国25个新能源汽车示范运营的试点城市之一，一向重视电动汽车研发，具有雄厚的新能源汽车产业基础。襄阳南车电机技术有限公司和襄阳宇清传动科技有限公司在中国电机领域具有一定的地位。

目前，襄阳市已上牌的新能源汽车有619台，其中523台属于纯电动汽车，包括公交车、警务车和环卫车等。2013年，30万辆电动汽车、300万辆电动自行车等项目在襄阳市落地。2014年1月20日起，襄阳市公交公司购置的50台气电混合动力新能源公交车陆续投入1路、25路公交线，目前，这两条公交车线路运行的全部是新能源汽车。

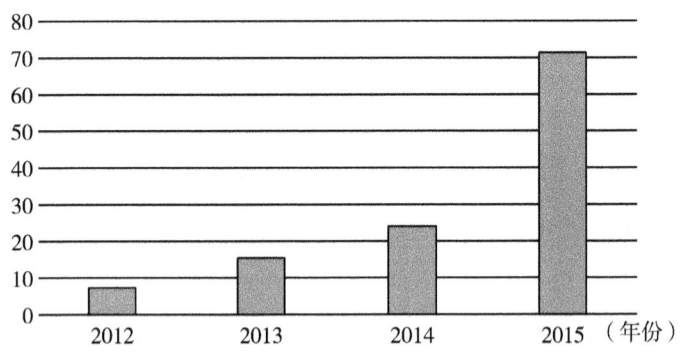

图3.2.1 2012年—2015年襄阳新能源汽车产值(亿元)

数据来源：中国电池网。

襄阳市努力打造"新能源汽车城"，提出新能源汽车产业2—3年达到300亿元的规模，实现2000辆新能源汽车示范运行的目标。2013年，襄阳市新能源电动汽车产值达15.6亿元，同比上一年剧增108%。2014年预计产值将达24亿元。初步形成纯电动汽车、插电式混合动力汽车、动力电池、驱动系统和控制系统的"两纵三横"新能源汽车产业格局。

襄阳市建立新能源车产业起步期发展专项资金，开通电动客车公交线路示范运营，国家电网公司已将襄阳市列为电动车充电设施建设展示城市。襄阳市拟建设中国新能源汽车产业基地和产学研基地，"十二五"末，襄阳市新能源汽车整车产能达10万辆，2015年，襄阳市规模以上新能源汽车企业实现产值 71.8 亿元，新能源汽车产量达 13017 辆。

襄阳市从 2002 年开始新能源汽车产业起步，到 2009 年第一辆新能源整车下线；2010 年东风股份有限公司新能源商用车项目开工，2013 年入围首批国家级新能源汽车推广应用城市，2016 年首款纯电动轿车下线。襄阳市新能源汽车发展从始于少数企业的探索，到形成整车生产、零部件生产和研发检测于一体的完整的产业链，襄阳市新能源汽车产业已进入了快速发展期。

五、湖北省新能源汽车战略述评——机遇与挑战

汽车大省湖北省计划重点发展 5 个汽车电子产业群，开发清洁能源汽车，加快新能源汽车产业化发展。"绿色制造"成为湖北省汽车发展趋势，新能源汽车是未来的趋势，也是湖北省汽车业振兴的关键所在，湖北省新能源汽车发展机遇大于挑战。

中国电动汽车正力超世界先进水平，为中国民族汽车业在国际汽车业抢占一席之地。湖北省电动汽车产业处于全国领军地位，湖北电动汽车的产业化也一直国内领先。湖北省还是中国混合动力电动汽车研发的主要技术平台。作为中国主要汽车市场，湖北省显示出了惊人的潜力。政府和企业协力构建的技术合作网络正在发挥巨大作用。各公交站点和沌口三角湖国家充电站的实地考查显示，湖北省新能源汽车从示范运营到基础设施的系列建设正逐步完善。

低碳经济为湖北省新能源汽车未来的发展带来了发展机遇，更对湖北省新能源汽车的长远发展提出了巨大的挑战。

（一）战略机遇分析

1. "九省通衢"区位优势，"两型社会"示范效应，绿色发展指标

湖北省地处中原，人杰地灵，省会武汉市有"九省通衢"美名。武汉城市圈位于中部经济腹地，东承"长三角"，南连"珠三角"，北接"京津冀"，西启"成渝"，具有独特的综合区位优势，是中国承东启西、连

南接北的纽带和桥梁，长江流域经济带和京广铁路经济带的交汇中心，铁路、水运、公路和空运优势均十分明显，是名副其实的综合交通枢纽。

湖北省汽车产品广销全国各地，质量好、性能佳，享有较高市场声誉，湖北省新能源汽车更易为市场接受。新能源汽车对武汉市"两型社会"定位起到良好的示范作用，2017年，国家将其作为湖北省绿色发展统计指标之一，有助于推广新能源汽车的使用。

2. 基础良好，起步早，显著的产学研企一体化综合研发优势

作为中国传统工业大省，湖北省汽车业发展历程基本与中国汽车业同步，被认为是中国汽车发展的缩影，汽车业也是湖北省第一大支柱产业。作为中国三大汽车工业基地之一，湖北省具备良好的新能源汽车基础，武汉市也在全国率先启动电动汽车研发和运营，提出了新能源公交工程等九大示范工程产业振兴规划。加强对新能源汽车技术难题的攻关，加快新能源汽车产业化步伐。

湖北省是中国重要的科技和教育中心之一，高校云集，研发基础较好。较早实行了产学研结合，湖北省新能源汽车居于国内领先的地位。目前，产、学、研、企相结合的发展机制正在逐渐形成，这是实现优势互补，建立长期合作战略联盟的最佳途径，有利于湖北省新能源汽车的科研、人才、开发、试验、生产和销售各环节协调发展，是保证湖北省新能源汽车协调发展的内在动力。

3. 科研大省湖北专业人才储备充足

据社科院统计，武汉市科技竞争力居全国前十。武汉市具有明显的人才优势，科技实力雄厚，拥有武汉大学和华中科技大学等一批国家重点院校，科研机构1300多个，科技人员113万人，位居全国第二；拥有院士48名，国家级重点实验室14个，国家级工程技术研究中心13个，国家级企业技术研究中心11个，国际级生产力研究中心3个，其城市综合科技实力仅次于北京市和上海市，居全国第三。

政府大力支持，高校积极配合，湖北省高瞻远瞩地设立了"战略性

新兴(支柱)产业人才培养计划"。根据《省教育厅关于实施湖北省普通高等学校战略性新兴(支柱)产业人才培养计划的通知》,已经形成新能源汽车等领域相关培养计划,武汉工业大学、武汉大学、华中科技大学都有相关院系和项目研究,这为湖北省新能源汽车领域的发展储备了大量技术人才。

(二)战略挑战分析

1. 湖北省新能源汽车产业链有待进一步完善,关键技术不成熟

新能源汽车研发投入力度需求较大,湖北科研投入力度不够。湖北省新能源汽车关键零部件生产企业较少,仍主要依靠对外采购与协作,增加产品制造成本,造成产业链不完整,制约整个新能源汽车产业的发展。

受限于技术人才、科研经费和产学研联动机制尚未完善等原因,湖北省新能源汽车核心技术的自主研发困难重重。新能源汽车电池必须具有高比能量、高比功率、快速充电、低成本和长寿命等特性。目前电动汽车动力电池组成本占整车造价的二分之一,存在许多技术瓶颈和经费问题。例如襄阳市新能源汽车企业的技术开发费用主要依靠自筹,湖北省重要汽车基地之一的十堰市迄今居然没有一台新能源汽车的销售记录。

2. 湖北省汽车基地优势没有充分发挥,高端专业人才缺乏

湖北省汽车基地和科研大省的优势没有充分发挥,新能源汽车研发经费总量与比例均较低,研发类型主要在试验性发展领域,尚处于改进型研究阶段,缺乏原创性的基础研究和应用研究。

尽管湖北省高校人才储备充足,科技人力资源也形成一定规模,但是由于新能源汽车开发具有较大风险,需要远见卓识的研发者和管理者合作才能达到较好的成效。

湖北省新能源汽车发展速度之快前所未有,但推动行业持续进步的高端人力资源捉襟见肘。人才引进难,留住更难。湖北省新能源汽车高端技术、管理人才极度短缺,后备人才梯队不完善,阻碍了湖北省新能

源汽车更好地发展。

六、汽车产业结构升级与湖北省新能源汽车战略发展

中国工业大省湖北汽车业发展至关重要；作为未来的发展趋势，湖北省有能力也有必要尽快发展新能源汽车产业，获取竞争优势，争夺市场。以新能源汽车的"总部经济"建立和完善湖北省汽车产业集群，创建资源节约和环境友好的生态城市圈。用新能源和新材料汽车使湖北省人民享受高度物质文明水平，通过"第三次汽车浪潮"促进湖北省汽车产业结构调整和升级。

1. 湖北省汽车业发展战略概述

"十一五"为建设湖北省汽车工业强省奠定了坚实而雄厚的基础。据《2010年湖北省汽车工业》统计，"十一五"是湖北省汽车工业历史上发展最快最好的五年。东风跃居世界500强第182位、中国企业500强第30位和中国制造业500强第6位；三环集团公司位列中国制造业500强第301位。湖北省汽车品种、质量、服务水平得到全面提升。产品销售收入跃上3000亿元新台阶。在湖北省委和省政府"千亿元工程"推动下，湖北省汽车业产品销售收入跃升三个台阶。

2006年，汽车产品销售收入首次跨上千亿元台阶（也是湖北省第一个过千亿元的产业），武汉市至孝感市、随州市、襄阳市、十堰市的五百公里汽车走廊形成产业优势，湖北省汽车业进入由大到强的重要转型期。汽车工业对湖北省经济的贡献度不断提高。汽车业成为湖北省名副其实的第一支柱产业。

"十二五"后续发展潜力巨大，汽车生产平稳增长，发展后劲不断夯实。围绕"做强做优，建设汽车工业强省"目标，湖北省汽车产销实现了由政策刺激拉动增长向自主增长转变，保持平稳增长势头。东风荣列"2011中国制造业企业500强第2名"和"2011湖北企业100强第1名"；三环集团荣列"2011中国制造业企业500强"第282名和"2011湖北企业100强第23名"。

《湖北省汽车产业"十二五"发展规划》确定了重点培育的企业和零部件聚集区。湖北省汽车行业的研发已形成相当的积累和潜力，调动湖北省高校和科研院所的人才资源，促进"产、学、研"相结合。重点推进汽车业产业结构调整，促进湖北省汽车制造业做大做强。用足用活国家战略性新兴产业专项资金和产业投资基金支持政策，培育发展节能环保、新材料和新能源汽车等战略性新兴产业，支持武汉市、襄阳市和宜昌市等中心城市建成为国家先进制造业基地和国家战略性新兴产业基地，促进新能源汽车成为长江经济带的先导性产业和新兴支柱性产业。

2. 产业结构升级与湖北省新能源汽车战略

借助国家大力支持，依托雄厚研发实力，湖北省新能源汽车起步较早，经过积累已获得全国领先研发水平，武汉市和襄阳市等成为湖北省新能源汽车研发生产基地。

1995年，东风就研制并试验电动中巴车和电动微型轿车。2002年，武汉理工大学和东风各出1000万元成立"东风燃料电池汽车专题组"。当年底，一台1千瓦的燃料电池摩托车研制成功。2004年，一台25千瓦的燃料电池机组装在"爱丽舍"轿车上，被命名为"楚天一号"。2005年，东风旅行车公司研发出首款东风倍能纯电动客车，一次充电续航里程超过200公里，当时在国内首屈一指。

2008年北京奥运会上，东风纯电动场地车成为各比赛场馆的唯一服务用车。从游览车、多功能车、工业专用车和高尔夫球车等4个系列的纯电动汽车入手，东风已经独立自主开发出近20个品种的新能源汽车产品。至今，东风已经开发出东风天翼纯电动客车和帅客等10款新能源汽车，纯电动车领域获得国家三项专利，已有30辆纯电车皮卡服务于国家电网。

2008年底，"东风混合动力电动城市客车的开发"项目获中国汽车业科技进步一等奖，全面提升湖北省乃至中国汽车业的科技水平。2009年1月23日，财政部和科技部《关于开展节能与新能源汽车示范推广试点工作的通知》确定武汉市等13个城市开展新能源汽车示范推广试点。

2009年6月，中国首个国家电动汽车专利产业化(东风电动汽车产业园)试点基地在东风汽车公司隆重揭牌。2009年7月，作为国内首家同时具有混合动力、纯电动客车生产资质的厂家，东风开始在全国进行纯电动大型客车的商品化试点，正式进入产业化和市场化阶段。2010年，武汉市汽车产业总产值突破1000亿，成为武汉市首个千亿产业。武汉市提出了新能源公交等九大示范工程产业振兴规划。

2010年5月，东风乘用车公司100辆采用BSG技术的混合动力车风神S30交付给武汉市政府。2010年8月10日，襄阳市邓城电动汽车充电站投入运营。邓城电动汽车充电站由湖北电力公司投资建设，是湖北省第一家签订框架协议、第一家奠基、第一家竣工的电动汽车充电站。2010年8月12日，东风在武汉市举行新能源汽车战略发布会。规划5年内投入30亿元专项资金，用于新能源汽车产品技术开发和产业化建设。

2013年，湖北省正式发布加快新能源汽车推广应用实施意见，鼓励推广应用新能源汽车，提出加快充电设施建设、推进湖北省新能源汽车关键技术攻关、创新商业模式、推动公共服务领域率先推广新能源汽车等任务。

2015年湖北省新能源汽车爆发式增长，湖北省新能源汽车不断整合上下游资源，创新商业模式，加快推进示范推广应用及基础设施建设，累计产量达1.4万辆，同比增长9.1倍。其中，东风汽车公司在鄂产量1.2万辆，同比增长约10倍；东风扬子江汽车公司产量2000辆，同比增长约8倍。

根据湖北省经信委《2016年湖北汽车产业发展情况》，2016年湖北省新能源汽车累计产量2.4万辆，同比增长66.6%。

（1）以新能源汽车进一步带动和推进湖北省汽车产业结构升级。

2016年，湖北省新能源汽车发展换挡提速，优化结构补短板。未来10年湖北省新能源汽车的目标是：掌控核心资源，建立技术优势，积极推进产品结构调整，实现跨越式和可持续发展。第一，产品研发方面，集成和完善混合动力汽车成果，推出混合动力商用车和中混、微混的混合动力轿车产品；推进纯电动和PLUG-IN插电式混合动力汽车的产品研发，同时加快产业化建设工作；认真研究和密切跟踪燃料电池汽车技术；第二，核心技术方面，逐步在整车电子控制和管理系统、电池成组技术、电机控制系统等方面形成行业领先的自主核心技术；第三，在产业化方面，截至2015年，中重混合动力汽车保有量达到10万辆，具备纯电动汽车的产业化条件并形成5万辆的产销规模，新能源汽车产销量占东风品牌乘用车的20%。到2020年，湖北省新能源汽车达到与传统汽车同等竞争力，技术达到国际先进水平，市场保有量达到80万辆。

（2）湖北省新能源汽车基础良好，未来市场潜力巨大。

湖北省市场潜在消费者数量可观。历次武汉市调查问卷数据分析也显示了市民对新能源汽车的乐观态度和信心，尤其是受过良好教育、具有良好环保意识的。

武汉市作为中国首批"十城千辆"大规模电动汽车示范应用城市，依托东风提高电动汽车生产规模和技术水平，扩大国内电动车市场份额。襄阳市作为中国第二批"十城千辆"大规模电动汽车示范应用城市，新能源汽车迅猛发展，为湖北省新能源汽车发展注入了活力。随着"十城千辆"工程在湖北省的示范应用推广，新能源汽车消费群体不断扩大，湖北省将逐步建立建设新能源汽车充电站、电池交换站、电动汽车充电站、新能源汽车维修点，初步建立起设施完善、功能齐全的配套服务网络，为湖北省新能源汽车用户提供优质高效的服务。

湖北省会城市武汉市具有良好的新能源汽车发展"总部经济"优势。2003年，东风总部搬迁武汉市，汽车被定为武汉市核心产业。2003年7月，武汉电动汽车示范运营有限公司成立，是中国第一家按商业化模式运作的电动汽车示范运营专业公司。2008年，武汉市成立市长为组长的电动汽车发展领导小组，力推武汉市电动汽车产业化发展。2008年底，"东风混合动力电动城市客车的开发"项目获中国汽车业科技进步一等奖。2009年初,东风首批进入科技部"十城千辆"计划,武汉市确定重点实施电动汽车"51465"工程。2009年,武汉市提出新能源公交等九大示范工程产业振兴规划,计划引进1000台新能源公交。2010年上半年,东风销售跃居全行业第二。2010年,武汉市汽车业总产值突破一千亿元,成为武汉市第一个千亿产业。

2010年,国家电网湖北公司与武汉市政府签订合作协议,投资3000万元在武汉市建设3座充电站和150个充电桩。2010年8月31日,武汉市首座电动汽车充电站——沌口三角湖国家电网电动汽车充电站建成。2010年5月25日,东风风神S30 BSG混合动力车作为东风首款新能源车型在汉首次交付,成为东风新能源汽车产业化的重要标志。东风已有6个车型混合动力客车、1个车型纯电动客车和2个车型混合动力轿车进入国家公告和新能源汽车推荐目录。三环专汽公司新能源汽车也正处于研发阶段。

截至2010年12月底,武汉市共有872辆新能源汽车运行,共计减排CO_2 7493.90吨,累计节油277.60万升。武汉市成为全国新能源汽车种类齐全、型号最多的城市。作为国家"863"电动汽车成果产业化基地的武汉市走在了中国新能源汽车的前列。东风更提出投资30亿开发新能源汽车。

远大瑞华投资30亿在武汉市汉南区兴建纯电动汽车产业基地,中国电子信息产业集团计划在武汉市投资新能源动力电池项目。形成以东风为核心企业,以武汉理工大学为核心科研院校所的武汉新能源汽车产业战略联盟。华中科技大学和武汉新能源研究院等科研机构也积极研发和推广新能源汽车。预计2020年,武汉市新能源汽车整车产能将达到60万辆,销售完成50万辆,产值实现800亿元,新能源汽车产能、产值达到武汉市汽车产业产能、产值的40%。武汉市"十二五"汽车主打新能源牌,2015年达到生产20万辆,产值400亿元的目标。

2016年,湖北省已建成各类新能源汽车生产企业14家,新能源汽车产品涵盖纯电动轿车、客车和轻型商用车及底盘,200余款适应市场需求的新能源汽车产品获得国家《公告》，列入《新能源汽车示范推广应用推荐目录》，开始批量生产。

湖北省科研创新环境优越，武汉市新能源汽车产业有良好的基础。作为国家"863"电动汽车成果产业化基地，湖北省具有电动汽车科研、产品制造和维修保养等等综合实力。汽车产业化水平、"九省通衢"的地理环境、人口密集引致的较大消费市场、"大学城"造就的较高科研水平等方面也具有相当的优势。

第三节　湖北省新能源汽车政策绩效述评

湖北省政府新能源汽车优惠政策中除购车补贴外，在基础设施规划建设、招商引资和扶植新能源汽车企业等方面也都做出了贡献，并取得了较好的成效。

中国新能源汽车全面退坡机制下，地方政府决策者意识到补贴并非长久之计，不能够刺激新能源汽车的市场需求。补贴政策等需求侧刺激以外，需进一步激励供应侧，通过加大市场供应，在市场的基础上建立一个公平机制来促进新能源汽车，如电动汽车发展的商业模式，吸引大规模汽车制造商参与，也有利于解决当前新能源汽车战略的障碍和问题。武汉市碳宝包可以被视为湖北低碳市场机制的一次良好尝试。

一、湖北省地方政策简析

《省人民政府办公厅关于加快新能源汽车推广应用的实施意见》(鄂政办发〔2015〕24号)，鼓励武汉市、襄阳市之外的城市推广应用新能源汽车。健全新能源汽车应用推广组织管理体系，在党政机关、国有企事业单位、公交、出租、环卫、邮政、物流、通勤等公共服务领域，加大新能源汽车推广力度，不断提高新能源汽车运营比重。

在城市公交车行业率先推广应用。大力推动新能源公交车示范运营，按照国家出台的有关政策要求，改革完善城市公交车成品油价格补贴政策。城市公交车行业是新能源汽车推广的优先领域，将新能源公交车纳入成品油价格补贴范围，同等享受城市公交车燃油补贴。加快全省新能源公交车替代燃油公交车步伐，促进城市公交行业健康发展。

武汉市、襄阳市以外的地区可自行制定新能源汽车补助范围及标准。根据国家即将出台的"新能源汽车推广应用的财政支持政策（2016—2020年），及时制定省级配套政策。

1. 湖北省新能源汽车政策回顾

湖北省"十二五"新能源汽车发展规划提出产能40万辆的发展目标，武汉市和襄阳市各20万辆。东风汽车提出30亿用于新能源汽车项目。"十三五"新能源汽车进入全面产业化发展阶段。

《湖北省汽车产业调整和振兴实施方案》（2009—2011年），对湖北省汽车产业振兴进行总体部署。推出汽车产业振兴计划，涉及扩大汽车消费需求、保持汽车业平稳运行、加快产业结构调整和升级等多个方面。大力鼓励电动汽车产业的发展，支持襄阳市和武汉市建设成为电动汽车产业基地，提出大青山电动汽车、江苏新日电动车和襄阳亨亚高蓄能电池等一批新能源汽车项目。

《实施方案》分析湖北省汽车产业现状及形势，确定总体思路和目标，设定调整和振兴的主要任务，制定相应的政策措施和时间表。具体涉及八大方面：一是贯彻落实国家促进汽车产业发展的各项政策；二是清理取消限购汽车的不合理规定；三是加大政府采购对湖北省汽车产品的支持；四是加大金融机构对汽车消费信贷的支持力度；五是加大湖北省财政对汽车产业发展的支持；六是加大对新能源汽车的扶持；七是促进二手车市场的健康发展；八是改善城市道路交通环境。这些政策措施为湖北省汽车产业的振兴提供了有力支撑。

2012年3月，武汉市《关于进一步推进节能与新能源汽车产业发展的若干意见》指出，对于积极投资、研发和生产新能源汽车的车企，除了在审批、资金、土地和人才等方面获得优先支持之外，武汉市政府等机构还给予车企资金补贴和奖金等各种鼓励政策。若明确新能源汽车年产销量超过1000辆、5000辆或10000辆,分别给予200万元、1000万元、2000万元的奖金,给予部分贡献突出的车企退税优惠。一方面,明确规定武汉市内机关单位购置公务车中,新能源汽车购置比例不低于20%。另一方面,对新能源汽车消费者免征路桥费、减免停车费、纯电动出租车减半征收有偿出让费。武汉市政府对车企和消费者都给与了极大的支持。

为推进新能源汽车发展,湖北省各地纷纷成立新能源汽车发展领导小组,并出台各种政策措施。武汉市政府制订了《武汉市节能与新能源汽车示范推广工作方案》、《关于进一步推动我市节能与新能源汽车产业发展的若干意见》(2012)。《节能与新能源汽车产业发展规划(2011—2020)》等政策。襄阳市制定《襄樊市新能源车产业发展规划》,《关于发展新能源车产业的意见》等政策。

2. 2014年以来湖北省新能源汽车政策一览

我们整理了2014—2015年的湖北省新能源起车政策:

(1)2014年1月《武汉市新能源汽车推广应用示范工作实施方案》(武政办〔2014〕14号)。

(2)2014年6月《武汉市人民政府关于鼓励新能源汽车推广应用示范若干政策的通知》(武政规〔2014〕9号)。

(3)2014年10月《武汉市鼓励单位和个人购买使用新能源汽车地方配套补贴实施办法(暂行)》。

根据武汉市科学技术局、市财政局2014年10月22日印发的《武汉市鼓励单位和个人购买使用新能源汽车地方配套补贴实施办法(暂行)》,在中央财政专项资金补贴的基础上,地方财政(省、市、区)对单位和个人购买新能源汽车,按国家补贴标准的1:1给予地方配套补贴,国家和地方财政补贴总额最高不超过车辆销售价格的60%。

(4)2014年9月《襄阳市新能源汽车推广应用实施办法》(襄政办发〔2014〕68号)。

(5)2014年9月《关于加快襄阳新能源汽车产业发展的实施意见》

(襄政发〔2014〕23号)。

根据2014年9月26日发布的《襄阳市新能源汽车推广应用实施办法》(襄政办发〔2014〕68号),襄阳市2015年市级财政补助标准如表3.3.1:

表 3.3.1　　襄阳市 2015 年市级财政补助标准

车辆类型	纯电续驶里程 R(工况法、里程)	2015补助(万元/辆)
纯电动乘用车	$80 \leqslant R < 150$	3.15
	$150 \leqslant R < 250$	4.5
	$R \geqslant 250$	5.4
插电式混合动力乘用车(含增程式)	$R \geqslant 50$	3.15
车辆类型	车长 L(米)	2015补助(万元/辆)
纯电动客车	$6 \leqslant L < 8$	10.8
	$8 \leqslant L < 10$	13.5
	$L \geqslant 10$	45
插电式混合动力客车	$L \geqslant 10$	22.5
车辆类型	2015补助(万元/辆)	
纯电动专用车	1800元/千瓦时,每辆车补贴总额不超过13.5万元。	
燃料电池乘用车	18	
燃料电池商用车	45	

(6)2015年5月《省人民政府办公厅关于加快新能源汽车推广应用的实施意见》(鄂政办发〔2015〕24号)。

根据2015年5月《省人民政府办公厅关于加快新能源汽车推广应用的实施意见》(鄂政办发〔2015〕24号)中规定:

第一,完善新能源汽车推广补贴政策。按照国家新能源汽车推广应用政策要求,对武汉市、襄阳市消费者购买符合要求的纯电动汽车、插电式(含增程式)混合动力汽车、燃料电池汽车给予补贴,消费者按销售价格扣减补贴后支付。对于购置使用省内企业生产的纯电动公共客车,除国家补贴外,省财政每辆一次性补助 20 万元。武汉市、襄阳市以外的地区可自行制定新能源汽车补助范围及标准。根据国家即将出台的"新能源汽车推广应用的财政支持政策(2016—2020 年)",及时制定我省配套政策。(省财政厅会同省发展改革委、省经信委、省科技厅制定完善新能源汽车推广补贴政策方案)

第二,落实新能源汽车税收优惠。2014 年 9 月 1 日至 2017 年 12 月 31 日,对购置符合政策规定,并列入《免征车辆购置税的新能源汽车车型目录》的纯电动汽车、插电式(含增程式)混合动力汽车和燃料电池汽车免征车辆购置税。进一步落实《中华人民共和国车船税法》及其实施条例,研究完善节约能源和新能源汽车车船税优惠政策,并做好车船税减免工作。继续落实好汽车消费税政策,发挥税收政策鼓励新能源汽车消费的作用。(省国税局、省地税局制定落实新能源汽车税收优惠政策方案)

(7)湖北省:2020 前免收电动汽车充电基本电费。

6 月 9 日,湖北省物价局转发了国家发改委关于电动汽车用电价格的通知,决定对向电网企业直接报装接电的经营性充电站用电,执行大工业用电价格,并实现峰谷分时电价政策,2020 年前,免收基本电费。

此前,湖北省充电站用电执行一般工商业电价,即每千瓦时电价最高 0.98 元。执行大工业电价后,最高充电电价降至每千瓦时 0.6448 元。

二、湖北省新能源汽车政策述评

湖北省新能能源汽车起步较早,湖北省各级政府也出台了系列支持政策,完善新能源汽车推广补贴政策。湖北省财政厅会同省发展改革委、省经信委、省科技厅制定完善新能源汽车推广补贴政策方案。购置使用省内企业生产的纯电动公共客车,国家补贴之外,湖北省财政每辆一次性补助 20 万元。武汉市、襄阳市以外的地区可自行制定新能源汽车补助范围及标准，制定相关配套政策，落实湖北省新能源汽车税收优惠。

多渠道筹集新能源汽车产业发展资金，实行差别化的交通管理措施。对新能源汽车实行差别化的通行便利，进行独立分类注册登记，保险分类管理并给予优惠和便利。规范市场秩序，加强对新能源汽车市场的监管，推进建设统一开放、有序竞争的湖北省新能源汽车市场。进一步加强湖北省新能源汽车组织领导，加强组织推动作用。强化地方政府的组织推动作用，加强宣传引导和舆论监督。

优化结构补短板，湖北省新能源汽车产业发展换档提速。据统计，2016 年，湖北省新能源汽车累计产量 2.4 万辆，建成各类新能源汽车生产企业 14 家，湖北省新能源汽车产品涵盖纯电动轿车、客车和轻型商用车，200 余款新能源汽车获国家《公告》，列入国家《新能源汽车示范推广应用推荐目录》，开始批量生产。

1. 省市政策积极引导扶持，碳宝包推进湖北省新能源汽车由政府主导转向市场主导的可持续发展

2007 年 12 月 14 日，武汉城市圈被国务院正式批准为全国资源节约型和环境友好型社会建设综合配套改革试验区。"两型社会"成为湖北省大力推动新能源汽车发展的最好动力。

《"十二五"时期湖北省产业结构调整与升级的战略取向》(2010)、《中共湖北省委湖北省人民政府关于着力推进产业结构调整优化升级加快经济发展方式转变的若干意见》(2012) 提出以产业调整促发展，大力推进产业结构调整与升级，推进创新型湖北省建设、发展低碳经济。加快构建湖北省先进制造业基地、高新技术产业基地、能源原材料基地和综合交通运输枢纽等"四个基地一个枢纽"。强力推进节能减排和淘汰落后产能，积极发展低碳产业。产业结构调整主攻方向和重点是着力改造并提升传统支柱产业，突破性发展高新技术产业和战略性新兴产业，以信息化、高端化、服务化和品牌化为主攻方向，大力开展传统产业技

术改造。加强研发、设计、营销和技术服务等制约产业结构调整优化升级的薄弱环节，积极扶持龙头企业做优做强，带动产业集群式发展，促进制造业由一般加工向高端制造提升、由产品竞争向品牌竞争提升。汽车业要在武汉市、襄阳市和十堰市建立研发中心，支持发展整车和零部件优势产业集群，加强整车能力建设，着力培育自主品牌，突破性发展关键零部件产业，加快新能源汽车的研发和产业化。

《湖北省汽车产业调整和振兴实施方案》（2009—2011 年）、《湖北省汽车产业"十二五"发展规划》、《武汉市节能与新能源汽车示范推广工作方案》等政策相继出台，以制度促进湖北省新能源汽车可持续发展，利用新能源汽车公交优势，新材料和新能源汽车优势互补，把握机遇实现超越。

积分制、新能源汽车碳配额和碳宝包将推进湖北省新能源汽车可持续发展。伴随国家新能源汽车积分制和碳配额政策，武汉市作为全国低碳试点城市，利用"碳币兑换机制"引导全民践行低碳生活，推动低碳消费。基于"碳币体系"运作的碳宝包，由武汉市发改委策划组织、碳宝包团队开发和运营，2016 年节能宣传周期间正式上线，并获得 2016 年第五届中国创新创业大赛互联网及移动互联网行业总决赛三等奖。

2. 湖北省新能源汽车市场竞争力较弱，政策支持依然必要

新能源汽车呈现"政热市冷"、"叫好不叫座"的现状，市场销量屈指可数，如在湖北省重要汽车基地之一的十堰市，迄今鲜有新能源汽车交易的记录。新能源汽车作为新型产业，处于发展初期，大多是地方政府扶持性质的政府购买、少数对新能源汽车感兴趣的私人购车和少量的对外出口订单。新能源汽车销售品种基本形成了混合动力汽车、纯电动汽车和燃料混合汽车三足鼎立的局面。总体看来，作为战略性新兴产业，湖北省新能源汽车市场竞争力较弱，国家新能源汽车双积分制和碳配额制度仍有待具体实施，武汉碳宝包并未专门针对新能源汽车，由政府主导完全转向市场主导仍有待时日，因此，政策引导和扶持十分必要。

3. 未来关键在于政策的具体落实和市场激励机制的适时建立

湖北省新能源汽车起步并不算晚,但无论从销量还是普及率来看都远落后,导致新能源汽车推进速度较慢的根本原因在于政策导向与市场导向之间的关系转换。湖北省应结合国家新能源汽车积分制和碳配额制建立自己的新能源汽车减排指标,以更好协调湖北省的具体情况。同时,切实落实国家政策,政策市场相结合减轻国家负担,避免盲目生产、骗补等现象的出现。

目前车企与政策所呈现的现象是,国家出台政策,产业上下游企业就大力投入研发生产,一些补贴细则和行业标准如果迟迟不落地,汽车企业便开始观望,不敢在研发方面投资过多。未来新能源汽车市场到底会怎么发展,关键还在于政策的支持力度及具体落实,并能够真正地激发车企自主生产新能源汽车的内在积极性和主动性。此外,政策主导了中国新能源汽车的产业化和市场化,关键在于,政策应该更加全面和多元化,而且要能够落到实处。上海市和北京市等地陆续公布新能源汽车车型目录,率先响应中央政策纳入部分外地品牌的新能源汽车车型,但目前不少车企的新能源技术成熟度还未达到商业化的程度。

三、思考及建议

2012年,湖北省整车生产能力达到130万辆以上,其中新能源比例达到10%左右。计划到2020年新能源汽车达到60万辆。武汉市政府新能源汽车发展计划为:"形成8到10家新能源汽车龙头企业,到2020年武汉市新能源汽车整车产能达到60万辆,销售完成50万辆,产值实现800亿元,力争使新能源汽车的产能、产值达到全市汽车产能、产值40%的目标。"

1. 湖北省新能源汽车具备充当产业升级转型支柱产业的有利条件

湖北省新能源汽车具备经济转型支柱产业的有利条件。首先,汽车产业链长,对相关产业带动效应明显,新能源汽车满足支撑湖北省经济转型的规模要求;其次,湖北省拥有一批优秀的汽车生产制造和上游零部件及材料供应企业,新能源汽车三大核心系统之一电机系统的关键材料——钕铁硼永磁材料产业,中国早已跻身全球一流供应商,新能源汽车具备支撑湖北省经济转型的微观产业基础。

2. 借鉴省内外、国内外经验和教训,完善湖北省新能源汽车创新体系

高新技术产业新能源汽车涉及技术、市场和政策等多方面,需要产学研企联合攻关,整车和零部件企业密切配合,车企和政府共同推进。选择何种新能源汽车作为主要研发方向需根据自身实际情况,参考专家实践经验,分析国家支持导向。目前,湖北省新能源汽车发展均以纯电动汽车和插电式混合动力汽车为主,其他类型混合动力汽车为辅。

新能源汽车目前主要应用领域是城市公交车和出租车,但发展势头较快。

他山之石,可以攻玉。前车之辙,后车之鉴。(1)学习美国车企主动积极发展新能源汽车的经验,借鉴美国新能源汽车目标太高难以实现的经验,合理设置新能源汽车发展规划。目前,发展新能源汽车存在一窝哄、鱼龙混杂等现象,容易造成新的产能过剩。(2)由于续航时间仅2小时,台湾地区电动汽车发展失败,① 美国的电动汽车发展经历布什和奥巴马两届政府,也是一波三折。而目前电动汽车仍然是中国新能源汽车发展的重点方向。应吸收台湾地区教训,中国发展电动汽车需要考虑煤电的高排放和污染,视各地充电站等基础设施的具体情况而定,特别要注意避免因电网过密而带来的新污染,大规模发展电动汽车需谨慎。(3)日本新能源汽车初期在政府主导下发展迅猛,销售量全球第一。学习日本经验,合理以补贴推动新能源汽车在私人领域的销售。

经过"863"连续两个五年计划的支持,几百家车企、电机电池等零部件企业、大学及科研院所等共同构建了中国"三纵三横"的矩阵式产业化技术研发格局,通过有组织、大规模而高强度的持续研发,基本建

---

① 根据2014年5月作者与台湾综合研究院黄宗煌教授的讨论。

立了适合国情的、能结合有效产学研力量与发达国家实力雄厚企业抗衡的国家创新体系，搭建起具有自主知识产权的电动汽车动力系统技术研发平台，初步构成关键零部件的配套研发体系。

据统计，迄今已研究颁布电动汽车国家和行业标准 56 项，180 余款各类电动汽车进入中国汽车产品公告。建成 30 多个新能源汽车国家重点实验室等国家级技术创新平台，建立了车用电池、电机、整车和基础设施检测能力。这些均有助于更好掌握电动汽车核心技术，进一步推进湖北省新能源汽车的发展。

3. 保持优势，进一步完善湖北省技术问题和基础设施

技术问题是新能源汽车产业化的瓶颈，武汉市新能源汽车电机、电池和电控系统控制等核心技术还一时难以突破。如果暂时仍然要以发展纯电动汽车为主，那么，充电站等基础设施建设就存在诸多问题，如选址问题、充电站选址还要考虑成本问题、私人新能源汽车与公交兼容等等。如何将传统配套基础设施更好地利用起来，使传统汽车和新能源汽车二者较好结合发展，仍是需研究解决的问题。目前，武汉市新能源汽车仅限在公交领域，2014 年东风风神电动汽车展出的私人电动汽车仅仅是样本。

湖北省是中国三大汽车基地，武汉市新能源汽车起步也比较早，但遗憾的是，目前武汉市新能源汽车发展陷入停滞不前的阶段。网易汽车进行了一项调查，把全国近百家城市新能源汽车发展情况进行综合评比打分，最高是五星级，最低三星级。调查结果显示，武汉市和襄阳市都被列入中国新能源汽车发展的三星城市。这在一定程度上反映了湖北省新能源汽车发展的全国地位。东方扬子江汽车股份有限公司的雷洪钧总经理助理指出，主要原因之一是因为湖北省缺少像奥运会、世博会等大型展示的机会。

第四章 2009—2017年湖北省新能源汽车战略及政策绩效调研

根据我们2009年至今的调研显示,新能源汽车的市场认可度和接受程度在逐年迅速提高。安永全球汽车行业中心的一项调查显示,60%的中国受访者①称会考虑购买插电式混合动力汽车或电动汽车。较之安永会计师事务所在其他国家(美国、日本、德国、英国、意大利和法国)所进行的调查结果,相关数字显示高出近5倍。2009年以来,我们主要针对湖北省新能源汽车发展进行了多次专家谈访和实地调查,对武汉市、十堰市、襄阳市和长春市一汽研究中心进行了调查问卷,已发放调查问卷3000余份,② 调研仍在继续进行之中。

第一节 2009年—2015年武汉市新能源汽车战略调研及述评③

调查显示,武汉市新能源汽车主要是以东风公司研发和生产,武汉

---

① 中国1000名受访者——全国各地车主及未来三年计划购车人士参与了这项由安永汽车行业中心下属先进动力传动系统专责团队负责的全球调查。该团队重点关注企业商机与问题,此项调查目的在于了解消费者对插电式混合动力汽车和电动汽车的兴趣和影响其购买决定的因素。

② 由于调研谈访一直在进行之中,本部分只能进行阶段性的数据分析。

③ 本部分来源于2014年华中科技大学朱珞珈主持的寒假调研和吴文劲指导并参与的2010年湖北经济学院大学生科研立项调查报告等。

市公交集团和各事业单位示范运营为形式逐步发展起来的。与一些混合动力公交车司机和学校示范运营电动车司机交流得知，包括东风公司和公交集团在内的一些企业将新能源汽车售卖或租赁给各事业单位运营。2010年实地考察发现武汉市首座充电站三角湖国家充电站已建成功，但当时未投入使用。目前，武汉市有两座充电站运行，三角湖国家充电站和车城北充电站。

一、2009年武汉市新能源汽车战略及发展现状调研

2009年，我们对武汉市进行了两次调研，第一组是针对武汉市民，第二组是针对汽车行业专家。其中，市民问卷发放120份，收回问卷106份，有效问卷104份。

（一）武汉市民调研分析

首先，广大市民对于新能源汽车的认知程度明显不够。在我们调查的一百多位市民中，只有9.7%的市民表示对新能源汽车比较了解，大部分市民只是有所耳闻，更有12.6%的市民表示不曾听过新能源汽车。而在广大市民的了解渠道中，网络和媒体宣传占据了主导地位，分别占47.6%和36.6%，只有少部分人是通过汽车类杂志或是车展了解。由此可见，新能源汽车产业虽然正在快速发展，但对于市民来说，新能源汽车离他们的生活依旧很远。

对于新能源汽车可能带来的好处，市民意见和看法称得上是众说纷纭。其中31.4%的人认为它能寻找替代能源以应付能源危机，有利于可持续发展。而15.5%的人则认为新能源的价格便宜，从长远来看具有经济优势。但仍有32.5%的人更看重其环保效益，认为新能源汽车能够改善城市环境。最后，剩余20.6%的人则把新能源汽车作为国家汽车工业高科技化和领先化的体现。

虽然国家对新能源汽车给予非常优厚的补贴政策，但仍只有小部分人群表示会考虑购买新能源汽车。对于他们不购买的原因和种种疑虑，我们用图 4.1.1 来说明。

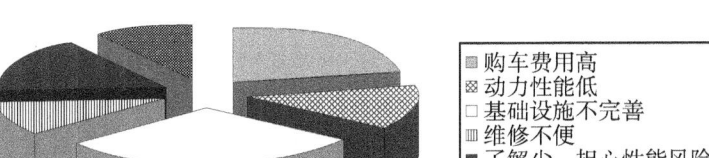

图 4.1.1　消费者的购买动机

由图 4.1.1 可以看出，消费者不购买新能源汽车最大的顾虑是基础设施不完善，而购车价格也是消费者考虑的重要因素。同时，新能源汽车的动力性能，维修，消费者对新能源汽车了解不够，周围人群使用情况，这些对消费者购买新能源汽车有一定的影响。

既然新能源汽车价格是消费者考虑的重要因素，对于消费者的价格预期也有必要做一定了解。通过调查，我们发现 47.1% 的消费者认为 5 万—15 万是他们心中的理想价格，42.3% 的人可以接受 15 万—25 万的价格。而能接受超过 25 万价格的消费者只有 10% 左右。

就目前来说，很多消费者持观望的态度，他们在等待政府和企业的进一步作为。有 26.8% 的消费者认为政府应该规范补贴政策，优化优惠政策。30.6% 的消费者觉得企业应加大资金和人才投入，促进新能源汽车科研的发展。28.7% 的消费者认为企业有必要进行合理的规划，自主创新，积极学习先进技术，从而优化技术、降低成本。13.9% 的消费者认为企业应加大新能源汽车的宣传力度。

对于新能源汽车的发展，不少市民提出了他们宝贵的意见和建议。有些市民认为应该规范价格制度，加大宣传推广，完善基础设施建设；有的市民认为应该从新能源汽车技术研发，性能，安全性出发，打造品牌；不少市民提出，国家的各种鼓励政策、优惠政策也有必要进一步加强；还有人提出，要加强国际间合作，引进先进技术。

调查显示，新能源汽车正在快速发展着，也取得了不少成绩，但仍任重道远。

(二)发展战略及政策绩效专家调研分析

专家组部分问卷共发放36份，回收有效问卷30份。回收的30份。具体如下：

1. 对武汉市混合动力公交示范运营成效的看法

在统计的30份有效问卷中，有2份选择了成效显著，有24份选择了成效一般，有4份选择了成效微弱，分别占到总数的7%，80%和13%。从这个数据中，可以看到，专家们认为武汉市的新能源汽车发展有很大前景但存在一些问题。

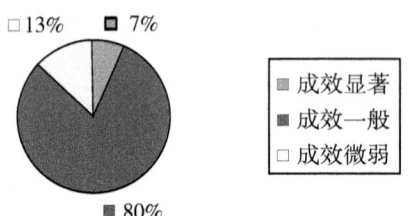

图4.1.2　对新能源汽车示范运行的观点

2. 在新能源汽车产业发展战略上，您认为哪种汽车更具有市场前景

其中有3份选择了纯电动汽车，有7份选择了燃料电动汽车，有13份选择了混合电动汽车，有6份选择了混合+纯电动汽车，有3份选择了其他主要以核能和太阳能为驱动力的汽车。从图4.1.3中的绝对数就可以看出，专家们认为混合动力新能源汽车是更具有市场前景的，这与现时社会上流行的观点不谋而合。

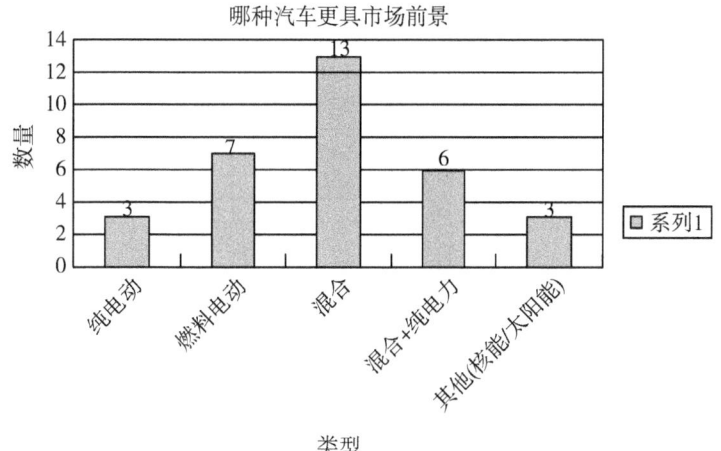

图 4.1.3 新能源汽车的前景

3. 作为首批适用"政府补贴私人消费者购买新能源汽车"政策的五大城市之一，您认为武汉市能当选的原因有

其中有 16 份选择了产业化基础，有 10 份选择了地理优势，有 4 份选择了发展水平高，有 14 份选择了消费市场大，有 11 份选择了科研水平高，有 14 分选择了汽车技术强，从图 4.1.4 中的比例来看，武汉市在发展新能源汽车中的优势比重是比较均衡的，避免了"木桶效应"的反作用，从而为武汉新能源产业的平稳高速发展奠定了良好的基础。

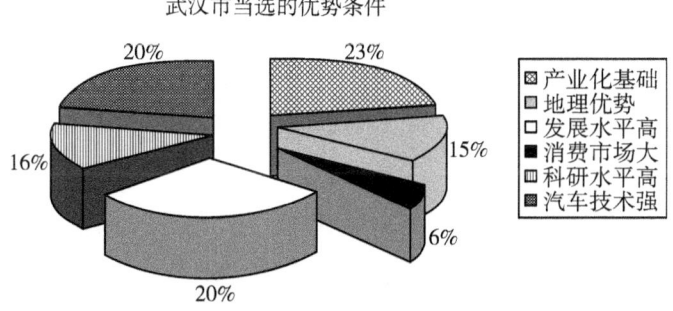

图 4.1.4 新能源汽车的武汉市优势

4. 您认为新能源汽车在武汉市推广面临的主要难题是

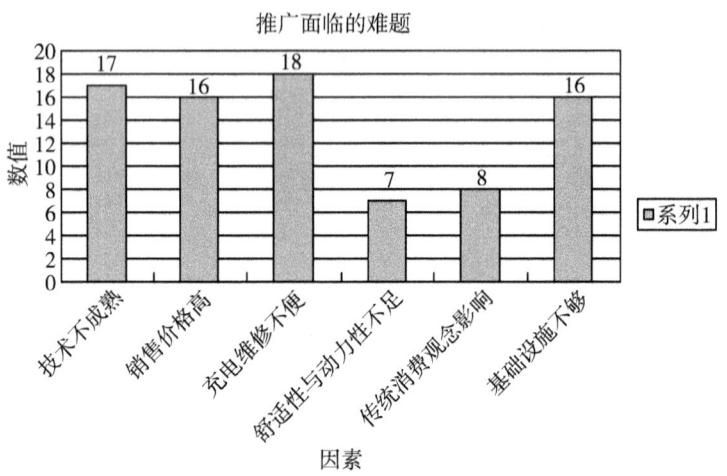

图 4.1.5　新能源汽车的发展困境

有 7 份选择了舒适性与动力性不足，还有 8 份选择了传统消费观念的影响，有 26 份认为基础设施不够，从这些数据中我们可以看到，武汉市发展新能源汽车的优势和劣势并存，还存在较大的市场推广难题亟待解决。

5. 目前发展新能源汽车产业，武汉市场存在的瓶颈有

其中有 7 份认为国家投入资金不足，有 14 份选择了市场推广不够，有 2 份认为是消费市场饱和，有 13 份选择了政府政策和规划不明确，有 19 份选择了关键技术落后，还有 2 份选择了其他。说明武汉市发展新能源汽车的瓶颈主要集中在关键技术，市场推广，以及国家政策规划上。

6. 您如果够买新能源汽车，首要考虑的问题有

其中油耗及保养费有 14 份，安全性能有 10 份，价格有 9 份，内部配置有 2 份。可以看到，消费者还是比较关心购买新能源车后的相关维修保养费的。

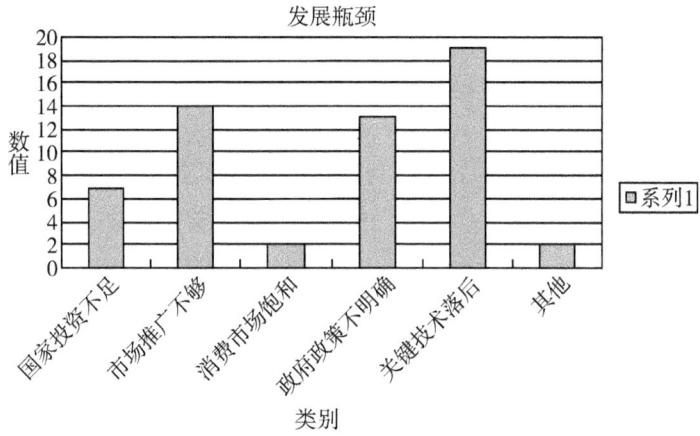

图 4.1.6　新能源汽车的发展瓶颈

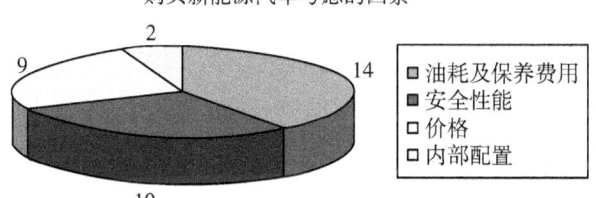

图 4.1.7　新能源汽车发展的首要问题

二、2010 年武汉市新能源汽车战略调研

(一)武汉市新能源汽车发展现状

湖北省汽车行业领头羊东风公司积极自主研发新能源汽车,引进先进技术设备,各方面均取得一定成就。2010 年 12 月,深圳航盛电子股份有限公司和武汉理工大学达成合作意向并签署《混合动力汽车项目合作协议》,武汉理工新能源公司、武汉理工汽车学院、武汉天威新能源公司和武汉新能源研究院等科研机构也积极研发和推广新能源汽车。截

至 2012 年 4 月，武汉市已有 560 辆新能源汽车示范运营，建成 3 座充电站和 130 个充电桩，拥有 10 余个新能源本土车型。

武汉市高校校车、清洁车和景点观光车等新能源汽车运营规模正逐步扩大。以混合动力公交车为例，截至 2010 年 7 月，武汉市混合动力公交车线路为 12 条。累计运行 3151.24 万公里，载客 5469.91 万人次，二氧化碳减排 5866.86 吨，节油 217.31 万升。其中混合动力公交车运行 1066.08 万公里，载客 2354.03 万人次，二氧化碳减排 1403.76 吨，节油 51.98 万升。东风汽车城所在的经济开发区陆续有四个充电站动工建设。国家电网湖北公司与武汉市政府签订合作协议，在武汉市建设 3 座充电站和 150 个充电桩。

(二)武汉市新能源汽车战略调查

2010 年 11 月份，我们针对武汉市新能源汽车市场进行了调研。120 份调查问卷的统计结果显示，被调查者中，只有 9.7%的人表示比较了解新能源汽车，大部分市民只是有所耳闻，甚至有 12.6%的被调查者表示不曾听说过新能源汽车。个别市民还显现出漠不关心的态度。市民了解新能源汽车的主要渠道是网络和媒体宣传，分别占 47.6%和 36.6%，只有少部分人表示是通过汽车杂志或车展。由此可见，新能源汽车离市民的生活依旧很远。虽然国家有优厚的新能源汽车补贴政策，但仍只有小部分人表示考虑购买新能源汽车。分析显示，47.1%的被调查者认为 5 万—15 万是新能源汽车的理想价格，42.3%的人可以接受 15 万—25 万的价格。而能接受超过 25 万价格的消费者只有约 10%。

(三)武汉市新能源汽车存在的问题

国家政策加上地方补贴，目前，新能源汽车的价格已经与传统汽车几乎持平，车企反映价格已经不再是新能源汽车发展的主要障碍。技术人员的培养是一个长期需要关注的问题。武汉市新能源汽车竞争优势的关键在于人才，否则新能源汽车技术瓶颈无法解决、新能源汽车维修服务体系也无法建立，人才培养是发展新能源汽车的重中之重，要引起高度重视。

根据历次调研，我们总结了武汉市新能源汽车发展的几点问题。

1. 武汉市新能源汽车产品品种较为单一

武汉市"十辆千乘"项目启动时采用的全部是混合动力汽车，但调研谈访发现，由于实际运营中的问题，有些车企又重新返回到纯电动汽车研发。2014年8月10日，ASIE2014中国（武汉）国际汽车服务产业博览会暨新能源—SUV汽车产业展上，参与的几乎全部是电动汽车和电动自行车。

与车企交流得到的答案是，尽管也存在诸多问题，但纯电动汽车技术比较简单，国家也确定了纯电动汽车的发展路线。

2. 武汉市示范推广和宣传亟待加强，公众的环保意识有待提高

调查发现，社会公众的环保节能意识需要进一步加强，如果公众对于新能源汽车的了解如同对转基因产品的态度，那么，中国新能源汽车发展就必定成功。调研还了解到，只有少部分人是通过汽车类杂志或车展来了解新能源汽车，对于正在运行的混合动力公交车也了解很少，推出的几款新能源轿车的销售额不显著。这就需要企业、政府、媒体共同努力，做好宣传工作。新能源汽车发展需要更多宣传和才能展示以获得社会更多理解和支持。

3. 武汉市新能源汽车发展分析

（1）基于核心竞争力模型①的武汉市新能源汽车发展环境简析。

根据调查结果，基于核心竞争力模型对武汉市新能源汽车进行宏观分析：具体如图4.1.8所示。

---

① 核心竞争力模型由普拉哈拉德和哈默尔《公司核心竞争力》（1990）一文提出。企业核心竞争力是指建立在行业或企业核心资源基础上的技术、产品、管理、文化等综合优势在市场上的反映，是在竞争过程中形成的不易被竞争对手仿效并能带来超额利润的独特能力。

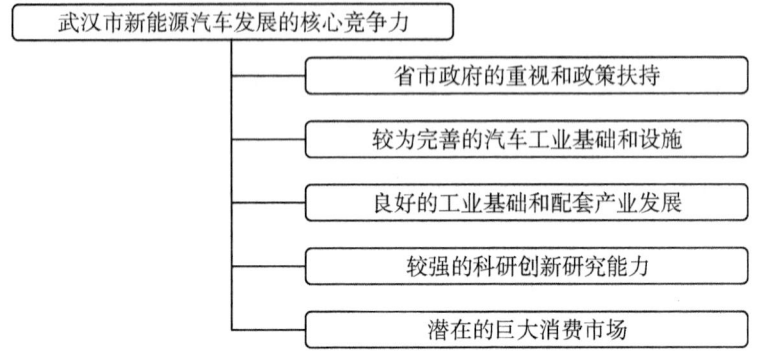

图 4.1.8　武汉市新能源汽车的核心竞争力

第一，政府政策系列优惠政策。除购车补贴外，武汉市政府在新能源汽车基础设施规划建设、招商引资和相关企业扶植等方面都取得了较好成效。"十二五"期间，湖北省政府提出规划产能 40 万辆的发展目标，武汉市和襄阳市各 20 万辆，东风汽车计划投入 30 亿用于新能源汽车项目。

第二，新能源汽车龙头企业东风集团迅速发展，成为武汉市新能源汽车发展引擎。东风已有 6 个混合动力客车车型、1 个纯电动客车车型和 2 个混合动力轿车车型进入国家公告和新能源汽车推荐目录。基于东风风神 S30 轿车平台开发的首款 BSG 混合动力轿车，2010 年 5 月 25 日正式投放市场，2014 年 8 月在武汉市展出东风风神电动汽车样车。武汉市成为全国新能源汽车种类齐全、型号最多的城市。

第三，科研创新环境优越。武汉市新能源汽车产业基础良好，作为国家"863"电动汽车成果产业化基地，具有电动汽车科研、产品制造和维修保养等各方面较强的综合实力。汽车产业化水平、"九省通衢"地理环境、人口密集引致的较大消费市场、"大学城"造就的较高科研水平等方面也具有一定优势。

第四，消费市场大，潜在消费者数量可观。调查发现市民对电动车具有比较大的兴趣，问卷数据也显示广大武汉市市民对新能源汽车的乐观态度。

第五，建立了广泛的新能源汽车技术合作网络和技术设施建设网络。远大瑞华投资30亿元在武汉市汉南区兴建国内最大的纯电动汽车产业基地，中国电子信息产业集团计划在武汉市投资新能源动力电池项目，政府和企业协力构建的技术合作网络正发挥巨大作用。以东风汽车公司为核心企业，以武汉理工大学为核心科研院所(校)，组建武汉新能源汽车产业战略联盟。武汉市新能源汽车从示范运营，到基础设施的系列建设正逐步完善。

(2)武汉市新能源汽车发展SWOT分析。

武汉市新能源汽车发展迅速，示范运营效果显著也是优势之一。2003年11月，武汉市仅有6辆东风混合动力公交车运行，投放路线为510路。而2010年7月，武汉市混合动力公交车线路为12条，车辆数目达594辆，包括200辆混合动力公交车，50辆混合动力轿车，76辆城市清洁、清洗纯电动车、268辆城市观光纯电动小车。累计运行3151.24万公里，载客5469.91万人次，二氧化碳减排5866.86吨，节油217.31万升。其中，混合动力公交车运行1066.08万公里，载客2354.03万人次，二氧化碳减排1403.76吨，节油51.98万升。

现从微观角度，对武汉市新能源汽车发展进行SWOT分析。

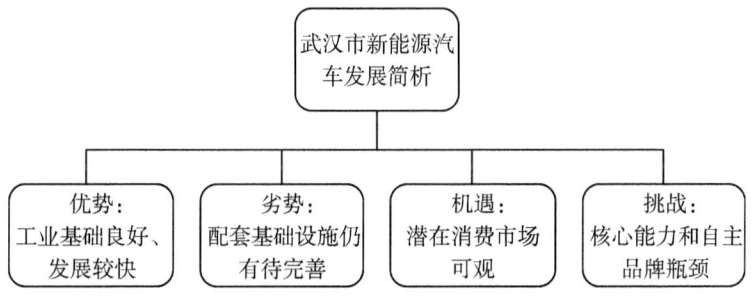

图4.1.9　武汉市新能源汽车发展优劣势、机遇及挑战

第一，优势——武汉市工业比重较为均衡，发展较快。

调查结果显示，作为首批适用"政府补贴私人消费者购买新能源汽车"政策的五大城市之一，专家认为武汉市当选原因很多：

图4.1.10显示，武汉市发展新能源汽车优势比重比较均衡，避免了"木桶效应"，① 为武汉市新能源汽车平稳高速发展奠定了良好的基础。克服不利条件，保持并充分利用科研水平高、产业化基础等优势条件，促进武汉市新能源汽车既快又好的发展。

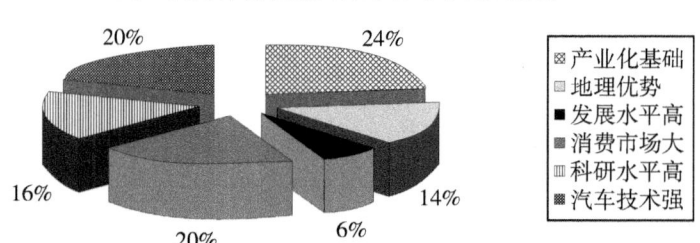

图4.1.10 武汉市新能源汽车的优势

第二，劣势——武汉市相关基础设施建设进程缓慢。

随着电动车的普及和新能源混合动力公交的运营，各城市纷纷自发或在地方政府鼓励推动下，投入建设充电站和充电桩的热潮。调查显示，2010年，武汉市第一座充电站——三角湖充电站并未像宣传报道的投入使用。目前，也仅仅有三角湖和车城北两个充电站投入使用，据反映不能完全满足市场需要。新能源汽车产业化必须要解决基础设施建设问题，武汉市充电站建设亟待关注。图4.1.11显示，30位专家学者中，有18位专家认为武汉市新能源汽车推广面临的最大问题是充电维修不方便，即基础设施建设不完善、售后服务设施亟待解决。

---

① 由长条木板制成的木桶，若有一块木板短缺，就不能盛满水，只有当所有的木板都一样长时，才能有效达成目标。

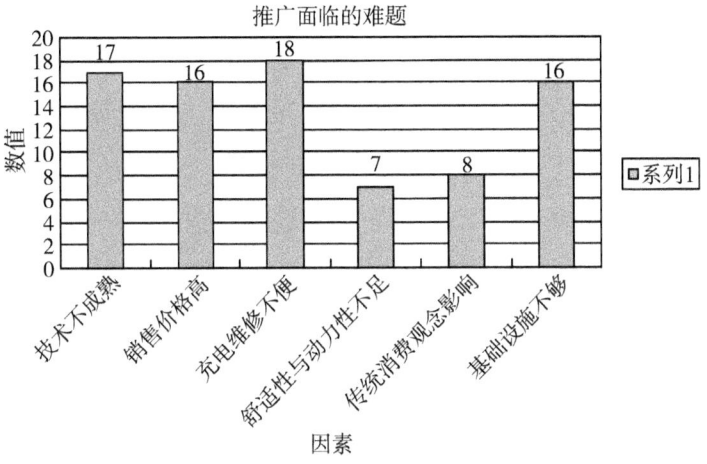

图 4.1.11　武汉市新能源汽车推广面临的问题

2010 年实地考察时发现武汉市首座充电站——三角湖国家充电站已建成功，但尚未投入使用，这与我们当时在网络和报刊上得到的信息是不相符的。新能源汽车充电站的使用方式和适用车辆不同于传统汽车，充电站规模较小，设施使用程序繁琐。充电桩使用足足有十一个步骤，充电管道由国家电网从地下供电，连接地下管道和汽车充电口的管道由特殊材料制成。东风汽车城所在的经济开发区将陆续有四个充电站动工建设。国家电网湖北公司与武汉市政府签订合作协议，在武汉市建设 3 座充电站和 150 个充电桩。

第三，机遇——武汉市潜在消费者数量相对比较乐观。

接受调查的一百位市民中，只有 8% 市民表示比较了解新能源汽车，大部分市民只是有所耳闻，甚至有 13% 的市民表示不曾听说新能源汽车。市民新能源汽车的了解渠道中，网络和媒体宣传占主导地位，分别为 48% 和 36%，只有少部分人是通过汽车杂志或是车展了解的。由此可见，新能源汽车虽正快速发展，但消费者仍了解较少且知识获取渠道有限，这很大程度上导致新能源轿车在武汉市"叫好不叫座"。

也有部分受调查的消费者环保意识较强,对新能源汽车前景看好,表示待相关基础设施完善、核心技术突破,愿意尝试购买新能源汽车。

第四,挑战——突破核心技术,加快武汉市新能源汽车产业化进程。

东风公司 2010 年 5 月 25 日推出首款新能源汽车——东风风神 S30 BSG 混合动力汽车作为进入新能源汽车市场的首款车型在武汉市首次交付,东风新能源汽车走出实验室正式投入市场。该款汽车仍然以汽油发动机为主,但是显著降低了油耗。该款车借鉴欧日造车理念,吸纳欧洲成熟的底盘技术,在德国资深底盘设计技术支持下精心打造,是适合中国消费者需求的高品质之车。2010 年,东风风神 S30 7 月销售 1690 台,8 月销售 3043 台,累计销售 4733 台。2010 年,东风风神已建成 65 家专营店、206 个二级销售服务网点,有 6000 份订单等待交付。2014 年,东风展出了其自主开发的充电桩模型。

东风 S30 的成功入市显示,自主研发基础上,企业必须借鉴国内外先进技术,突破核心技术难题,逐步加快武汉市新能源汽车产业化进程。

4. 武汉市新能源汽车发展建议

(1) 基于产品生命周期理论的武汉市新能源汽车战略。

根据产品生命周期理论,① 武汉市新能源汽车发展的特点——汽车品种少、顾客了解较少、生产批量小、制造成本高、价格偏高、销量较少,可以判断武汉市新能源汽车尚处于引入阶段。呈现以下特征:销售量缓慢增长,研发成本大大超过销售额,造成销售利润为负值。根据不同阶段的特点,企业需要有不同目标和策略。引入期需要将有针对性的汽车品种率先投入市场,根据宏观经济水平选择适当的投入时机,加快

---

① 产品生命周期(product life cycle),是产品的市场寿命,即一种新产品从开始进入市场到被市场淘汰的整个过程。费农认为:产品生命是指市场上的营销生命,产品要经历引入期、成长期、成熟期、衰落期。

宣传推广，以缩短引入期，更快进入成长期。

武汉市政府积极招商引资，不断完善新能源汽车优惠补贴政策，引导规划充电站等基础设施的建设，东风等新能源汽车企业也正积极研发和创新，武汉市新能源汽车前景大好。预计2020年，武汉市新能源汽车整车产能达到60万辆（包括天然气、混合动力、纯电动、燃料电池车，以及环卫、城建、邮政和旅游等特种用途新能源汽车），销售完成50万辆，产值实现800亿元，力争使新能源汽车的产能、产值达到全市汽车产业产能、产值40%。武汉市计划5年内建成30座充电站和500个充电桩，普通电动自行车也可使用。

（2）对策建议。

第一，目前武汉市新能源汽车研发都是各自为政没有统一合作平台，这导致重复投资形成资源的极大浪费，相关车企应尽快建立联合开发技术平台。武汉市新能源汽车生产企业、研发机构和营销4S店等也应积极主动与襄阳市、十堰市相关单位建立合作，共同解决核心技术问题。积极研发，借鉴国内外先进经验和核心技术，突破关键技术。

第二，新能源汽车观念的接受和普及、汽车高级人才培养机制的建立需要较长时间，是一个循序渐进的过程。可以设立专项资金，鼓励武汉市各大高校学生科研和创新，举办新能源汽车知识竞赛等。效仿武汉理工大学汽车学院，实施具有建设性意义的科研项目，并形成高校联盟，定期进行交流。

第三，建设多功能的充电桩等新能源汽车相关技术设施。科学规划、有计划、有步骤地进行新能源汽车基础设施建设。注重车辆与加气站、充电站的相互协调，在车辆运行集中地区域建设充电站等基础设施。合理规划建设规模，不能超前建设浪费资金。尽量保留并改善传统加油站、公交枢纽站的固定设施，重复利用，节约资源。

使用成本太高、消费意识不足和配套设施不健全是武汉市新能源汽车"叫好不叫座"的原因，其中因素是多方面的，包括政府措施、消费者观念及企业力不从心等。武汉市人口密集度高，交通拥挤，城市空气质量欠佳，经济发展较迅速等等，这些因素都将促进武汉市新能源汽车的进一步发展。

整合汽车业资源优势，以"客户价值"为理念引导下一步的汽车业发展，以新能源汽车推进汽车产业结构调整和绿色升级。发展创造就业机会和能为社会分享的低碳产业经济增长，借助产业格局大调整实现绿色崛起。

三、2010年—2011年武汉市新能源汽车调研

调查计划：

第一阶段	2010年9—11月 收集论文、书籍、报刊和网络资料
第二阶段	2010年9月—12月 制作调查问卷，分发调查问卷，邮件沟通
第三阶段	2011年1月—5月 回收调查问卷，整理问卷和邮件，撰写完成报告
第四阶段	2011年2月—3月 修订、完成调查报告

首先，商讨调查内容，制定调查计划。

其次，进行报刊和网络资料的收集。通过查找期刊、报纸和网络资料，我们了解武汉市交通的基本现状与问题。根据网上一个比较权威的汽车调查表，制作《武汉市汽车环保调查问卷》。

再次，开始进行调查，利用课余时间和节假期有针对性地发放调查

问卷并进行网络调查。

最后，回收调查问卷，整理相关资料，进行分析并完成调查报告。

调查过程：

在查阅相关网上资料、期刊和报纸新闻之外，从 2010 年 9 月到 2011 年 1 月，我们分 3 个阶段进行问卷调查、面谈和邮件沟通等。第一阶段主要是针对湖北省汽车行业专业人士；第二阶段是对部分武汉市市民；第三阶段集中在学生群体。我们共发出 50 份调查问卷，收回 49 份调查问卷，其中，有效问卷 46 份，占 92%。

第一阶段与专家的交流基本上是通过面谈。我们有针对性地选择了一些访问对象。通过电子邮件、面谈和调查问卷等形式，与湖北省汽车行业协会秘书长叶向阳老师、武汉大学经济与管理学院周茂荣教授、武汉大学经济与管理学院曾国安教授、湖北经济学院韩常青教授、张燕文教授、曾宪初教授和林敬山老师，以及中南财经政法大学叶楠老师等作了交流。

谈到湖北省环保汽车发展的症结时，叶向阳老师指出湖北省环保汽车业应树立品牌意识，用自主创新来争夺市场。对于汽车新能源的发展前景，周茂荣教授希望发展更加环保的汽车，如混合动力汽车。关于湖北省环保汽车的技术和市场普及问题，曾国安教授认为绿色公交应采取更环保的技术，并建立相应的激励机制。针对绿色交通的政府支持，林敬山老师特别强调，武汉市应该实施关键路段交费通行，增加私家车出行成本。

第二阶段与市民的交流结合面谈和问卷调查形式进行。对于湖北省环保汽车的发展及相关政府支持，市民反响热烈。有市民提出大家多坐公交车，而不要开私家车。一些人认为政府应该出台更多的支持政策鼓励大家购买环保车。有人则提出从根本上解决问题需大力改进路政设施，使公共交通更为便利。至于武汉市绿色交通的建设问题，大家一致认为应该大力宣传"绿色出行"，提倡尽量购买环保车、的士拼车或乘坐公交车。

第三阶段与学生的交流主要以调查问卷形式进行。武汉市六中戴维同学认为要加强对中学生环保教育，及早培养中学生的环保观念。武珞路中学史中伟同学则提出要提倡中学生多骑自行车上下学。华中师大一附中郑嘉靖同学认为要规范武汉公交管理，提高司机的环保意识。学生们都显示出对参与绿色武汉交通的强烈愿望和兴趣。

调查对象还介绍了一些国内外值得借鉴的环保交通发展方法。武汉大学的高尚杰同学刚完成在瑞士 Berg 大学的 3 个月学习。她介绍了瑞士的经验。瑞士人主要是乘坐公交车或开私家车，出租车相对非常少，而且价格较高。瑞士公交车底盘可以随时降低，方便残疾人或推婴儿车的人上下。此外，瑞士月票非常便宜，在指定区域可无限次任意乘坐。青少年只需 54 瑞郎/月（约 370 了元人民币），但单次购票一张票要 3.8 瑞郎（20 元人民币左右）。月票的经济实惠使大多数人都选择乘坐公交，这大大减少了私家车的使用。瑞士公交车几乎是全天运行，在号称欧洲交通最发达的瑞士，公交出行既环保方便，又安全舒适。

刚从美国留学回国的周老师对美国 car pool 拼车制度赞赏有加。原来，美国很多大城市在高速公路，特别是交通拥挤的地段，开辟了一条多人专用车道（Car pool lane）——供两人（含司机）以上汽车通行，驾（乘）车人可以享受道路畅通和快速驾驶的愉悦，免受堵车慢行的郁闷。此外，载两人以上的汽车还享受免交道路通行费和过桥费的待遇。但如果在此车道上一个人开车，就是违反交通规则，甚至要被罚款。其目的是鼓励人们充分利用汽车资源，节省能源并减少车辆流通，减轻交通压力。由于拼车行驶方便快捷，使得许多车主自愿无偿、甚至自己出钱请人来拼车，这大大便利了美国的交通及其管理。

据一些被调查人员介绍，我们国家的一些城市也早就开展了绿色交通的建设，并取得了很好的成效。广州市向公交和出租车颁发绿色交通标志，鼓励使用清洁能源，同时，切实做好尾气的环保管理工作。深圳市则大力倡导绿色出租车，制订了完善的相关管理制度。

中国香港对私家车采取限制使用的办法，设置大量单行道，从紧控制停车泊位，大大改善了中国香港的交通状况。而交通最为密集的中国大都市上海，在停车场的设置和统筹上加强了对中心城区车辆的管理。采取"区域差别政策"。即对于中心城区和交通紧张区的停车泊位"从紧供给"，一般交通区域实行"适度供给"，内外环之间则努力"供需平衡"，外环则实行"充分满足"。此举大大减轻和改善上海市交通拥堵的现象。

大家一致认为，武汉市可以从其他国家和中国其他城市这些成功经验中，获得有益的启示和借鉴。

调查报告：

1. 调查结果及分析

调查过程中，我们发现，常青花园免费自行车便民服务已成为武汉市倡导绿色出行的亮点，武汉市政府 2010 年开辟百里自行车专用道计划也受到了市民的热捧。调查对象中，专家老师们主要是关注环保汽车的技术改进、市场普及和新能源开发。他们特别提出要注重湖北省高层次汽车专业人才的培养。市民关心的是相关优惠政策、环保汽车消费成本和新能源燃料价格问题。学生一般注重环保知识的普及教育及其对低碳生活的作用等。学生们普遍认同"国家兴亡、匹夫有责"，作为祖国的明天，建设绿色武汉是中国学生义不容辞的责任。

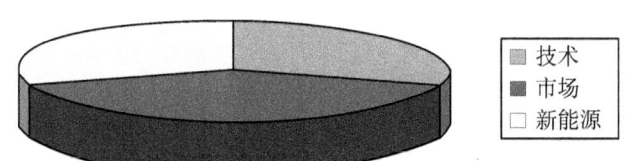

图 4.1.12　专家、市民和中学生对技术、市场和新能源的观点

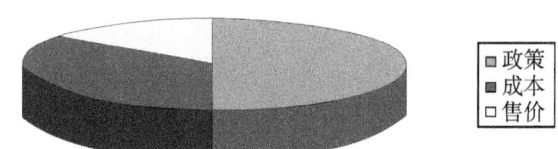

图 4.1.13　专家、市民和中学生对政策、成本和售价的观点

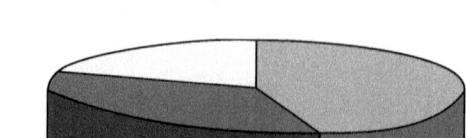
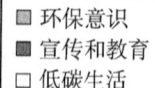

图 4.1.14　专家、市民和中学生对环保低碳和宣传的观点

调查结果显示出，60%的人认为"中国自主品牌的环保水平赶超世界之时，就是中国汽车赶超世界品牌之日"，70%的人认为提高汽车环保水平会加大企业制造成本，60%的人认为提高汽车环保水平会加大购车和用车成本，80%的人愿意为此支付较高的购买费用。尽管关注的侧重点有所不同，但大家一致认为汽车环保是环保课题的重要环节，大力发展新能源公交是绿色武汉发展的最好选择。

2. 武汉市交通污染的原因

通过此次调查，我们认为武汉市民节能减排、节约环保意识仍然需要进一步加强。湖北汽车散、乱、差局面尚未根本改变。湖北省汽车业创新能力弱，产品竞争能力不强，国际化水平低，消费环境不完善。湖北省虽然具有高等学校优势，但新能源环保汽车目前研究非常少。简而言之，千万的人口和密集的交通造成了武汉市严重的交通污染。

3. 武汉市绿色交通的措施

首先，绿色武汉，公交先行——新能源公交是绿色武汉交通的关键，也是湖北省汽车发展的"核心能力"。应进一步加大对"绿色"公交的投入力度。用绿色交通促进"资源节约系型、环境友好型"武汉的建设，功在当代，利在千秋。

其次，"百年树人"——人才是发展绿色武汉交通的根本。教育大省湖北拥有众多的大学和科研院所，应制定优惠政策吸引国内外人才，为湖北省汽车业振兴储备高层次的人力资本。

第二节　2013年—2017年武汉新能源汽车政策绩效调研[①]

长春市一汽是中国最早的汽车工业基地，一汽技术中心是中国汽车行业成立最早、规模最大的产品研制开发和试验检测基地。先后由长春汽车研究所、中国第一汽车集团公司技术处、长春汽车材料研究所合并组建而成，是国家经贸委认定的第一批国家级技术中心，2003年在全国314家企业技术中心综合研究能力评比中名列综合第八位、汽车行业第一位。具有较好的说服力。

武汉市作为首批13个新能源汽车示范运营城市之一，新能源汽车发展走在了中国前列。2014年，东风公司将新能源乘用车销量提至总销售比重的5%，预计截至2019年在新能源汽车的研发和产业化方面投入30亿元。

2013年以来，我们先后多次对长春一汽技术中心、湖北省汽车行业协会专家和武汉市市民就中国新能源汽车政策进行了集中调研。

一、2013年武汉市新能源汽车政策调研

调查显示，研究人员有观点认为湖北省新能源汽车政策针对消费者的力度不够，吸引力不够强。原因主要是针对车企的政策面临退坡机制的挑战，车企的积极性可能难以鼓动，毕竟研发新能源汽车目前风险仍然较高。与有关研究人员讨论过程中，我们提出结合目前湖北省在全国率先开展的碳排放权交易推进新能源汽车发展，正如东风正通过植树造林来抵消其碳排放。此外，我们还建议发展新能源汽车通过节能来减少或者抵消其碳排放，扬子江汽车公司表示也有企业与他们洽谈过相关事宜。

[①] 本部分来源于2014年华中科技大学朱珞珈主持的寒假调研和作者指导并参与的2012—2014年湖北经济学院大学生科研立项调查报告。

其中，2013 年寒假武汉市调查数据显示，收回的 100 份调查问卷中，尽管 61.45% 的被调查者认为政策是促进新能源汽车发展的最重要因素，但 78.31% 的被调查者表示并不了解新能源汽车政策，56.63% 的人认为当前的新能源汽车政策不适应实际发展，40.96% 的人认为政策效果一般，63.86% 的人认为政策滞后。

2012 年暑假武汉市新能源汽车发展政策调查的 189 份调查问卷显示，对"关于武汉新能源汽车，下面哪一点最能代表你的心声"选项，消费者选择"高车价令人望而却步"和"节能科技不够先进"的人数占大多数。具体见表 4.2.1。

表 4.2.1　　　　　　　**武汉市新能源汽车重心**

		频率	百分比	有效百分比	累计百分比
有效	车价高	56	29.6	29.6	29.6
	政策优惠不足	43	22.8	22.8	52.4
	充电不便捷	35	18.5	18.5	70.9
	技术不够先进	55	29.1	29.1	100.0
	合计	189	100.0	100.0	

资料来源：根据本次调研问卷数据整理。

图 4.2.1 显示，大部分消费者把影响因素"动力安全性能"和影响因素"维修及配套设施便捷性"放在非常重要的位置，在采访武汉市公交集团时，司机反映有几路纯电动公交车就因为电池位置在车顶而且性能不稳定被停止使用。2014 年 5 月，武汉市电动汽车起火事件也再次引起社会对电动汽车安全性能的极大关注。

相反，影响因素"款式外观及内饰"却被大多数消费者认为不重要，然而对消费者购车影响因素的分析中，影响因素 4 节能环保却显得不太明显，认为其重要的消费者占 58.4%，认为其不重要的比例也高达 41.6%，可见节能环保的理念并没有深入人心，相关宣传仍有待加强。

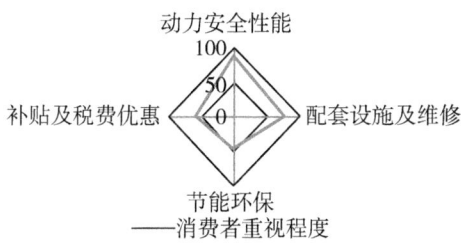

图 4.2.1　武汉市新能源汽车销售的影响因素
资料来源：根据本次调研问卷数据整理。

消费者对目前新能源汽车支持政策的直观感受的调查结果如图 4.2.2 所示。

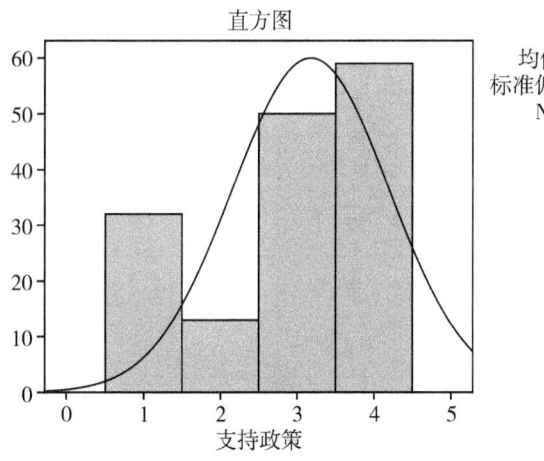

图 4.2.2　政策评价直方图
资料来源：根据本次调研问卷数据整理。

图 4.2.2 中，武汉市新能源汽车支持政策调查数据显示，超过 70% 的消费者觉得武汉市新能源汽车支持政策"雷声大，雨点小"，还需做很大改进工作，一方面政府高唱节能环保，另一方面，消费者却反应平平，政策的落实效率有待提高。分析认为问题主要出现在执行方面，即

使政策制定的完全正确，在执行或者宣传环节出现了很大的问题，政策也无法成功实施。走访调查发现，2010年初武汉市就已建成投运3座大型充电站和148个充电桩，而2012年充电桩不增反减，仅剩余130个，3个充电站仅沌口一个还在勉强使用等。

二、2014年长春一汽新能源汽车政策调查

2014年上半年，我们对一汽集团公司技术中心的专业研发人员进行了问卷调查，采访了12位业内权威专家，从企业角度了解汽车生产厂商对中国新能源汽车政策的看法。

由表4.2.2可知，66.7%的专家看新能源汽车的前景，不看好新能源汽车前景的仅占8.3%。可见新能源汽车广阔前景已经成了业内的共识。

表4.2.2　　　　　　　长春市新能源汽车前景

		频率	百分比	有效百分比	累计百分比
有效	很好	8	66.7	66.7	66.7
	一般	3	25.0	25.0	91.7
	不太好	1	8.3	8.3	100.0
	合计	12	100.0	100.0	

资料来源：根据本次调研问卷数据整理。

表4.2.3展现了一个十分有趣的现象，国家如果退出补贴政策，83.3%的专家仍然选择坚持开发新能源汽车，这说明无论政府是否对新能源汽车进行补贴，车企都会自发选择继续研发新能源汽车，因为新能源汽车是一种有利可图的技术创新。

表 4.2.3　　　　　　　　企业自主研发意愿

		频率	百分比	有效百分比	累积百分比
有效	会	10	83.3	83.3	83.3
	不会	2	16.7	16.7	100.0
	合计	12	100.0	100.0	

政府退出补贴政策，是否仍然开发新能源汽车

资料来源：根据本次调研问卷数据整理。

中国目前进口新能源汽车有并没有纳入补贴目录，不能享受政策补贴。该措施的出发点可能是为了保护自主品牌，而83%一汽研发人员支持或者认为至少认为应该与自主品牌享受同等待遇，具体参考表4.2.4，这是个非常有趣的现象。

表 4.2.4　　　　　　　政府进口新能源汽车态度

		频率	百分比	有效百分比	累积百分比
有效	支持	5	41.7	41.7	41.7
	限制	2	16.7	16.7	58.3
	同等待遇	5	41.7	41.7	100.0
	合计	12	100.0	100.0	

资料来源：根据本次调研问卷数据整理。

图4.2.3显示，66.7%被调查专家认为政府政策是新能源汽车发展中的最主要因素，17.9%专家认为消费者环保观念的改变是推动新能源汽车发展的最主要因素，15.4%专家则认为企业的重视程度是促进新能源汽车发展的主导因素。可见从车企自身角度看，新能源汽车尚属于新生事物，需要国家的政策支持。

调查显示，一汽与奥迪汽车、大众汽车和丰田汽车已经有20多年的合资历史。上述3家厂商已经有比较成熟的新能源车型，比如丰田普

锐斯截至 2009 初,仅在美国销量就超过 60 万辆。丰田汽车公司在中国一汽丰田长春厂生产的第 3 代"普锐斯"混合动力汽车也于 2012 年正式投放中国市场。

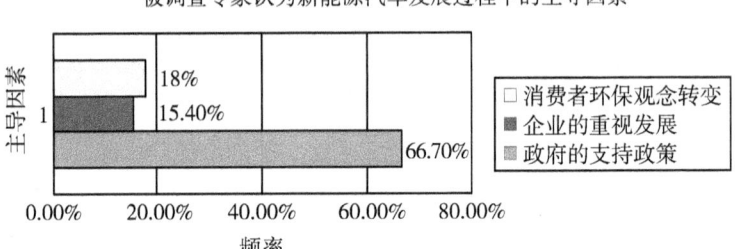

图 4.2.3　新能源汽车发展的主导因素

资料来源:根据本次调研问卷数据整理。

图 4.2.4 请专家为政府上述政策的重要性进行打分,从图中可以看出,专家对基础设施建设(如充电桩)的呼声最高,为 4.50。其次是销售价格补贴,为 4.17。其他的比如设立产品技术标准、厂商准入制度等都是大于 3 的中立态度,表示重要。而针对对传统能源汽车的限制和购车手续办理优待政策(如牌照)则认为不那么重要。

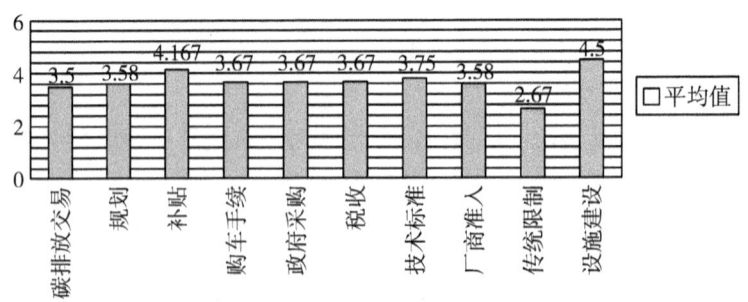

图 4.2.4　政策的重要性

资料来源:根据本次调研问卷数据整理。

此外，丰田已经在江苏省常熟市设立专门面向中国生产的混合动力汽车研发机构，决意在中国实现混合动力汽车的当地化生产。而中国20多年市场换技术的合资战略效果并不显著，超过80%的研发人员认为只是有限或者很少掌握国外汽车厂商的核心技术。

三、2015年湖北省新能源汽车发展政策绩效调研

2015年6月起，我们在武汉市和襄阳市等地通过走访和网上发放1500份调查问卷，收回905份有效问卷，有效率为56.2%。以下是本次调查问卷得出的一些主要分析。

问卷统计显示，被调查者中，92%人赞同新能源汽车的发展有利于促进碳减排，8%人不赞同新能源汽车的发展有利于促进碳减排。

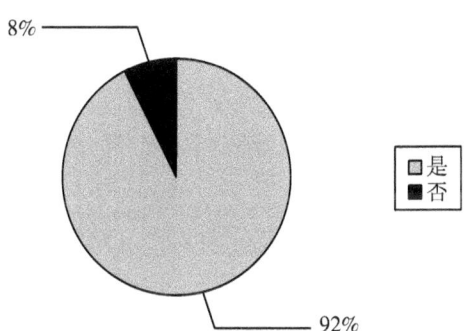

图4.2.5 新能源汽车发展是否有利于促进碳减排

统计数据分析，被调查者的22%认为政策很成熟，25%人认为政策超前，53%人认为政策滞后。由此可得，超过半数人对政策的预期不容乐观，认为其比较滞后。

据问卷统计分析，样本中40%人认为对技术研发方面的的支持最重要，18%人认为对生产制造的支持最重要，24%人认为对销售市场方面的支持最重要，18%的人认为对基础设施方面的支持最重要。综上所述，被调查者大多数认为对技术研发的支持最重要，符合我们预期猜想。

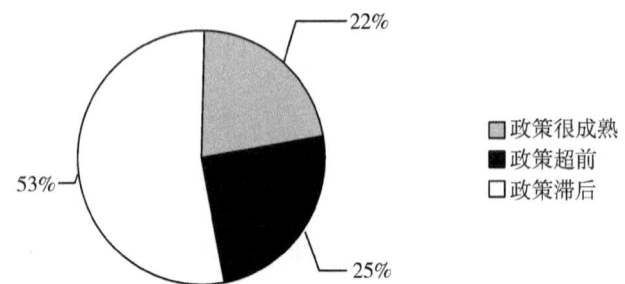

图 4.2.6 湖北省新能源汽车政策与发展的关系

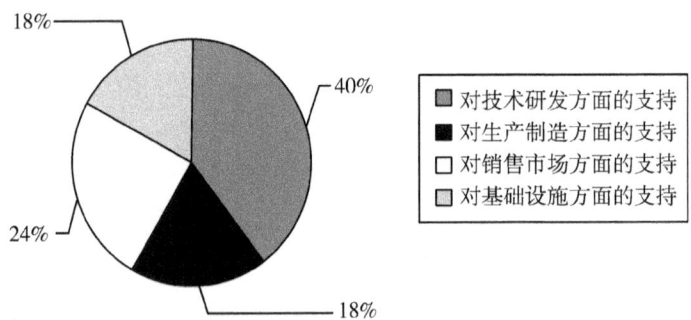

图 4.2.7 湖北省新能源汽车最重要的支持政策

23%的人认为在于基础设施建设的不足，24%的人认为在于技术支持的缺乏，其次是税收优惠政策和行业公平竞争规则制定。说明推进新能源汽车政策进程首先应该注重基础设施建设的完善，开发引进技术（见图4.2.8）。

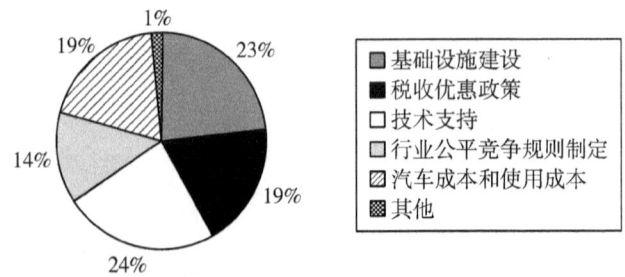

图 4.2.8 湖北省新能源汽车政策的不足

分析可得：对于湖北省新能源汽车支持政策在实际中的运行情况，58%的人认为运行情况一般，30%的人认为情况不容乐观，人数在接受调查者占到了近1/3，说明政府的政策支持运行情况还有非常多的，改善与推进的空间，政府应该设立更加明确的方案，加速新能源汽车的发展，具体见图4.2.9。

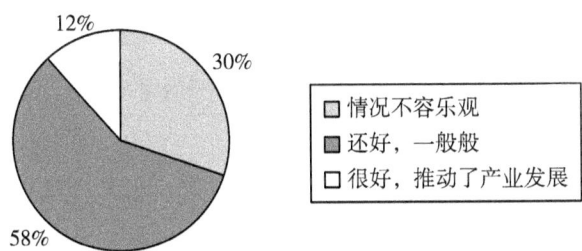

图4.2.9　湖北省新能源汽车政策的效果

根据问卷统计分析，有42%的人认为政府的支持政策是新能源汽车的发展最主要的因素，有37%的人认为消费者环保观念的转变是新能源汽车发展最主要的因素，有21%的调查者认为企业的重视发展是新能源汽车发展最主要的因素。据上述客观性描述可以得知，大多数人认识到政府的支持政策对于新能源汽车的发展有着重要的作用。

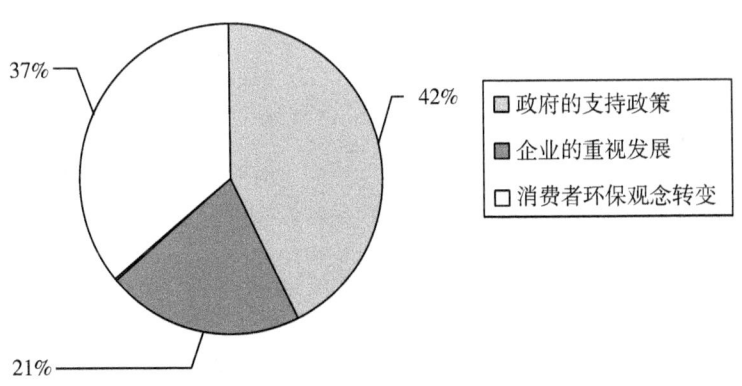

图4.2.10　湖北省新能源汽车发展的最主要因素

四、2016年—2017年武汉市新能源汽车战略及双积分制调研

2014年至今，作者对上汽、东风、一汽和中汽研，尤其是武汉市扬子江有限责任公司进行了多次调研和交流，提出了新能源汽车减排指标的建议并得到肯定。2016—2017年，与中国质量认证中心武汉分公司技术人员等进行了沟通。2017年的调研正在湖北省武汉市、黄冈市等多地进行，中国新能源汽车补贴退坡机制下，结合碳排放交易和武汉碳宝包，我们希望更加全面地了解湖北省对新能源汽车减排指标的看法。

结合2013年中国清洁发展机制捐赠项目，我们正在进行2017年湖北省新能源汽车政策及完善调研。对中国质量认证武汉分公司、武汉市扬子江汽车有限公司、黄冈市发改委、市交通局等机构进行了调研，继续探讨新能源汽车积分制、碳配额和碳宝包下湖北省新能源汽车的可持续发展。

2016年国家发改委出台了新能源汽车碳配额制，工信部出台了新能源汽车双积分制，引发了湖北省新能源汽车的新一轮研发热潮，但迄今，中国发改委新能源汽车碳配额政策缺少实质性执行要求，工信部积分制计划2018年实施，多方博弈，各种利益交换，本书结合2013年中国清洁发展机制捐赠基金，提出了新能源汽车减排指标，具有一定的可行性①。

2017年8月3日—5日，"黄冈市全社会能源平衡表编制工作培训会"上，我们对湖北省黄冈市发改委、统计局、交通局、能源局、商务局、供电公司、市住建节能办和市机关事务管理局等做了调查问卷和访谈，黄冈市2005年起开始实施油改气项目，效果良好。

---

① 鉴于国家政策具体操作仍有待时日，本书作者结合碳排放交易权提出了中国新能源汽车减排指标，建议优先考虑为更具操作性的湖北省新能源汽车减排指标。

根据黄冈市交警支队数据，2015 年，黄冈全市新能源汽车保有量 135 辆，2016 年全市保有量为 246 辆，主要是插电式混合动力和纯电动汽车。

第三节　新能源汽车减排指标调研报告

一、调研背景和目的

结合国家发改委新能源汽车碳配额制和工信部新能源汽车双积分制，本书提出新能源汽车减排指标，并对上汽、一汽、东风、中国汽车研究中心和吉利集团进行调研，探讨新能源汽车减排指标的可行性并进一步完善。

湖北省是中国传统的汽车工业基地，湖北省会武汉市是传统的重化工业城市，经济发展和工业化、城镇化步伐加快，能源消耗和碳排放仍将高位运行。汽车作为湖北省首批万亿产业也一直是节能减排的重点领域。作为低碳试点和碳交易试点省份，湖北省已在省级温室气体清单编制及碳交易试点工作中对工业企业温室气体核算方法和数据库建立等方面做出了积极的探索和研究。经统计 2016 年纳入湖北省碳排放配额管理的 236 家工业企业，包括 3 家车企，分别为东风、东风（十堰）和神龙公司。本次调研重点为国内典型车企和湖北省纳入碳排放交易的几家车企。

二、调研时间

自 2009 年以来，我们就对湖北省新能源汽车进行了调研，本次调研时间为 2017 年 8 月至 12 月。调研目前仍在继续进行。

三、调研对象

上汽：上汽集团乘用车有限公司

一汽：一汽集团产品规划及项目部

东风：东风汽车公司技术中心先行技术部

江淮汽车有限公司：新能源汽车营销公司、产品规划部

吉利集团：新业务战略规划部

中国汽车技术研究中心：双积分制小组

湖北碳排放权交易所、政府部门和专家

四、调研实施过程

中国的碳排放，尤其是汽车尾气排放量近十年来高速增长。据工信部统计，2020 年，中国汽车保有量将超过 2 亿辆，由此带来的能源安全和环境问题将更加突出。根据测算，新能源汽车特别是电动汽车的能效比传统汽车高出 46%，同时可以减少 13% - 68% 的 CO_2 排放（一汽计算得出新能源汽车平均减排碳排放 177 克每公里）。而新能源汽车的研发和应用成为未来国际汽车业发展的重要趋势，被定位为许多国家的战略性新兴产业"之一。

2016 年 8 月 2 日，国家发改委发布了《新能源汽车碳配额管理办法》征求意见稿（发改产业办[2016]1768 号），提出制定该政策的两方面原因，一方面，随着新能源汽车产销量不断增长，大规模财税补贴难以为继；一方面，燃油汽车产能结构性过剩问题已开始凸显。该征求意见稿主要针对的企业为生产和进口燃油汽车达到一定规模的企业，对于燃油汽车企业产销未达到一定规模、但新能源汽车达到一定数量，且自愿纳入管理的企业也可按此管理办法执行。

国家发改委管理办法借鉴了美国加州 ZEV 政策，并结合中国现有的燃油汽车油耗管理政策，将两者合并实施对汽车碳排放进行管理。管理办法中所指的新能源车主要包括符合 GB/T19596、GB/T24548、QC/T837 等有关国家标准或行业标准的纯电动汽车、插电式混合动力汽车、燃料电池汽车。拟于 2017 年开始试行，2018 年正式实施。发改委征求

意见稿推出了 1 年，但相关细则至今仍未出台。2017 年 9 月工信部双积分制正式落地，发改委与工信部如何相互协调以更好发挥政策的作用？本书拟结合新能源汽车节能减排指标进行探讨。

为进一步做好《湖北省应对气候变化统计核算制度研究及能力建设》项目，拓宽研究思路，跟踪最新研究进展，更好地了解新能源汽车节能减排情况，尤其是了解典型车企在低碳环保交通领域如新能源汽车碳配额和双积分制、应对气候变化、低碳交通建设等方面的先进经验和做法。本书探讨新能源汽车节能减排指标的可行性，调研中国三大车企、中国权威汽车研究机构和合资车企在新能源汽车方面的研究和生产等情况；联系新能源汽车研究或生产部门，实地调研考察新能源汽车生产和研究，了解新能源汽车节能减排等情况：①了解双积分政策制订详细过程和侧重点；②具体讨论碳排放权交易所双积分交易板块思路及设想。③探讨新能源汽车减排指标设想的可行性，并结合讨论对碳配额的具体计算细则等相关完善机制。2017 年 8 月起，我们课题组展开了调研。

课题组选择了中国三大车企的上汽、东风和一汽，鉴于随着双积分制的正式落地，中国新能源汽车将全面对外开放，课题组考虑选取典型吉利集团合资车企调研，调研过程中，又选定了专家多次推荐的中国汽车技术研究中心。新能源汽车课题组 2014 年以来一直与扬子江汽车有限公司保持合作，期间与湖北省发改委、湖北省经信委、湖北碳排放交易所、湖北省汽车行业协会和中国质量认证中心（武汉）等进行过多次交流，也通过"低碳交通"等与湖北三环集团沟通交流。

2017 年 11 月初开始了典型车企调研。迄今已经完成对上汽、一汽、中汽研、东风和湖北省政府部门的调研。工信部双积分制推迟一年执行，课题组原本认为是因为中国三大车企尚未准备充分，但一汽、中汽研和东风均提出是由于外资车企本身节油好，缺乏新能源汽车车型的缘故，计划下一步联系新能源合资车企如江淮汽车合资企业等。上述典型车企能够代表中国新能源汽车市场的整体概况。

(一)上海汽车集团公司新能源汽车调研

2017年10月13—14日,课题组对上汽集团技术管理部和上汽乘用车公司进行了调研。

据上汽乘用车公司项目部新能源平台张东总监介绍,生产新能源汽车和生产新能源汽车产生的 CO_2 排放基本相同,车企属于非高排放行业,因此上汽目前没有参加上海碳排放权交易,但有计划加入,因为有利于环保。比亚迪目前在国内新能源汽车销售排第一源于王传福电池起家,有计算机行业背景。但目前国内新能源汽车均较低端。张老师认为应该统筹利用社会资源,多借鉴国外先进管理经验,国家部委之间需要好好沟通、避免重复。与双积分核心内容一致的碳积分、碳配额或碳交易都是一套思路的管理办法,无需搞两套。关键是国家各部委要协同发文,互补管理,不要在同一类似产业政策上多头管理,导致无法操作。工信部双积分制实施细则已经出台,主要侧重于生产和销售环节。发改委管理比较宏观,工信部重在细则。在汽车研发、生产、销售和使用4环节中,建议发改委后续政策避免重复,可以考虑在使用环节。课题组认为机构应是主体和重点,使用环节涉及的是个人,属于散户性质。

根据上汽集团技术管理部马士泽老师介绍,整个上汽集团节能减排工作由集团的质量和经济运行部协调。上汽集团双积分政策的制订前前后后持续了一年多,上汽技术管理部之前主要工作是跟踪政策制定过程中的整车关键参数设定情况,在工信部向各大汽车集团征求意见的环境中,收集协调上汽集团下属企业(具体包含上汽大众、上汽通用、上汽通用五菱、上汽大通,也包括附属在集团母体的非独立法人上汽乘用车分公司)等企业的意见,政策的实施对象是具体的整车制造企业法人,后期的交易平台建设和交易细则目前还没有展开具体的讨论,未来集团在各个下属企业之间的双积分转让或者交易过程中如何发挥协调作用集团领导目前也还未正式决策,上汽技术管理部更多的职能定位在前期制定过程中的跟踪。针对2016年发改委针对新能源汽车的碳配额管理构想,马老师个人认为在双积分正式发布以后,发改委的新能源汽车碳配额管理进一步发布实施的可能性非常的小,基于这个假设上汽没有对发改委碳配额做进一步跟踪研究。

课题组提出,工信部和发改委都有各自职责和管理范围,国家工信部主管行业,国家发改委主管碳排放权交易,工信部双积分制落地并不意味着发改委就不再出台相关政策了,而是应该寻找更好地相互配合的方式,达到政策组合的最大效用。

(二)中国第一汽车集团有限公司新能源汽车调研

2017年10月27—29日,我们主要对一汽集团产品规划及项目部进行了调研,同时与一汽集团客车有限公司专家一直有交流。

一汽成立了新能源汽车办公室和新能源汽车研究院,产品规划及项目部动力总成项目管理处主要负责双积分制管理和应对等宏观管理和规划,比如积分测算、达标方案认定等。

一汽的新能源汽车是在李骏院士的带领下进行的,李院士提出了低碳汽车的概念。一汽客车有限公司赵忠民老师提出希望扩大参与交易的新能源汽车类型,如客车的积分可以给乘用车。

产品规划及项目部杨刚老师介绍了一汽新能源汽车发展和管理的具体情况,介绍了国内车企和合资车企,发改委和工信部在新能源汽车生产和管理方面的相关情况。一汽采用国家工信部GB27999-2014的油耗计算标准。提出工信部双积分制设计在车企之间进行交易,车企非高排放行业,多余积分将会卖不出去。一汽专家们计算提出,新能源汽车主要是节省石油,相对于传统汽车,一台新能源汽车减排177克/公里,按照一吨$CO_2$20元的平均价格,只有40万元的预计盈利空间,不足以弥补新能源汽车多出传统汽车的 7 万元成本。杨老师告知了国家取消新能源汽车按照零排放计算的倾向，按照一定比例折算成 CO_2，新能源汽车倍数补贴将逐年降低，2021—2025 年分别为 1.8、1.4、1.2、1.0 倍。财政补贴退坡的同时，国家对新能源汽车管理越来越趋于严格。课题组与一汽专家探讨了新能源汽车减排指标跨行业交易和如何提 CO_2 价格吸引力等对策建议。

(三) 中国东风汽车集团有限公司新能源汽车调研

2017 年 11 月 20 日，我们调研了东风集团技术中心先行技术部史建鹏部长。具体讨论了新能源汽车节能减排实施细则。

史部长提出，相对于传统汽车，新能源汽车在生产过程中也更加节能减排。东风集团目前有高排放的分支机构加入了湖北省碳排放权交易市场。认为双积分制在于提升技术达标，建议设立具体模型设计传统车和新能源车对比指标。

史部长提出新能源汽车节能指标需要：(1) 有合适的市场；(2) 需要调研前期基础；(3) 需要有 CO_2 的科学计算方法。东风已经在生产新能源汽车，双积分制推迟一年执行是因为外资车企车型准备不充足。

(四) 中国汽车技术研究中心调研

2017 年 11 月 17 日，我们调研了中汽研双积分制研究人员。

中汽研研究人员介绍了双积分政策制定背景、政策推进历程、政策制定原则与框架、双积分制总体框架、积分管理为政策核心要素、油耗积分结转及转让、新能源积分交易、负积分抵偿规则、积分报告递交流程、行政处罚措施保障制度顺利运行。认为发展新能源车成为油耗达标重要手段，积分比例压力持续推动新能源汽车发展，积分交易将有利于部分新能源汽车先发企业，推动节能水平提升，促进行业减排。

中汽研研究人员认为乘用车规范并利于管理，所以双积分制从乘用车开始，如果本课题组将车型扩大到所有新能源汽车，由于各种车型油耗不一致，计算会复杂且难以管理，双积分包括 CAFC 积分和 NEV 积分，两种积分具体的使用方法还是有所区别的：(1) 双积分制正积分 3 年清空，负积分需在相关企业(25% 股权企业之间)购买抵免。CAFC 正积分可最多结转三年使用，负积分企业可接受关联企业的转让正积分或者购买 NEV 正积分抵偿。(2) 双积分交易平台预计为网上登记制度，双积分正分无具体交易方式，3 年后清零。NEV 积分交易平台预计将通过网络平台进行线上交易，无具体交易方式，当年产生的 NEV 积分当年清零(除 2019 年)。(3) 新能源汽车碳配额制度因为与双积分制均借鉴了美国加州积分制，核心内容重复，估计无法正式落地。

(五) 湖北碳排放权交易所、政府部门和专家调研

1. 湖北碳排放交易所和湖北汽车政府主管部门调研

2017 年 8 月，课题组调研了湖北省汽车主管部门。我们讨论了新能源汽车的界定，工作人员均表示支持新能源汽车国家战略，建议联系东风集团公司。(1) 新能源汽车投入与产出比。政府对于新能源汽车的投入过大而回报又少，再加上现在各种技术更新换代快，在研发完善投入实验进行产业化的巨大投入随时可能化为泡影。(2) 新能源汽车是国家战略，传统汽车行业我国起步太晚，最初的"以市场换技术"方案也没能顺利实现，市场给别人了，技术也没学到，整个汽车行业发展处于进退两难相对尴尬的境地，基本上没有可能超越甚至比肩欧美其他国家，计划在新能源发展上抢得先机，占领技术创新的制高点。想法虽好，但问题也不少，涉及资金、技术、政策、观念、体制、社会福利等。新能源汽车牵扯了太多的利益方，在短时间内无法形成协调，也就无法蓬勃发展。(3) 政策补贴主要在应用上，2015 年是十二五规划的最后一年，为达到 50 万辆的计划，加大了补贴，在这期间骗补现

象也鬼魅般冒了出来。汽车行业中，汽车的整个生命周期都是在政府各个部门的管理统治下，主要格局是：政府主导，市场指导。这对企业的发展有一定限制，政府应站在企业的角度考虑政策。(4)新能源汽车发展面临诸多难题，这不仅需要政府调整布局、促进产业发展、政府间跨省合作，也需要车企、论坛、展会等市场行为，民间力量的通力合作。如今，一系列的表面问题都没有很好地解决，较难让新能源汽车迅猛发展。

2. 黄冈市专家专访

黄冈市调研了湖北省发改委，湖北省统计局，黄冈市发改委，黄冈市交通局，黄冈统计局和黄冈市中石油等等几十家单位。湖北经济学院陈向军校长、张奋勤主任、王丹、吴文劲、王玉宝等老师都参加和黄冈会议。具体分析如下：

表 4.3.1

选项	小计	比例
税收优惠政策	12	12%
技术支持	42	42%
汽车成本和使用成本	24	24%
基础设施建设	19	19%
行业公平竞争规则制定	3	3%
本题有效填写人次	100	

行业专家和车企都非常注重技术的作用，技术支持的比例远远高于居民问卷中的33%，显示出对技术的需要和专业人才的需求占比高。专访专家提出，当前制约新能源汽车的主要是技术问题，混合动力汽车

只是纯电动汽车的过渡品，当前关键零部件的国内供给不上大部分依赖进口，如果技术问题不能突破，消费者仍会倾向传统的燃油汽车，那新能源汽车真的就会是"久闻楼梯响，不见人下来"。

面对面采访中，专家坦言没有一成不变的事物，即使是纯电动的新能源汽车也可能是过渡品，技术发展日新月异。当前人工智能在汽车领域的研发速度也越来越快，这就需要新能源汽车与智能电网、智能驾驶、智能交通等融合发展。仅仅有电动汽车不一定成功，但是如果"可再生能源+电动汽车+智能化"就很有可能成功。

(六)湖北省新能源汽车社会调研

2017 年 7 月至 9 月，我们就湖北省新能源汽车政策和发展分别对武汉市、襄阳市、荆州市及黄冈市等城市居民进行了问卷调查及走访，重点调查了黄冈市的专家和发改委。本次调查过程中，实际发放问卷 450 份，回收有效问卷 400 份，有效回收率约 89%。

全部问卷资料检查核实后进行编码，输入计算机，再进行统计分析。调查显示，居民对新能源汽车的看法分为两大类：第一是普及基础设施，第二是技术的改进。基础设施是消费者尤为关注的，普及的基础设施可以让消费者放心。而技术的改进可以让新能源汽车更科学发展。消费者表示短期内还是会选择燃油汽车，因为对新能源汽车的技术和续航能力不放心。

新能源汽车发展仍存在着问题，最主要的就是补贴免税力度不够，基础配套设施不完善等。尽管有诸多因素的制约，但新能源汽车逐渐为大众所接受。再加上企业的进入与政府的支持，新能源汽车的发展还是值得展望的。调查问卷分析的结果得出结论如下：

1. 新能源汽车与节能减排方面

(1)双积分制的效果调查

调研结果显示，24%被调查者认为双积分制能有效的推动新能源汽

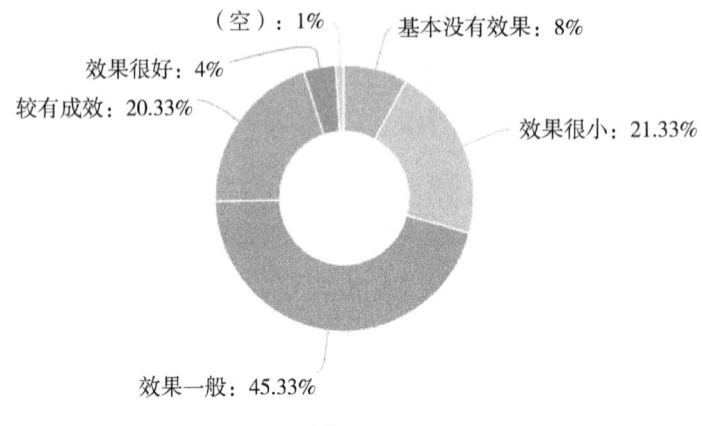

图 4.3.1

车发展，还有 45.33% 认为效果一般，但是还有近 30% 的人认为达不到预期效果。说明双积分制还需要完善，但对推广和发展新能源汽车具有不错的效果。

（2）武汉"碳宝包"APP 的效果

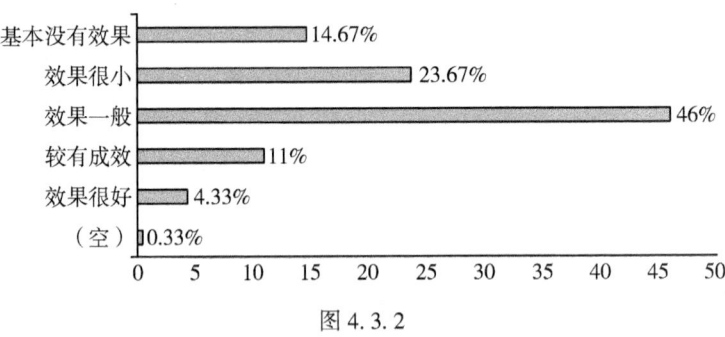

图 4.3.2

近半数人认为效果一般，认为效果较好或很好的占比比较小，其余的则认为基本没有效果或较小。人们对碳宝包 APP 的认识还不是特别深，无法真正实施对节能减排有益的举措。

(3) 新能源汽车对缓解空气污染的效果

汽车污染主要来自汽车尾气，其有害成分是构成 PM2.5 的主要成分。发展新能源汽车将成为解决传统燃油汽车尾气排放压力的重要解决手段，也是政府和公众的合理选择。

表 4.3.2

选项	小计	比例
完全不可能	16	5.33%
只能缓解一部分	172	57.33%
比较好的解决	101	33.67%
完全有效缓解	6	2%
（空）	5	1.67%
本题有效填写人次	300	

调研结果表明：57.33%的人认为只能缓解一部分，33.67%的人认为新能源汽车能有效地减缓空气污染。可以说 94.67%的人认为发展新能源汽车可以缓解空气污染。

(4) 居民认为新能源汽车最大的优势

对于新能源汽车的优势，被调查者认为是首先节省能源，再次是清洁环保，其次是国家补贴，第四认为是发动机噪音小，第五认为是维修保养费用低，第六认为是动力强，第七是外观造型好，第八是功能齐备，第九是安全，有 0.67%的人选择了不填。调研显示，新能源汽车最大的 3 个优势是节省能源、清洁环保和国家补贴多。

2. 新能源汽车政策的作用

(1) 民众对政策的了解度

调查结果显示，市民对新能源汽车政策仍只是粗略了解甚至是不了解。仅有 7%的被调查者表示非常了解，大部分人开始关注新能源汽车

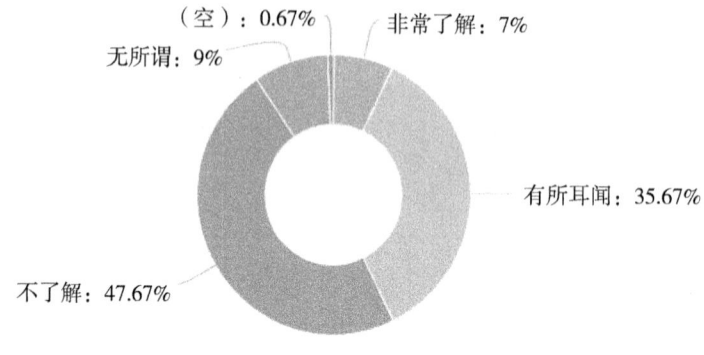

图 4.3.3

发展。说明需要更多的推广和足够的吸引力才能让更多的人关注新能源汽车发展。尽管政府已在大力支持新能源汽车的推广和发展,但是普通百姓并没有主动了解和持续关注。

(2) 新能源汽车发展最重要的因素

调查显示,新能源汽车发展中政府、企业和消费者的作用都不可或缺。消费者和政府均占比 40%,企业只占 15.33%。说明以消费者为代表的需求和以政府为代表的宏观支持政策很重要,但是以企业为代表的生产者作用被忽视了。现在新能源汽车技术不成熟和研发成本高,在逐利的促使下,企业往往将新能源汽车边缘化,企业的重视仍需要提高。

表 4.3.3

选项	小计	比例
政府的支持政策	117	39%
企业的重视发展	46	15.33%
消费者环保观念转变	119	39.67%
其他	16	5.33%
(空)	2	0.67%
本题有效填写人次	300	

（3）新能源支持政策的重点

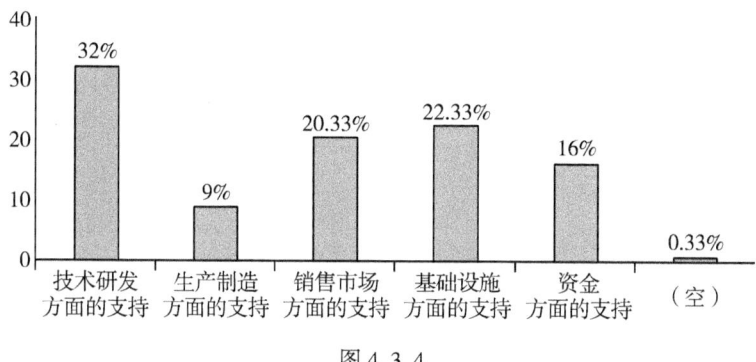

图 4.3.4

调查显示，技术研发占了 32%，销售市场方面和基础设施分别占 20.33% 和 22.33%，资金只占了 16%，生产制造不足 10%。可以看出绝大部分人重视政策支持中技术作用，技术问题攻关后新能源汽车的问题就迎刃而解了。此外，市场和基础设施支持也很重要，有了广阔的市场新能源汽车前景才好，企业才会更积极研发创新，有了基础设施支持新能源汽车才能更好运行，生产制造占比较低，估计源于涉及企业自身，政府不应该过多干预。

表 4.3.4

选项	小计	比例
税收优惠政策	37	12.33%
技术支持	99	33%
汽车成本和使用成本	44	14.67%
基础设施建设	98	32.67%
行业公平竞争规则制定	20	6.67%
（空）	2	0.67%
本题有效填写人次	300	

国家拟逐步取消补贴,"中国计划逐步取消对新能源汽车的补贴并努力通过市场政策来扶持该行业的发展"(楼继伟)。税收优惠政策会被逐渐取消,但技术支持政策和基础设施建设仍有很大的空间,也只有技术的改进和基础设施的建设才能让新能源汽车更科学更健康的发展。

3. 消费者的购买意愿

(1)居民的购买意愿

调研显示,61.67%的人是很有意愿购买新能源汽车的,其中有22.33%的人很有可能要购买新能源汽车,39.33%的人有意愿但是目前不能购买的,28%的人虽然近期不会购买但愿意关注,只有10%的人从来未有过购买的想法,大家都愿意去了解和接触新能源汽车,这说明了新能源汽车的前景非常广阔,有很大的市场资源。

表4.3.5

选项	小计	比例
有过,很可能购买	67	22.33%
有过,近期不会购买	118	39.33%
从未有过,但愿意关注	84	28%
从未有过,不会购买	30	10%
(空)	1	0.33%
本题有效填写人次	300	

(2)最主要的购车原因

调研显示,消费者主要是因为节能减排而愿意购买新能源汽车,其次是基于用车成本较低,第三是认为这是未来汽车的热点,从一个侧面看出人们对新能源汽车发展前景的肯定,部分消费则是由于新能源汽车带来的福利上牌容易而愿意去选择使用新能源汽车。

(3)居民期望的新能源汽车价格

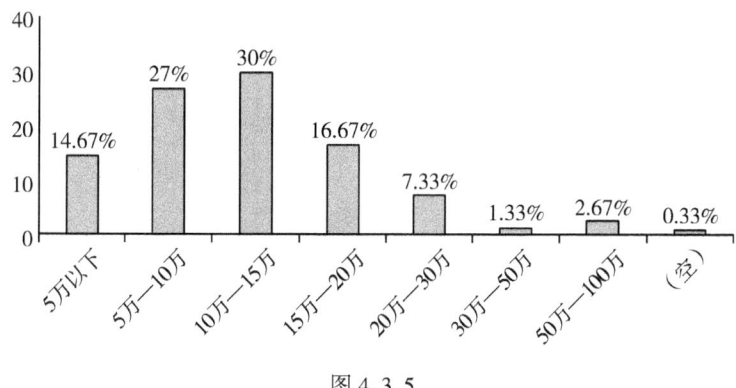

图 4.3.5

调研显示，新能源汽车价格在 5~15 万之间最受欢迎，占比过半，5 万以下及 15~20 万之间的受欢迎差不多，但不及中间价位，20 万以上则几乎不太受欢迎。长时间的使用传统汽车，使得人们更加相信传统汽车，作为一种新兴的交通工具，新能源汽车还未走入寻常百姓家，鉴于人们的消费水平，这个结果在情理之中。

(4)消费者希望享受的购买优惠

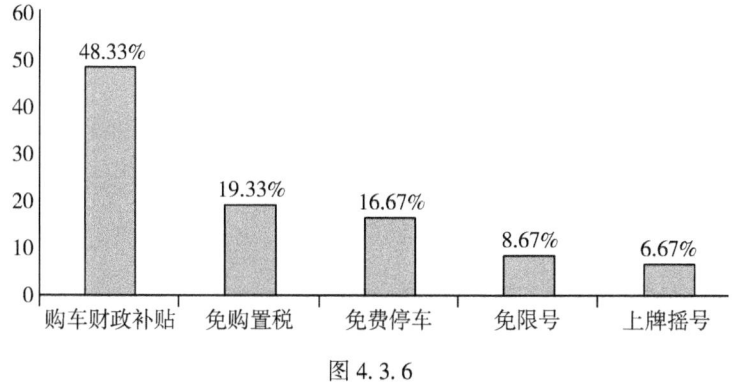

图 4.3.6

调研显示，67.66%的人希望得到资金的优惠，16.67%的人希望在基础设施建设上有所完善，说明新能源汽车普及率低，享用服务设施的竞争性较弱。8.67%的人希望免限号，6.67%的人希望购车时可以简单快捷，比重最小，武汉市交通情况可以容纳现有车辆有序运行，所以较少人对此有过多反映。综合来看消费者购车驱动因素主要是政策优惠和服务设施建设。新能源汽车逐渐走入人们的视野，逐渐为大众所接受，加上企业的进入与政府的支持，新能源汽车的发展还是值得展望的。

（5）阻碍新能源汽车发展的因素

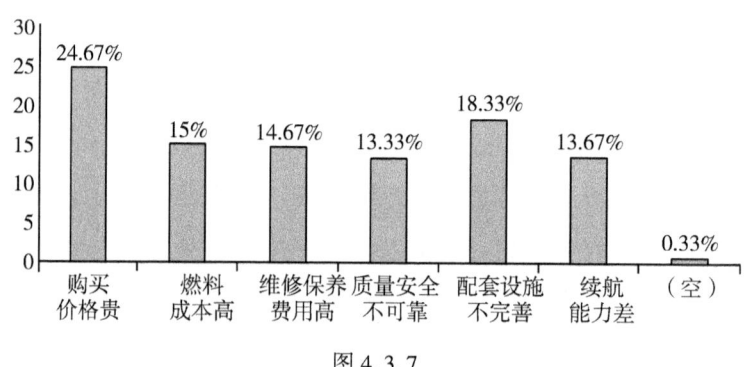

图 4.3.7

调查结果显示，24.67%的人认为购买价格贵是其主要原因，18.33%认为是配套设施不完善，15%的人认为是燃料成本高，14.67%的人认为是维修保养费用高，13.67%的人认为是续航能力差，13.33%的人认为是质量安全不可靠，还有0.33%的人选择了不填。价格高成为人们买新能源汽车最大的阻碍，想要提高新能源汽车的销量，需要更进一步的创新技术，降低成本，降低价格。加强对新能源汽车的钻研，完善相关的配套设施，解决续航方面的问题。还需要加大对新能源的宣传和讲解，使人们更了解新能源汽车，了解它的安全可靠性。

五、调研结论

据悉全国碳排放权交易市场花落上海市，注册登记系统落户湖北省。建议根据自愿加入原则，目前碳市场主要是高排放企业之间交易。

本细则认为根据谁排放谁付费，以碳排放为基础，真正应该的是补贴低排放的新能源汽车发展。新能源汽车目前发展新阶段，配套措施不完善，技术需完善，成本较高，消费者有一个接受阶段。国家发改委碳配额制度因为同质化双积分制估计搁浅，但碳配额 2016 年向全国正式征求意见，显示交易的前期基础应该已经成熟。

2017 年，新能源汽车国家补贴大力退坡，新能源车企技术需进一步完善，成本高销售量小。目的是节能减排，改善环境，建议允许新能源车企加入碳排放权交易市场，新能源汽车发展、碳金融市场与全国碳排放权交易市场相互促进。以新能源汽车碳配额为基础，自由交易，自负盈亏，调动企业生产新能源汽车的积极性。

调研显示，车企提出认为工信部双积分制带有强迫性，结合实地调研，本调研报告认为鉴于工信部双积分制和发改委碳配额制（草稿）都借鉴了美国加州经验，工信部和发改委同时对新能源汽车管理，工信部指导行业发展，发改委负责碳排放权交易工作，双积分制和碳配额应避免重复甚至冲突，相互协调发挥政策组合的最大效用。

第四节　2014 年—2015 年湖北省襄阳市新能源汽车战略调研

2014 年到 2015 年期间，我们对湖北省两个新能源汽车试点城市之一的襄阳市新能源汽车发展做了实证调研，具体分析如下。

一、襄阳市新能源公交战略发展概述

襄阳市作为全国 25 个新能源汽车示范运营的试点城市之一，一向重视汽车自主品牌建设和电动汽车研发，具有雄厚的新能源汽车产业基础。襄阳南车电机技术有限公司和襄阳宇清传动科技有限公司在中国电机领域具有一定的地位。

目前，襄阳市已上牌的新能源汽车有 619 台，其中 523 台属于纯电动汽车，包括公交车、警务车和环卫车等。2013 年，30 万辆电动汽车、300 万辆电动自行车等项目在襄阳市落地。2014 年 1 月 20 日起，襄阳公交公司购置的 50 台气电混合动力新能源公交车陆续投入 1 路、25 路公交线，目前，这两条公交车线路运行的全部是新能源汽车。

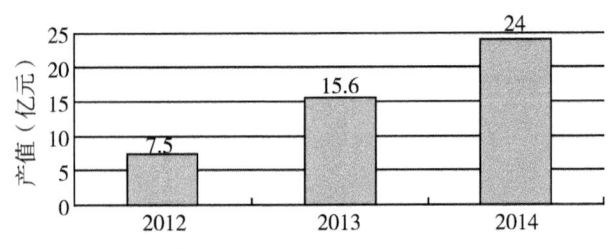

图 4.4.1　襄阳市新能源汽车产值

数据来源：中国节能与新能源汽车网。

襄阳市打造"新能源汽车城"，提出新能源汽车产业 2—3 年达到 300 亿元的规模，实现 2000 辆新能源汽车示范运行的目标。2013 年，襄阳市新能源电动汽车产值达 15.6 亿元，同比上一年剧增 108%。2014 年产值达 24 亿元。初步形成纯电动汽车、插电式混合动力汽车、动力电池、驱动系统哈控制系统的"两纵三横"新能源汽车产业格局。2015 年，襄阳市从事新能源汽车研发和生产的企业及院所达到 30 多家。襄阳市规模以上新能源汽车企业实现产值 71.8 亿元，新能源汽车产量达到 1.3 万辆。

襄阳市建立新能源车产业起步期发展专项资金，开通电动客车公交线路示范运营，国家电网公司已将襄阳市列为电动车充电设施建设展示城市。襄阳市拟建设中国新能源汽车产业基地和产学研基地，"十二五"末，襄阳市新能源汽车整车产能达 10 万辆，2020 年，整车产能达 20 万辆。

襄阳市是湖北省汽车产业的重要基地，在湖北省重型商用车领域具有举足轻重的地位，面临着新能源汽车的转型问题。

二、襄阳市新能源公交发展概况

截至 2013 年 2 月份统计的数据,襄阳市公交总公司运营线路 63 条,运营车辆 1011 台。截至 2013 年 8 月,全市共有新能源示范公交线路 5 条,87 台纯电动新能源车辆,40 台混合动力新能源车辆,新能源车辆占比仅 12.6%。

1. 襄阳市新能源公交车台数及车型分析

表 4.4.1　　　　　襄阳市新能源公交车台数及车型

线路	车台数	车辆类型	品牌	车型
511	20	气电混合动力	扬子江汽车	
515	20	气电混合动力	东风天翼	EQ6121CLPHEV
601	87	纯电动	东风天翼	EQ6102BEVL1(空调) EQ6102EVL(非空调)
602		纯电动	东风天翼	
603		纯电动	东风天翼	
605		纯电动	东风天翼	

注:

1. 襄阳市纯电动客车超过 100 台,其中 87 台用于四条公交线,另外用于各企业城市通勤车。
2. 襄阳市纯电动分为 2 种型号,其中编号 DD001-DD010 为第一代试运行车辆,是非空调车,另外第二代全部为空调车。
3. 纯电动公交车共 4 条线路 87 台车,其中 601、602、603 各线配车 20 余台,605 配车 10 余台。

表 4.4.2　　　　　东风 EQ6121CLPHEV 参数

品　牌	东　风	型　号	EQ6121CLPHEV
规格(mm)	12000×2480×3320	总质量	18000
发动机型号	NQ200N4	发动机厂商	南充

续表

品牌	东风	型号	EQ6121CLPHEV
功率(kw)	147	排量(ml)	5638
最高车速	69km/h	电池电压(V)	576
前悬/后悬(mm)	2350/3350	额定载客(人)	80/10-49
弹簧片数	3/4	轴距(mm)	6300
前轮距(mm)	2040	后轮距(mm)	1860

表 4.4.3　　**东风 EQ6102BEVL1 参数**

品牌	东风	型号	EQ6102BEVL1
规格(mm)	10350×2480×3100	总质量	16500
发动机型号	YCVF250L-4C(电动机)	发动机厂商	襄樊宇清
功率(kw)	100	燃料种类	纯电动
最高车速	69km/h	电池电压(V)	563.2
前悬/后悬(mm)	2350/2400	额定载客(人)	76/39
弹簧片数	3/4	轴距(mm)	5600
前轮距(mm)	2020	后轮距(mm)	1860

表 4.4.4　　**东风 EQ6102EVL 参数**

品牌	东风	型号	EQ6102BEVL1
规格(mm)	10350×2480×3100	总质量	16500
发动机型号	BS4-120-3000/320（电动机）	发动机厂商	唐山普林亿威科技有限公司
功率(kw)	120	燃料种类	纯电动
最高车速	69km/h	电池电压(V)	320
前悬/后悬(mm)	2350/2400	额定载客(人)	76/10-39
弹簧片数	3/4	轴距(mm)	5600
前轮距(mm)	2020	后轮距(mm)	1860

2. 襄阳市新能源公交车运营情况

第一，道路情况。

6条线途经站点均超过25个，其中511(混动)路、515(混动)路、602路、603路、605路均经过火车站、商业区等人口、车辆密集地段，511路、515路均有过桥路段，桥梁坡度较小($\theta<8\%$)车辆上下桥情况良好。511路、515路路线道路宽度从双向2车道到双向6车道不等，中途弯路较多，车辆即起即停频繁，四条纯电动车路线道路从双向4车道到双向6车道不等，主要线路分布在城郊或环城道路上，马路宽且平坦，无明显上坡下坡路段，总体来说4条纯电动车的路况要好于2条混合动力车的线路。

第二，车辆运行情况。

2.1 511路、515路(气电混合动力车)

车辆起步时采用电驱动，当速度达到一定值改为气驱动，电驱动转换到气驱动的过程中均有明显的震动，且发动机的响声要高于其他普通天然气公交车。混合动力车的运行效率和其他传统燃料车相当。

2.2 601路、602路、603路、605路(纯电动车)

纯电动车采取2班运行，即一条线路小于50%的车辆上线运行，其他车辆在充电站充电，一般一台车只运行半天(即3个趟次)，运营效率相比其他线路低一半以上，发车间隔为10—15分钟(理论值，实际可能大于这个时间)。一般一台车的充电时间为2—3个小时(电池处于半电状态下，深度放电后需充电4—5小时，从以上数据可以得出，运营单位对于纯电动公交车通过减少运行时间来保护电池，但电池的放电程度依然超过了电池容量的一半)。

3. 襄阳市充电站及新能源车停保场建设情况

混合动力车与传统燃料车共同使用公交车专用停保场，纯电动车运行完毕后直接回充电站停车充电，充电站属于国家电网，充电费用按照国家标准电价收费。目前，襄阳市区内共有 7 个天然气加气站，共有充电站 3 座。

表 4.4.5　　　　　　　　　　襄阳市充电站

名称	充电桩数量	充电桩类型	车辆充电
二汽充电站	8	直流充电桩	601、602
邓城大道充电站	8	交流	
	6	直流	603
三桥北充电站	6	交流	
	4	直流	605

三、湖北省襄阳新能源汽车发展战略调研分析

新能源汽车的兴起是汽车产业一场新的技术革命，代表了未来汽车产业发展的方向。新能源汽车产业是国家重点支持发展的七大战略性新兴产业之一。襄阳市是中国中部地区重要的"汽车城"，是全国重要的汽车及零部件制造基地，是国家火炬计划汽车动力与部件产业基地，是湖北省重要的汽车产业基地，是东风公司重要的研发和生产基地，发展新能源汽车产业基础很好、优势明显。我们希望通过本次的调查研究，以东风二汽的发展为切入点，深入了解襄阳市新能源汽车发展的现状和问题，着重分析二汽发展过程中产品自身的创新发展、消费者心理、金融机构的支持及配套设施对销售的影响。希望通过调查，为东风二汽的发展提出实际性建议，有利于襄阳市新能源汽车基地的发展，更希望为武汉市新能源汽车的发展提供一些借鉴。

（一）襄阳市新能源汽车发展现状

新能源汽车的兴起是汽车产业的一场新技术革命，代表了未来汽车产业发展的方向。新能源汽车产业是国家重点支持发展的七大战略性新

兴产业之一。凭借湖北省汽车走廊中心的优越地理位置,以汽车工业为产业龙头的襄阳市,成为内陆地区新兴的汽车城,现有汽车及汽车零部件生产加工企业200多家,聚集着美国康明斯、法国标致雪铁龙、日本日产等一批国际知名品牌。随着近年来国家大力支持战略性新兴产业,并将发展新能源汽车产业列为新兴产业发展的战略方向,襄阳市也抢抓机遇,加快推动产业转型升级,突破性发展新能源汽车产业,被确定为国家新型工业化(新能源汽车产业)示范基地,成为知名的新能源汽车城。

(二) 调查问卷分析结果

2014年7月,我们到襄阳市对金融机构、汽车城、汽车销售基地进行了走访及问卷调查。本次调查过程中,我们一共发放问卷350份,一共回收问卷331份,问卷的有效率为94.6%。

1. 受访者身份

我们将采访者按身份分为如下几类:(1)消费者;(2)汽车企业职工;(3)汽车企业管理人员;(4)银行工作人员;(5)行业专家;(6)与汽车产业相关人员;(7)政府部门(汽车工业办公室);(8)其他。具体见图4.4.2。

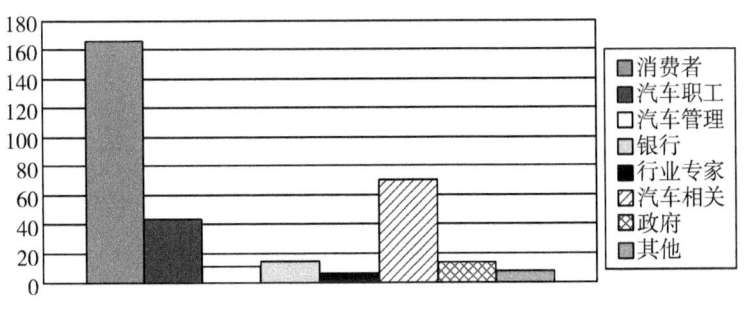

图4.4.2 采访对象结构

2. 问题统计

表4.4.6显示只有15.7%市民对襄阳市新能源汽车及相关支持政策

了解，大部分市民对此了解不足，还有 25.7% 的市民对此表示无所谓。这说明新能源汽车及相关政策的宣传力度不够，很多居民对此不了解不关心。

表 4.4.6　对襄阳市新能源汽车及相关支持政策的了解　频率(%)

是否了解襄阳新能源汽车及相关支持政策	人数	频率	累计百分比
了解	52	15.7	15.7
不了解	121	36.6	52.3
有所了解	73	22.0	74.3
无所谓	85	25.7	100.0
合计	331	100.0	100.0

表 4.4.7 显示 65% 的居民认为政府对新能源汽车的支持政策与新能源汽车发展相适应。这说明大部分市民认可政府的政策，也说明新能源汽车的政策可行度较高。

表 4.4.7　政府新能源汽车的支持政策是否与新能源汽车发展相适应　频率(%)

是否认为政府对新能源汽车的支持政策与新能源汽车发展相适应	人数	频率	累计百分比
是	215	65.0	65.0
否	116	35.0	100.0
合计	331	100.0	100.0

表4.4.8显示绝大部分的居民认为提高汽车环保水平也会加大购车、用车成本，大部分居民不愿意为环保汽车支出相对较高的购买费用。

表4.4.8 是否愿意为环保汽车支出相对较高的购买费用 频率(%)

提高汽车环保水平是否加大购车、用车成本	人数	频率	累计百分比
是	298	90.0	90.0
否	33	10.0	100.0
合计	331	100.0	100.0
是否愿意为环保汽车支出相对较高的购买费用	人数	频率	累计百分比
是	56	16.9	16.9
否	275	83.1	100.0
合计	331	100.0	100.0

表4.4.9显示45.9%的居民认为银行系统很好地推动了新能源汽车产业的发展。这表明银行系统的相关政策对新能源汽车的发展起到了促进作用。

表4.4.9 银行系统对推动新能源汽车的作用 频率(%)

银行的推动作用	人数	频率	累计百分比
情况不容乐观	35	10.6	10.6
还好，一般般	117	35.3	45.9
很好，推动了产业发展	152	45.9	91.8
其他	27	8.2	100.0
合计	331	100.0	100.0

表 4.4.10 显示 53.2% 的居民认为消费者环保观念的转变是新能源汽车发展过程中最主要因素。这表明消费者的环保意识制约着新能源汽车的发展。

表 4.4.10　　新能源汽车发展的最主要因素　频率(%)

新能源汽车发展的最主要因素	人数	频率	累计百分比
政府的支持政策	86	26.0	26.0
企业的重视发展	43	13.0	39.0
消费者环保观念转变	176	53.2	92.2
其他	26	7.8	100.0
合计	331	100.0	100.0

表 4.4.11 显示 62.2% 的居民认为在销售方面所采取的策略不够吸引消费者。这表明销售方面的政策还需要调整以适应消费者的需求。

表 4.4.11　　销售策略是否吸引消费者　频率(%)

销售策略是否有吸引力	人数	频率	累计百分比
是	125	37.8	37.8
否	206	62.2	100.0
合计	331	100.0	100.0

表 4.4.12 显示 29% 的居民认为襄阳市新能源汽车发展中创新力度大，37.8% 的居民认为襄阳市新能源汽车发展中创新力度一般，这表明襄阳市新能源汽车发展中创新力度还需要继续加强。

表 4.4.12　襄阳市新能源汽车发展的创新力度　频率(%)

襄阳市新能源汽车发展中创新的力度	人数	频率	累计百分比
大	96	29.0	29.0
一般	125	37.8	66.8
小	67	20.2	87.0
几乎没有	43	13.0	100.0
合计	331	100.0	100.0

表 4.4.13 显示 23.3% 的居民认为襄阳市新能源汽车发展中配套设施的建设非常好，37.2% 的居民认为襄阳市新能源汽车发展中配套设施的建设一般。这表明襄阳市新能源汽车发展中配套设施的建设还需要继续加强。

表 4.4.13　襄阳市新能源汽车发展配套设施的建设　频率(%)

襄阳市新能源汽车发展中配套设施的建设	人数	频率	累计百分比
非常好	77	23.3	23.3
一般	123	37.2	60.5
不好	54	16.2	76.7
差	77	23.3	100.0
合计	331	100.0	100.0

表 4.4.14 显示 53.3% 的居民认为襄阳市新能源汽车的发展前景非常好。这表明大部分居民认同新能源汽车，襄阳市新能源汽车会得到好的发展。

表 4.4.14　　襄阳市新能源汽车的发展前景　频率(%)

襄阳市新能源汽车的发展前景如何	人数	频率	累计百分比
前景很好	177	53.5	53.5
前景堪忧	153	46.5	100.0
合计	331	100.0	100.0

四、湖北省襄阳市新能源汽车战略分析

湖北省政府新能源汽车优惠政策除购车补贴外，在基础设施规划建设、招商引资和扶植新能源汽车企业等方面也都做出了贡献，并取得了较好的成效。湖北省"十二五"新能源汽车发展规划提出产能 40 万辆的发展目标，武汉市和襄阳市各 20 万辆。东风汽车提出 30 亿用于新能源汽车项目。

1. 襄阳市新能源汽车战略的政策优势

新能源汽车进入了大规模产业阶段，并将带动整个相关产业的发展。根据中国《汽车产业调整和振兴计划》和即将出台的《新能源汽车发展规划》，截至 2015 年，全国将形成 50 万辆纯电动车、充电混合动力和普通型混合动力等新能源汽车，新能源汽车的销售量占乘用车销售的 5%左右，形成 5 亿安时动力电池产能。到 2020 年，新能源汽车的比例将占汽车现在保有量的 50%，约为 6500 万辆。

《湖北省汽车产业调整和振兴实施方案》(2009 年—2011 年)，对湖北省汽车产业振兴进行总体部署。推出汽车产业振兴计划，涉及扩大汽车消费需求、保持汽车业平稳运行、加快产业结构调整和升级等多个方面。大力鼓励电动汽车产业的发展，支持襄阳市和武汉市建设成为电动汽车产业基地，提出大青山电动汽车、江苏新日电动车和襄阳亨亚高蓄能电池等一批新能源汽车项目。

2010 年 8 月 10 日，襄阳邓城电动汽车充电站投入运营。邓城电动汽车充电站由湖北省电力公司投资建设，是湖北省第一家签订框架协

议、第一家奠基、第一家竣工的电动汽车充电站。襄阳市成为湖北省2个之一的新能源汽车发展试点城市,襄阳市政府制定《襄樊市新能源车产业发展规划》,《关于发展新能源车产业的意见》等政策。

2. 襄阳市新能源汽车战略的地域优势

襄阳市拥有国内第一家同时获得混合动力和纯电动客车生产资质的企业——东风襄阳旅行车公司。襄阳市已初步形成了从电池、电机、控制器、客车底盘、驱动系统到整车的完整产业链。除了10家骨干生产企业外,还有30多家企业能够参与研发和制造新能源汽车零部件。

全国同类城市中,只有襄阳市具备较为齐全、完备的产业链,发展新能源汽车产业具有得天独厚的优势。从电动客车发展来看,东风襄阳旅行车公司是国内第一家同时获得混合动力和纯电动车生产资质的企业,该公司通过传统客车和纯电动客车生产工艺共性与差异性的研究,掌握了纯电动客车与传统客车的制造工艺,实现了纯电动客车与传统客车的共线柔性生产,成为东风公司的新能源汽车主要生产阵地。2009年10月,首批商品化新能源客车下线并销往唐山市,东风汽车集团拥有第一台纯电动概念轿车、第一台纯电动客车和第一台燃料电池客车等多个新能源汽车的国内纪录,"十二五"期间东风计划在襄阳市投资11亿开工建设6万辆客车(含新能源客车)生产基地。

第五节　湖北市典型车企
——扬子江汽车有限公司新能源汽车战略及绩效

十四年风雨不忘初心——本部分是扬子江新能源发展历程报告。本节选取湖北省新能源汽车客车的代表性企业作为一个典型案例进行分析。首先,分析扬子江新能源汽车研发历程和背景。历程包括扬子江研发大事记和研发技术性阶段。扬子江新能源汽车研发背景包括:(1)新能源相关政策背景;(2)国内主要试点城市的发展状况。然后介绍了扬子江新能源产品介绍,分析扬子江新能源汽车研发遇到的挑战,并预测了扬子江新能源汽车的未来。

一、扬子江新能源汽车战略及研发历程

扬子江汽车在新能源客车研发领域，一直领先于国内同行，自从1958年中国第一条跨长江无轨电车通车，到2002年中国第一台插电混合动力城市客车在扬子江汽车诞生的那一刻起，扬子江汽车数十年电控技术厚积薄发，开启了扬子江新能源发展之路。2012年扬子江新型纯电动城市客车的下线运营，已积聚数十年的新能源研发经验和多项技术开花结果，将中国新能源汽车发展模式导入新的路径，掀起新能源汽车发展历程上的一场新的变革。

1. 扬子江新能源汽车研发大事记

（1）1958年9月20日中国第一条跨长江无轨电车线路——武汉市电车1路(汉口三民路至武昌大东门)通车，全长9.25公里，配车28台。（2）1962年5月武汉市电车公司修配厂打造的铰接电车在武汉电车1路上线运行，武汉市成为中国首批拥有铰接电车的城市之一。（3）1972年10月扬子江客车试制出第一辆可控硅无轨电车，使扬子江电车电控技术领先全国同行。（4）2002年，东风扬子江汽车研制的油电混合动力公交车问世，2005年中国第一批混合动力公交车正式投放武汉市场示范运行。（5）2012年，东风扬子江在国内首创的"在线充"纯电动客车问世，它利用无轨电车现有的线网可以"随要随充、随行随充"，开创了中国纯电动公交车新模式。

2. 新能源汽车研发关键性技术阶段

2002年第一阶段：

扬子江汽车公司于2002年与武汉理工大学联合研制成功国内第一台插电式串联混合动力客车，是中国第一台整车和关键技术具有自主知识产权的混合动力客车。插电式混合动力客车已在中国40多个城市大规模应用。这说明我们当初的技术路线是正确的。如今扬子江新型插电混动客车已在大同市、襄阳市等城市实现了批量销售。

2005 年第二阶段：

2005 年，与东风电动共同开发 EQ6110HEV 型并联式混合动力客车，累计投放武汉市公交 510 路、585 路、524 路等线路 600 余台。该车型的开发使我们获取了更多的混动客车研发经验，吸取了更为先进的研发及制造技术，修正了新能源客车的发展方向。

2006 年第三阶段：

2006 年研发出换电式纯电动车，在银川、烟台进行试运营，运营效果良好，现在在北方地区大规模推广。

2010 年第四阶段：

2010 年成立了新能源客车研发部，在以往的新能源客车产品技术及经验地累积上，开发出第三代纯电动客车产品 WG6110BEVHM 型纯电动公交客车，于当年 9 月份投放武汉市公交 715 路试运营；2011 年全新开发出第三代 WG6120 型 BEVHM 型纯电动客车，同年第四代 WG6120BEVHM 型纯电动客车研发成功，并投放 10 台于武汉市公交 579 路、501 路运营，实现武汉市首次纯电动客车批量运营。至此扬子江汽车在新能源领域不断探索中已经在研发方向、技术路线吸取了大量宝贵的经验，为新一代纯电动客车的研发打下了坚实的基础。

2012 年第五阶段：

2012 年新能源汽车推广普遍面临电池、充电、续航"三大梗阻"问题，扬子江汽车结合武汉市城市特色，另辟蹊径，研制成功 WG6121BEVHM 型纯电动城市客车、WG6122BEVHM 型纯电动城市客车，分别获得国家工信部第 247 批、248 批产品公告，进入国家第 44 批、45 批新能源推荐目录。新车型拥有多种充电应用模式，车载两套充电系统，可移动充电，也可固定接口充电。整车动力系统采用双路供电，且车辆制动时将制动能量回馈到动力电池组中实现能量回收。2012 年底扬子江纯电动在线充城市客车的上线运营，掀起新能源汽车发展历程上的一场新的变革。2014 年 200 台纯电动在线充城市客车正式投入武汉市公交运行，率先开启中国纯电动公交车商业化的运营模式。"在线充"的面世，使城市客车纯电动化的续驶里程、充电难、基础设施投入巨大等瓶颈问题全部有效化解。特别是彻底解决低温环境下纯电动汽车电池不能工作的问题，使中国北方地区也能发展应用纯电动汽车。为此，国家 863 项目重大专项组、国家新能源汽车项目监理组组长王秉刚教授，从安全性、经济性、便利性、环保性四个方面给予了最高的 A 级评价，认为"在线充"是非常适合中国国情的纯电动汽车技术模式。2013 年，研制出全国第一台搭载锌空电池的纯电动城市客车，尝试不同模式的纯电动公交车发展路径。

2014 年第六阶段：

在种种利好的刺激下，纯电动车在各个领域的应用越来越广泛，自 2014 年扬子江汽车向纯电动专用车转型发展后，成功开发了捷虎 V2、蓝电 V1、国盛 1 号 V4 等多种适用于城市物流的纯电动产品，车辆搭载扬子江汽车自主研发的三电控制系统，具有更安全、更稳定、更低电耗的主动控制能力。车辆结构比传统车辆更合理，货仓与驾驶区合理隔离，具有零污染、低噪音、易维护等特点。该款车型的车速满足城市道路要求，续航里程相对其他纯电动物流车有更大优势、达到 200 公里，能够满足物流快递的日常工况运输需求。

2016 年，扬子江首次尝试纯电动物流车多功能化、多用途化以满足不同的终端客户的需求，研发成功纯电动多用途 CDV 车型，并在全国各地展会频频亮相，一举拿下当代国盛以及华英集团三万多台纯电动物流车巨单。

本书作者一直在与扬子江公司探讨新能源汽车减排指标，2016 年国家发改委和工信部出台新能源汽车碳配额制度和新能源汽车双积分制，扬子江新能源汽车发展进入了新的阶段。

二、扬子江新能源汽车背景—— 国家战略与政策

中国很早就开始了并一直关注新能源汽车技术储备。在"十五"期间，电动汽车重大专项和清洁汽车科技行动攻关计划的基础上，"十一

五"期间,在"863"计划中又启动了"节能与新能源汽车"重大项目,继续支持节能与新能源汽车关键技术研发和产业化。这期间,中国科技计划累计投入近 20 亿元,分别组织实施了"电动汽车重大科技专项"和"节能与新能源汽车重大项目",确立了"三纵三横"的研发布局,即燃料电池汽车、混合动力汽车、纯电动汽车三种整车技术为"三纵",多能源动力总成系统、驱动电机、动力电池三种关键技术为"三横"。

(一)国家政策的扶持

2009 年 1 月 23 日,财政部、科技部联合下发《关于开展节能与新能源汽车示范推广试点工作的通知》(财建[2009]6 号),确定北京市、上海市、重庆市、长春市、大连市、杭州市、济南市、武汉市、深圳市、合肥市、长沙市、昆明市、南昌市等 13 个城市作为节能与新能源汽车示范推广的试点城市。同时颁布《节能与新能源汽车示范推广财政补助资金管理暂行办法》。根据《暂行办法》,补助对象包括混合动力汽车、纯电动汽车和燃料电池汽车。其中乘用车和轻型商务车:混合动力汽车最高补助 5 万元,纯电动汽车补助 6 万元,燃料电池汽车补助 25 万元;10 米以上城市公交车,混合动力汽车补助 5 万—42 万元,纯电动汽车补助 50 万元,燃料电池汽车补助 60 万元。

2009 年 3 月,国务院出台《汽车产业调整和振兴规划》,提出实施新能源汽车发展战略,强调将以新能源汽车为突破口,加强自主创新,形成新的竞争优势。规划提出,推动电动汽车及其关键零部件产业化,中央财政将安排补贴资金,支持节能和新能源汽车在大中城市示范推广。

2009 年 6 月 17 日,工信部公布《新能源汽车生产企业及产品准入管理规则》,并明确了新能源汽车企业准入条件和新能源汽车产品准入条件,以及新能源汽车企业准入的申请程序和新能源汽车产品准入的申请程序。

2010 年 5 月 31 日,财政部、科技部、工信部和国家发改委联合下发《关于扩大公共服务领域节能与新能源汽车示范推广有关工作的通知》(财建[2010]227号),在已有的13个试点城市的基础上,增加天津市、海口市、郑州市、厦门市、苏州市、唐山市和广州市等7个试点城市。同时下发《关于开展私人购买新能源汽车补贴试点的通知》(财建[2010]230号),确定上海市、长春市、深圳市、杭州市和合肥市等5个城市启动私人购买新能源汽车补贴试点工作。一同下发的还有《私人购买新能源汽车试点财政补助资金管理暂行办法》,该办法所指"新能源汽车"包括"插电式(plug-in)混合动力乘用车"和"纯电动乘用车",同时还明确了私人购买和使用新能源汽车的形式(直接购买、整车租赁和电池租赁)和补助标准。对满足支持条件的新能源汽车,按3000元/千瓦时给予补贴。插电式混合动力乘用车每辆最高补贴5万元,纯电动乘用车每辆最高补贴6万元。

2010年7月28日,财政部、科技部、工信部和国家发改委联合下发《关于增加公共服务领域节能与新能源汽车示范推广试点城市的通知》(财建[2010]434号),在已有的20个试点城市的基础上,增加沈阳市、成都市、呼和浩特市、南通市和襄阳市等5个试点城市。

对未来十年中国新能源汽车产业具有指导意义的《节能与新能源汽车产业发展规划(2011—2020年)》正式颁布。按照此前媒体公布的规划内容,中国新能源汽车在2015年要达到"初步产业化"的目标,即市场保有量超过100万辆;到2020年,以混合动力汽车为代表的节能汽车销量达到世界第一,年产销量达到1500万辆;新能源汽车保有量达到500万辆。规划草案拟定的节能目标为:2015年,乘用车新车平均油耗水平较2008年下降35%,为5.9L/km;2020年,乘用车新车平均油耗达到4.5L/km,商用车新车平均油耗比2015年下降30%;燃料电池汽车技术与国际发展同步,平均油耗目标高于美国,与欧盟处于同一水平。

为落实国务院节能减排战略部署,国家加大了新能源汽车推广力度,以及对较易形成产业化的新能源产业给予政策扶持,鼓励多种能源形式共同发展，有效地减少中国能源消耗与浪费，减少污染排放，降低能源成本，促使生态环境改良，为实现"中国梦"创造更好的环境条件。国家科技部、工信部、财政部、发改委等四部委于2013年9月17日，正式发布《新能源推广应用补贴标准》，并于2013年11月26日和2014年2月8日，分两批公布了31个城市，9个城市群为新能源汽车推广应用城市或区域，计划推广总数超过33万辆。这些政策与措施，进一步表明了国家落实"节能降耗、保护环境"国策的决心。截至2013年底，中国新能源公交车已达到1.1万辆，充换电站累计建设314座、充电桩1.6万个，国家和地方为发展纯电动汽车投入巨大财政资金。

为了加快新能源汽车的推广应用，有效缓解能源和环境压力，促进汽车产业转型升级，经国务院批准，2014年全面贯彻落实国务院办公厅关于加快新能源汽车推广应用的指导意见国办发〔2014〕35号，扩大公共服务领域新能源汽车应用规模。各地区、各有关部门要在公交车、出租车等城市客运以及环卫、物流、机场通勤、公安巡逻等领域加大新能源汽车推广应用力度，制定机动车更新计划，不断提高新能源汽车运营比重。新能源汽车推广应用城市新增或更新车辆中的新能源汽车比例不低于30%。

2016年是"十三五"的开局之年，自2016年起，中国新能源汽车产业将由起步阶段进入加速阶段。2016年1月19日，财政部、科技部、工信部、发改委和国家能源局发布《关于"十三五"新能源汽车充电设施奖励政策及加强新能源汽车推广应用的通知》。通知指出，为加快推动新能源汽车充电基础设施建设，培育良好的新能源汽车应用环境，2016年—2020年中央财政将继续安排资金对充电基础设施建设、运营给予奖补，并制定了奖励标准。

一直以来，国家和地方政府的支持政策都对新能源汽车的发展发挥着重要作用。据统计，截至2016年6月，国家共出台新能源汽车相关政策30项，其中推广政策出台7项，行业规范政策出台8项，充电基础设施政策出台4项，企业目录相关政策出台5项，行业管理相关政策出台 6 项。

(二) 湖北省发展战略与政策——基于武汉市

自 2009 年以来，中国先后有 90 个城市成为新能源汽车示范推广城市，武汉市被列入首批试点城市。为更好支持新能源汽车的推广，2015 年 11 月武汉市科技局和财政局出台《武汉市鼓励单位和个人购买使用新能源汽车地方配套补贴实施办法(暂行)》，意味着"汉版"新能源汽车补贴政策出炉。

根据《办法》，在中央财政专项资金补贴的基础上，地方财政对单位和个人购买新能源汽车，按国家补贴标准的 1∶1 给予地方配套补贴，国家和地方财政补贴总额最高不超过车辆销售价格的 60%。

享受这一政策的车型，是被纳入国家公布的《节能与新能源汽车示范推广应用工程推荐车型目录》的纯电动汽车、插电式混合动力(含增程式)汽车和燃料电池汽车。

政策一：《武汉市新能源汽车推广应用示范实施方案》

《武汉市新能源汽车推广应用示范实施方案》明确武汉市截至 2015 年新能源汽车推广数量达到 10500 辆，其中公交车达到 1000 辆。湖北省正式发布加快新能源汽车推广应用实施意见。意见明确，2013 年—2015 年，新能源汽车推广应用试点城市武汉市、襄阳市新能源汽车推广应用的目标任务分别为 10000 辆与 5000 辆，同时鼓励其他城市推广应用新能源汽车。意见提出加快充电设施建设、推进湖北省新能源汽车关键技术攻关、创新商业模式、推动公共服务领域率先推广新能源汽车等任务。

政策二：《关于加强新能源汽车通行管理措施的通告》

根据上述通告，从 6 月 1 日起，新能源小客车继续不受区域限行规定限制，新能源大客车、新能源小货车等各类新能源车辆通行政策相应出台。全日禁止蓝牌小型载货汽车在指定的区域通行。黄牌大型载货汽车按照现行的本市大型载货汽车管理规定通行。非本市新能源客车与本市同类车辆享受同等通行待遇。非本市新能源载货汽车应遵守本市现行的外埠货车通行管理规定。

三、扬子江主要的新能源汽车产品

（1）超级精灵 G6 系列 WG6610BEVH、WG6620BEVZ、WG6620BEVZT1、WG6621BEVZ——该系列分为宽体、窄体以及观光版，是一款城市微循环系列的纯电动公交车。整车宽度可调整，窄体版本车宽仅 1.8 米，非常适合在城市小街小巷穿行。观光版超级精灵采用镀膜防紫外线全景天窗，是一款针对旅游景区使用的接驳纯电动观光巴士，车辆搭载英康汇通自主研发电机，搭载 63.9 度电池，续驶里程 255 公里。享受国家全额 25 万元补贴。

（2）威虎系列 WG6820BEVH、WG6822BEVH、WG6820BEVHK2——该系列车型是针对支线接驳的纯电动公交车。车辆搭载 112 度电池，续驶里程 230 公里。在此基础上，扬子江还研发了快充版本，搭载 64.4 度电池，整车充电时间仅需 15 分钟。

（3）WG6110BEVHM 型纯电动城市客车——该车是一款纯电动在线充城市客车系列产品，配有外接充电装置，磷酸铁锂动力电池组，充满一次电续驶里程长，可完全取代燃油实现零排放。车辆电池浅充浅放，有效地延长电池使用寿命。

（4）WG6124BEVH 在线充纯电动城市客车——该车是新一代的纯电动在线充城市客车产品。结合前期的推广经验，新一代产品装配伸缩式集电杆，车内采用一级踏步，大幅提高车辆驾乘体验。该车具备三种充电模式：充电站充电、充电桩充电、滑触网充电。

①"滑触网"充电模式，是纯电动车充电模式的一大创新，即利用滑触网充电，无需投入大量土地和建设资金建充电站（桩）；仅需在首末站、枢纽站、少量路段建设充电线网，投入小、成效快；

②可市电/工业电交流或直流充电；

③改变电池充放电模式，浅充浅放，大幅提高电池放电循环寿命。

(5) WG5021XXYBEV 纯电动厢式运输车——车辆最大货箱尺寸 4.5 升，最大载货量 730 公斤。车辆搭载 41.03 度电池，续驶里程 230 公里。车辆纳入国家免购置税目录。

(6) WG5022XXYBEV 这是一款纯电动厢式运输车——车辆货箱尺寸 4.6 升，最大载货量 840 公斤。车辆搭载 32 度电池，续驶里程 200 公里。车辆纳入国家免购置税目录。

四、扬子江新能源汽车战略的挑战

"干将发硎，有作其芒"，经过重新磨砺，扬子江凭借 44 年历史累积的功底迅速发展，如一颗闪耀的新星，活跃在中国客车行业的舞台。

2007 年初公司基本完成改制，虽然有 43 年的客车修理、制造经验，但新的扬子江面对早已运作到正轨的国内顶级客车制造企业还如同婴孩般，很多方面都有待成熟。

随着市场竞争的发展，产品同质化趋势已经形成。扬子江客车品牌原有的真材实料、性价比高等优势已不再明显。怎么能让扬子江客车重新展示自己的特色呢？扬子江人决心重塑产品特色，以核心技术来打造扬子江客车品牌的核心价值，以此作为品牌提升的新增长点。

扬子江人认为客车制造是高科技产业，核心技术应作为品牌品质的一种象征。有了这种认识，扬子江人开始苦苦钻研，根据自己对公交事业的熟悉，努力开发着适用于公交装备的核心技术，终于有了两项重大成果。

"自动应急装置"——车辆行驶中刹车失灵导致的车祸，长期以来国内外还没有有效的方法从车辆结构的设计上保证此类事件不再发生。另外，弹簧制动气室自锁功能使得气压在小于 0.4MPa 时，车辆不能移动或行驶的不便给驾驶员或道路交通管理造成的影响也时有发生。为此，东风扬子江自主研制开发了"车辆失控自动应急制动和手动制动安全保护装置"，解决了行驶车辆刹车失灵无法控制的问题。同时，弹簧制动气室自锁功能也能自动解除和恢复，其弊端也一并解决。由武汉市科学技术情报研究所查新检索中心对"车辆失控自动应急制动和手动制动安全保护装置"进行了科技查新，经检索显示：弹簧制动气室自锁功能自动解除和恢复技术均属国内外首次运用，目前国内外尚无此类技术的研究报道文献。

高效节能滑行器——该滑行器是利用自有知识产权三项发明专利技术研究开发的。产品应用了集机械齿轮传动技术、同轴线动态齿轮啮合技术及机械传动、气动、电控于一体的全新汽车滑行装置。相当于给车辆加上了半自动变速箱一样，购买成本却比半自动变速箱低很多。除起步、停车外，变速换档无需踩踏离合器，采用直接变速换档，增加车辆操纵效率，极大地降低了驾驶员的劳动强度（特别是对于公交车驾驶员），同时还节省能源、减小了车辆零部件的损耗，大大降低了运营成本。

这是扬子江人对品牌核心价值追求的决心和能力所创造的。这只是一个开始，扬子江人要的不仅仅是两项技术，而是要让核心技术成为品牌的核心价值，不断研发新技术成为品牌的特色。由此，扬子江客车品牌又向前发展了一大步。

随着科技与时代的发展，扬子江汽车认为，纯电动在线充客车未来会成为大型新能源公交车的主流车型，在其官网发布的《新政引领新能源大客车未来5年发展趋势的分析及预测》一文中这样描述："可以预测，在未来，10米以上纯电动在线充的公交车或双源无轨客车不会低于新增加部分的50%以上。10米以上纯电动在线充的公交车或双源无轨客车在大城市里仍然是绝对主力。这一趋势在北京市、上海市、武汉市已经十分明显，青岛市、济南市随后会稳步跟上，其他有无轨电车设施的城市绝不会落后。"

也正是在这样的背景与判断下，扬子江汽车于2012年正式推出纯电动在线充客车，并获得新能源车型公告，可享受到国家的50万元补贴。同时，扬子江汽车于2014年交付武汉市公交公司200辆纯电动在线充公交车，目前已有部分投入实际运营中。

同时，扬子江汽车自主研发的新能源车，已形成系列化，从 4~12 米的纯电动车，电动公交车、电动专用车基本上已经全覆盖。公交车的主力是 10 米到 12 米，主干线上都用这些车，同时已开发出纯电动邮政快递车、环卫车等专业新能源汽车。

相比起慢充（换电）纯电动客车，纯电动在线充客车有四大方面的优势：一是可完全利用现有的电网，无需投资其他充电设备；二是相比传统电车，机动性强，可合理设计续驶里程，可自行增减电池用量；三是该类车故障率低，驾驶轻松，维护便捷；四是环保，无尾气排放困扰。

事实上，在扬子江汽车推行在线充模式纯电动公交车之前，国内已经有济南市、上海市、北京市、杭州市、广州市等城市开始尝试纯电动在线充公交车，且不少客车企业在发展纯电动客车中也开始把目光转向在线充技术。

那么，扬子江汽车实际运行情况又如何呢？

扬子江推出的 WG6124BEV 型纯电动在线充城市客车项目，于 2014 年 5 月 25 日通过武汉市交通运输委员会组织的专家评审，专家组鉴定并一致认为该项目总体技术水平达到国内领先水平，在线网耦合充电等技术方面达到国际先进水平。此外，扬子江汽车的纯电动在线充客车技术现已拥有了 14 项技术专利。

扬子江纯电动在线充客车技术，拥有两套模块设置方式：根据在武汉公交线路运行 2 年的实验数据显示，在线纯电动公交充电线的长度约为一条运营公交线路长度的 30%，可在运营线路长度的一端或两端建设充电线网，为不同城市或地区打造不同的运营解决方案。

比如一条单程 15 公里长的公交线路，可以设计成两种充电模式：第一种是线路一端做一个 5 公里长度的充电线网，其余的 10 公里路段可实现无线网运营；第二种是在线路两端各做 2.5 公里长度的充电线网，中间的 10 公里路段可实现无线网运营。如此一来，在线网及供电厢的设计中，更容易根据当地路况进行合理的布局。

2015年，在线充取得了实质性突破，当"在线充"模式在行业内还存在质疑时，扬子江汽车已经率先将其规模性地投入市场。2015年12月，扬子江200台纯电动在线充公交全部交付武汉公交集团使用，在线充纯电动城市客车成为武汉市一张城市名片。

在线充与双源无轨到底有什么区别，不都是长着"大辫子"吗？对于在线充来说，大辫子不再是驱使动力，而是一种充电方式。在线充借用无轨电车的直流供电技术来给纯电动公交车充电。在脱线行驶时，车载电池提供动力，在运行间隙，电力不足，在线充可以随时为纯电动车补电。在本质上，在线充与一般纯电动客车无大区别，全程都以车载电源为动力。

在线充模式扬子江研究了近五年，2015年才规模运行。目前，武汉市已率先大规模运用。2015年12月，武汉市经历了严寒的天气，扬子江在线充没有一辆车在运行中出现"趴窝"的问题，全都经受住了考验正常运行。

经测算，扬子江在线充离线可行驶150km，行驶路程中可以随时边走边充。在线充颠覆了传统的充电模式，省去充电桩等部分基础设施建设，节省了资源。

五、扬子江新能源汽车的未来战略

在2016年电动汽车百人会上，科技部部长万钢指出，新能源汽车是全球汽车产业转型升级的焦点。中国需抓住产业升级历史拐点，布局关键技术和新产品，专用化、轻量化和电子化发展。

据悉，2016年，国家将大力普及新能源汽车领域的EKG评价标准：每公里每公斤的单位能耗。相对之前单一的车长指标，国家引入了单位载重量能量消耗量。EKG是一个更加科学的评价标准。这代表着国家采用了更加科学的方式进行技术补贴。这意味着，在国家补贴退坡的情况下，轻量化将是一个很好的解决方案。

为适应公交未来发展的需要，扬子江汽车加快了轻量化车身的研制工作，轻量化车身是扬子江汽车跳出传统客车的惯性设计思维，通过使用"新动力、新结构、新材料、新工艺"，运用全新的设计思路和材质来开发轻量化车身，在客车上应用新型车身技术、工艺，从而突破客车车身自重、结构等问题的瓶颈和难题。当然这背后离不开扬子江汽车无数次的试验和测试。据介绍，目前，扬子江汽车十米以下的纯电动已经实现规模化的轻量化生产，扬子江汽车基本实现由传统车到轻量化的转型。

更可喜的是，一项研发近三年的模块化、超轻量化、纯电动客车产品已经成形，12 米客车，整备重量可以降到 7 吨左右，相比传统 12 米客车 12 吨以上的整备重量，简直是惊天创新升级，这在全世界客车产业链中恐怕还是第一个。扬子江新型轻量化新能源客车采用以下创新技术：

（1）新动力——采用新型微型涡轮机做为增程器，破除车辆续驶里程瓶颈。克服了传统发动机燃烧不充分所导致的高排放特点，先进的空气轴承技术，使系统无需润滑同时保证高速运转时的机械性能，降低振动，减少机械摩擦。独特的材料配方，使燃烧室缸体、涡轮转子极耐高温，保证 TRE 系统使用寿命同时热力学性能大幅提高，同时降低了原材料成本，使产品市场化成为可能；9 种燃料适应性，使清洁能源有了更广泛的用途。

（2）新结构——采用轻质蜂窝板、新型铝合金型材、创新的复合材料面板、轻质有机玻璃，使 12 米电动车，整备质量将由目前的 14 吨，降低到 7 吨；

（3）新材料——采用创新的车身骨架设计和结构，实现整车轻量化，降低对动力系统和电池的压力；

（4）新工艺——采用新型结构连接件和结构粘合剂，使得整车生产过程完全取消焊接和涂装工艺，大幅改善员工工作环境，从根本上做到生产过程全程无工业废气、废水排放。

这种轻量化车身，全部采用模块设计，车辆长度和高度可以根据需求设定。每一节，每一段无需焊接，只需相应的构件和粘合，就可以自由组合。车身轻量化研制工作，体现了扬子江汽车立足现在，谋划未来的战略眼光，体现了"敢为人先、追求卓越"的武汉精神。

目前，扬子江汽车已获得 22 个新能源车的专利技术，目前还有 4 个实用新型、2 个发明专利、1 个外观专利在申报(其中 2 个发明专利已受理，1 个外观专利已受理)。具体参见表 4.5.1。

中国目前处于新能源汽车发展的起步阶段，国家和企业一样也在摸索，中国客车从政策到市场都不成熟。再者，纵观整个客车行业，客车技术多年来并未取得突破性的进步，规范的市场体系并未真正建立起来。

表 4.5.1　　　　扬子江新能源车的专利技术

序号	授权项目名称	授权号	类型
1	一种电动机绝缘联轴器	201210105850.9	发明专利
2	一种电动汽车绝缘方法	201210112518.5	发明专利
3	大客车	200630307778.3	外观设计专利
4	客车	201030643604.0	外观设计专利
5	伸缩式拖车钩	200620172492.3	实用新型专利
6	双制动总泵式汽车刹车装置	200720088385.7	实用新型专利
7	中段桁架式客车车架	200720088386.1	实用新型专利
8	客车乘客门传动装置	200720088580.X	实用新型专利
9	低地板、低入口客车转向桥纵摆臂式两气囊全空气前悬架	200920085541.3	实用新型专利
10	低地板、低入口城市客车的驱动桥全空气后悬架	200920085542.8	实用新型专利
11	一种汽车驾驶室天窗	201020215734.9	实用新型专利
12	一种散势器百叶窗摇臂控制装置	201020215732.X	实用新型专利
13	一种汽车底架集成式胎具	201020215713.7	实用新型专利

续表

序号	授权项目名称	授权号	类型
14	一种汽车车架钢板弹簧悬架装置	201020215720.7	实用新型专利
15	一种新型客车车架	201020215728.3	实用新型专利
16	混合动力汽车的传动系统	201120205920.9	实用新型专利
17	一种电动汽车的传动系统	201120205919.6	实用新型专利
18	一种汽车尾气过滤器	201120205852.6	实用新型专利
19	一种纯电动汽车电池管理系统	201120205851.1	实用新型专利
20	一种单销式边舱门铰链	201120276121.0	实用新型专利
21	一种绝缘螺丝	201220137597.0	实用新型专利
22	一种电机控制器软垫	201220137596.6	实用新型专利
23	纯电动汽车用电池管理系统	2011SR040473	计算机软件著作权
24	一种大客车外观	201430028369.4	外观专利

从公共交通领域来讲，目前公共交通只停留在满足人的基本需求即出行的需求，对人的体验关注的并不够，扬子江汽车正在为提高整车的智能化和人性化努力，从2015年推出的城市微公交到在线充纯电动，每一款车都相比传统车设计更加前卫舒适。扬子江汽车建成了纯电动物流车、小型客车生产线，引进数十套先进的新能源汽车研发检测、试验设备，为扬子江建立了完整的现代汽车营销体系，扩展了营销渠道。优化企业管理机制，推行现代化企业管理模式，为扬子江公司插上了腾飞的翅膀，更坚定了新能源汽车发展方向。

目前，扬子江汽车已形成以客车为核心产业，新能源客车、专用车技术为发展重点的发展布局，构建了6米到18米的环保柴油、LNG、CNG、无轨电车、混合动力、纯电动、纯电动在线充等多种类车型客车平台和纯电动物流车、纯电动垃圾车等专用车平台，广泛应用于城市公交、团体旅游、公路客运和物流及特种作业等交通体系。

有着35年公交车电驱动的制造、应用、管理技术积累，以及电控技术经验和专利的扬子江汽车，在新能源汽车研发领域，一直领先于国内同行。秉承"以客户需求为导向"，以"品立四海，道行天下"为经营理念，扬子江汽车行销全国100多个大中城市，并在泰国、秘鲁、缅甸等海外地区建立了营销网点，拥有全天候的应急服务体系。

2015年，扬子江汽车在整车超轻量化项目和微涡增程器项目获得重大进展，首台超轻量化底盘完成动态试验，标志着扬子江汽车拥有了整车轻量化高尖端技术。微涡增程器研发的突破，将使纯电动汽车彻底摆脱电池瓶颈的束缚，自由奔驰。目前，扬子江汽车正逐步布局新能源汽车工业，到2020年，将成为集新能源整车技术、电控技术、驱动技术于一体的新能源汽车领军强企。届时，扬子江新能源智慧汽车将广泛服务于城市公交系统、通勤、城际客运等客运系统，城市观光、景区接驳等旅游系统，城际快运、城市快递等物流系统，以及环卫系统和医疗急救系统智能救护运输等方面，成为世界级的新能源汽车专家。

客车行业的发展任重而道远，扬子江汽车的"修养与锐觉"，值得期待。

第五章 湖北省新能源汽车战略及政策绩效的经济学评析

2015年,中国新能源汽车产量跃居世界第一,成为全球新能源汽车技术研发和产业化最活跃的区域之一。可以说,新能源汽车产业承载着中国缓解石油供给短缺、应对环境污染的挑战,以及实现汽车产业转型升级的重任。

作为传统的汽车工业大省,湖北省新能源汽车在国家大力支持,依托雄厚的研发实力,起步较早,经过积累已经获取了全国领先研发水平,武汉市、襄阳市等成为湖北省新能源汽车研发生产基地,遗憾的是二汽所在地十堰市发展相对滞后,本章对湖北省新能源汽车战略和政策绩效进行经济学述评。

第一节 湖北省新能源汽车战略及政策绩效的 SWOT 分析

湖北省新能源汽车发展历程与战略总体可以归纳如下:

1995年,在国家科技部的支持下,东风汽车公司就研制并试验了电动中巴车、电动微型轿车。

2002年,武汉理工大学和东风汽车公司双方各出1000万元成立"东风燃料电池汽车专题组"。当年底,一台1千瓦的燃料电池摩托车研制成功。

2004年，一台25千瓦的燃料电池机组装在"爱丽舍"轿车上，被命名为"楚天一号"。

2005年，东风旅行车公司研发出了首款东风倍能纯电动客车，一次充电续航里程超过200公里，在当时国内首屈一指。

2008年北京奥运会上，东风纯电动场地车成为北京奥运会各比赛场馆的唯一服务用车。从游览车、多功能车、工业专用车和高尔夫球车等4个系列的纯电动车入手，东风已经独立自主开发出了近20个品种的产品。至今，东风公司已经开发出了东风天翼纯电动客车、帅客等10款新能源车，在纯电动车领域获得国家三项专利，现已有30辆纯电车皮卡服务于国家电网。

2008年底，"东风混合动力电动城市客车的开发"项目获中国汽车业科技进步一等奖，全面提升了湖北省乃至中国汽车业的科技水平。

2009年1月23日，财政部和科技部发出《关于开展新能源汽车示范推广试点工作的通知》，确定武汉市等13个城市开展新能源汽车示范推广试点城市。

2009年6月，中国首个国家电动汽车专利产业化(东风电动汽车产业园)试点基地在东风汽车公司隆重揭牌。

2009年7月，作为国内首家同时具有混合动力、纯电动客车生产资质的厂家，东风公司开始在全国进行纯电动大型客车的商品化试点，正式进入了产业化和市场化的阶段。

2010年，武汉市汽车产业总产值突破1000亿，成为武汉市首个千亿产业。武汉市提出了新能源公交等九大示范工程产业振兴规划。"

2010年5月，东风乘用车公司100辆采用BSG技术的混合动力车风神S30交付给武汉市政府。

2010年8月，襄阳市邓城电动汽车充电站投入运营，成为湖北省第一家签订框架协议、第一家奠基、第一家竣工的电动汽车充电站。

2010年8月，东风公司新能源汽车战略发布会，规划陆续投入30亿元专项资金，用于新能源汽车的产品技术开发和产业化建设；规划未来10年在新能源汽车方面的目标是：掌控核心资源，建立技术优势，积极推进产品结构调整，实现跨越式和可持续发展。在产品研发方面，将集成和完善混合动力汽车成果，推出混合动力商用车和中混、微混的混合动力轿车产品；推进纯电动和PLUG-IN插电式混合动力汽车的产品研发，同时加快产业化建设工作；认真研究和密切跟踪燃料电池汽车技术。在核心技术方面，将逐步在整车电子控制和管理系统、电池成组技术、电机控制系统等方面形成行业领先的自主核心技术；在产业化方面，截至2015年，中重混合动力汽车保有量将达到10万辆，具备纯电动汽车的产业化条件并形成5万辆的产销规模，新能源汽车产销量占东风品牌乘用车的20%。到2020年，新能源汽车达到与传统汽车同等的竞争力，技术达到国际先进水平，市场保有量达到80万辆。

2012年3月，武汉市《关于进一步推进节能与新能源汽车产业发展的若干意见》指出，对于积极投资、研发和生产新能源汽车的车企，除了在审批、资金、土地和人才等方面获得优先支持之外，武汉市政府等机构还给予车企资金补贴和奖金等各种鼓励政策。若明确新能源汽车年产销量超过1000辆、5000辆或10000辆，分别给予200万元、1000万元、2000万元的奖金，给予部分贡献突出的车企退税优惠。一方面，明确规定武汉市内机关单位购置公务车中，新能源汽车购置比例不低于20%。另一方面，对新能源汽车消费者免征路桥费、减免停车费、纯电动出租车减半征收有偿出让费。武汉市政府对车企和消费者都给予了极大的支持。

为推进新能源汽车发展，湖北省各地纷纷成立新能源汽车发展领导小组，并出台各种政策措施。武汉市政府制订了《武汉市节能与新能源汽车示范推广工作方案》、《关于进一步推动我市节能与新能源汽车产业发展的若干意见》(2012)、《节能与新能源汽车产业发展规划(2011—2020)》等政策。

2015年11月，武汉市科技局和财政局出台《武汉市鼓励单位和个人购买使用新能源汽车地方配套补贴实施办法(暂行)》,意味着"汉版"新能源汽车补贴政策出炉。

2016年湖北省明确提出优化结构补短板。新能源汽车产业发展换档提速。湖北省新能源汽车累计产量2.4万辆,同比增长66.6%。迄今,湖北省建成各类新能源汽车生产企业14家,新能源汽车产品型谱已经涵盖纯电动轿车、客车和轻型商用车及底盘,有200余款适应市场需求的新能源汽车产品获得国家《公告》,列入《新能源汽车示范推广应用推荐目录》。

湖北省经信委《湖北省新能源汽车及专用车产业"十三五"发展规划》提出,至2020年,湖北省专用汽车产能达到40万辆/年,其中,高品质适销对路新能源专用车产能5万辆/年。生产规模在努力提高附加值基础上适度增长,产销量占全国的比重提高到15%。

一、湖北省新能源汽车产业的发展优势分析(STRENGTH)

1. 优势之一——国家传统汽车工业基地,"九省通衢"显著的交通区位优势

湖北省地处中原,人杰地灵,省会武汉市历有"九省通衢"美名。以武汉市为中心的武汉城市圈距京、津、沪、穗、渝、西安市等城市均在1200公里左右,在中国经济地理圈层中处于优势的中心位置。城市圈位于中部地区的经济腹地,处于中国东西和南北的结合部和中国"十"字形一级发展轴线的交会处,东承"长三角",南连"珠三角",北接"京津冀",西启"成渝",具有独特的综合区位优势,是中国承东启西、连南接北的纽带和桥梁,是长江流域经济带和京广铁路经济带的交会中心,铁路、水运、公路、空运优势均十分明显,是名副其实的综合交通枢纽。

湖北省的汽车产品广销全国各地,质量好、性能佳享有较高市场声誉,因此产自湖北省新能源汽车更易为市场所接受。湖北省周边地区拥有丰富的旅游资源,名胜古迹不计其数,同时地处交通枢纽的武汉市也

是游览其他地区风景名胜的必经之地。武汉市使用新能源公共交通产品不仅体现了武汉市"两型社会"的定位，也将起到良好的示范作用，有助于推广新能源汽车的使用。

2. 优势之二——湖北省产学研一体化综合发展优势明显

湖北省是全国重要的科技、教育中心，高校云集，研发基础较好。湖北省新能源汽车的研究、开发成果，一直是在产、学、研相结合条件下取得的，由于较早实行了产学研相结合，使得湖北省新能源汽车方面居于国内领先的地位。产、学、研相结合，是实现优势互补，建立长期合作战略联盟的最佳途径，这有利于湖北省新能源汽车的科研、人才、开发、试验、生产、销售各个环节的协调发展，是保证新能源汽车事业发展协调的内在动力。

3. 优势之三——湖北省强大的综合科研实力，人才储备充足

武汉城市圈有科研院所59所，在校大学生92万人，在全国位居第二；拥有院士48名，国家级重点实验室14个，国家级工程技术研究中心13个，国家级企业技术研究中心11个，国际级生产力研究中心3个，其城市综合科技实力仅次于北京市、上海市，居全国第三位。

在高等教育方面，湖北省政府大力支持，高校积极配合，高瞻远瞩地设立了"战略性新兴（支柱）产业人才培养计划"。根据《省教育厅关于实施湖北省普通高等学校战略性新兴（支柱）产业人才培养计划的通知》，新能源以及新能源汽车领域已有如下培养计划，这将为湖北省这些领域的发展储备大量人才，未来必将发挥巨大作用。

二、湖北省新能源汽车产业的发展劣势分析（WEAKNESS）

1. 劣势之一——湖北省新能源汽车关键技术仍不成熟

尽管上述优势中湖北省高校云集、各企业也纷纷建立研发基地，但受限于人才、经费，以及产学研的联动机制尚未完善等原因，新能源汽车的核心技术自主研发仍然困难重重。

新能源车要求电池必须具有高比能量、高比功率、快速充电和低成

本、长寿命等。目前电动车使用的动力电池组的成本要占整车造价的二分之一，存在不少技术瓶颈。例如襄阳市新能源汽车企业的技术开发费用主要依靠自筹，东风汽车股份有限公司神龙汽车襄阳工厂、谷城石花蓄电池厂等每年按销售收入的3%~5%投入研发之中，而新能源车的研发投入力度需求较大，导致科研投入力度不够。

2. 劣势之二——湖北省完整新能源汽车产业集群网络体系尚在建设之中

新能源产业投资收益周期较长，投入强度大。新能源车对传统汽车产业有着颠覆性的影响，因而就原有的汽车支持系统而言，需要面临一个大的跳跃。对于新能源车这种高风险、前景不确定的产业，只有少数有技术、有实力的企业才能在此站稳脚跟，而新能源车要通过集成创新进行产品开发，并最终实现商品化，这个过程不是孤立存在的，必须依靠一个系统，大量依赖汽车电子技术及材料。

新能源汽车研发困难、生产复杂，需要有完整的产业集群给予支持，但目前情形不容乐观。湖北省汽车行业协会经过调研后发现，湖北省汽车产业集群内部企业的市场化程度低，完整的网络体系尚未建成，随着政策和区位优势的减弱，部分集群出现了核心企业、核心产品外移的现象，如果这一问题得不到重视和解决，产业集群中的产品链将出现断裂，已有网络将会散开。

以湖北省"武汉市—随州市—襄阳市—十堰市"零部件产业带为例，经过调研发现，尽管零部件产业带的发展势头较好，但也暴露出若干问题：过度追求"小而全"集群化程度较低，整体竞争力较差，东风和配套企业战略联盟关系松散，在产权、交叉持股方面的突破力度不够。这些瓶颈因素多制约了湖北省零部件企业群在中部汽车产业集群中的作用，因素多制约了湖北省零部件企业群在中部汽车产业集群中的作用。其中，新能源汽车关键零部件在湖北省生产企业较少，目前主要依靠对外采购与协作，不仅增加了产品制造成本，而且造成产业链的不完整，制约着整个产业的发展。

3. 劣势之三——湖北省发展经费不够，新能源汽车技术和管理高端人才缺乏

目前，湖北省新能源汽车研发经费总量与比例均较低，研究与开发类型也主要集中在试验性发展领域，而在基础研究和应用研究方面，尚处于研究与开发活动的改进型研究阶段，缺乏原创性的基础研究和应用研究。

尽管湖北省高校人才储备充足，科技人力资源方面已经形成了一定规模，但由于新能源汽车开发蕴含较大风险，需要拥有远见卓识的研发者和管理者合作才能达到较好的成效。新能源汽车产业发展速度之快是前所未有的，但推动这个行业前进的高端人力资源捉襟见肘。人才引进难，留住更难。新能源汽车产业方面的高端技术、管理人才极度短缺，后备人才梯队不完善，这些隐患的存在将在一定程度上影响湖北省新能源产业的发展速度。

4. 劣势之四——湖北省相关基础配套设施需要进一步完善

基础设施建设是新能源汽车未来得以大规模应用的必要前提，财政制约使得湖北省新能源汽车基础设施的配套明显不足，减缓了新能源汽车的市场化发展。

新能源汽车在城市中大规模运行需要大量的公用基础充电设施作保障，必须建设大量的公共基础设施才能保障新能源汽车的产业化和市场化。而建设充电设施不但需要巨大的资金投入，而且需要在现有城市架构内征用大片土地，这对于土地资源越来越紧缺的城市来说，将面临着巨大挑战。基础设施成本高，收益低成为电动汽车基础设施建设的重要制约因素。即使在实现规模化运营情况下，一个由电力企业主导建设的充电站投资收益率只有6%—7%，由非电力企业主导建设的纯商业化运营的充电站的投资收益率仅有3%—4%。由于当前充电设备仍处于起步阶段，不仅充电设备生产规模小，技术研发费用也需分摊到设备成本中。已有的经验表明，即使不考虑土地费用建设为50辆电动公交车提供换电池服务的电池租赁充电站(不含电池)总投资高达3000万—4000

万元；在已有停车场的基础上建设为30辆电动公交车进行整车充电的充电站(不含电池)总投资约为1000万元；在沿街和停车场建设的充电桩投资约2.5万元/个。如果考虑到土地费用，充电站建设所需的投资将更加庞大。未来，即使充电建设规模的扩大和设备成本的下降有望减少建设成本，但对基础设施方来说仍面临不小的挑战。电动汽车在快速充电模式下对电网能力要求较高，如何对现有电网全面改造以充分适应大规模的用电量，也是将来面临的一个巨大问题。另外，充电网络的建设还涉及转换装置装配，居民电表改装等一系列的技术和社会难题。因此，在基础设施建设上，新能源汽车普及面临的问题远远超过了传统汽车。

三、湖北省新能源汽车发展的政策机遇(OPPORTUNITY)

1. 国家政府推行政策继续支持，由政府主导逐渐转向市场主导

中国新能源汽车产业始于21世纪初，其发展直接推动力一直就是国家相关扶植政策，自2001年起至今，国家推行了各个层面的支持政策：

2001年，中国启动了"863计划"电动汽车重大专项，涉及的电动汽车包括3类：纯电动、混合动力和燃料电池汽车，建立了"三纵三横"的开发布局。

2004年，国家长远规划和能源政策中，新能源汽车产业和技术发展被多次强调。2006年，财政部明确对混合动力汽车等节能环保汽车实行一定税收优惠。

2007年，国家"863计划"投入20多亿元研发新能源车。

2007年11月1日起，《新能源汽车生产准入管理规则》正式开始实施，新能源车有了自己规范的行业准则，是国家真正鼓励发展新能源车及市场化的开始，被誉为中国新能源汽车发展史的一座里程碑。

2008年8月1日，国务院下发了《关于进一步加强节油节电工作的通知》，明确指出新购买公务车要优先购买环保型汽车和清洁能源汽

车，并要求把环保型汽车和清洁能源汽车列入政府采购清单。

2009年1月，财政部、科技部制定了《节能与新能源汽车示范推广财政补助资金管理暂行办法》，明确规定，中央财政重点对试点城市购置混合动力汽车、纯电动汽车和燃料电池汽车等新能源汽车给予一次性定额补助。

2009年1月14日，国务院原则通过汽车产业振兴规划，首次提出新能源汽车战略，安排100亿元支持新能源汽车及关键零部件产业化。

2009年1月23日，财政部、科技部发出了《关于开展节能与新能源汽车示范推广试点工作的通知》，在北京市、上海市和武汉市等13个城市开展新能源汽车示范推广试点工作。

2009年3月20日，国务院办公厅出台《汽车产业调整和振兴规划》，提出实施新能源汽车战略，规划要求到2011年，形成50万辆纯电动、充电式混合动力和普通型混合动力等新能源汽车产能；新能源汽车销售量占乘用车销售总量的5%左右；推动新能源汽车及关键零部件产业化，主要乘用车生产企业应拥有通过认证的新能源汽车产品。《汽车产业调整和振兴规划》提出，启动国家新能源汽车示范工程，由中央财政统一安排资金给予补贴，支持大中城市示范推行混合动力汽车、纯电动汽车等新能源汽车。

2009年4月，中国政府宣布向购买纯电动汽车的消费者提供6万元补贴。自此，新能源车发展被置于极其重要的高度，政策支持力度前所未有。

2009年5月6日，国务院以贷款贴息方式，安排200亿元资金支持技术改造，包括发展新能源汽车等3个方面。

2009年7月，中国汽车工业协会组织中国前十大汽车生产企业成立了"TOP10电动汽车联盟"，旨在联手攻关新能源汽车关键技术，统一制定相关技术标准。这是中国第一个全国性的新能源汽车产业联盟。

2009年12月9日，国务院常务会议决定2010年将新能源汽车推广试点城市由13个扩大到20个，并对其中5个城市进行私人购买新能源汽车补贴试点，补贴幅度和标准将接近公共服务领域购买新能源车的补贴办法。

2010 年 5 月开展的"节能产品惠民工程"中规定消费者 6 月 18 日之后每购买一辆节能型汽车，将获得 3000 元的补贴。

2010 年 6 月 1 日，四部委联合出台《关于开展私人购买新能源汽车补贴试点的通知》，确定在上海市等 5 个城市启动私人购买新能源汽车补贴试点工作，按照插电式混合动力乘用车最高补助 5 万元/辆；纯电动乘用车最高补贴 6 万元/辆的标准进行。

2010 年 8 月 18 日，由国务院国资委牵线、国内 16 家中央企业参与的"中央企业电动车产业联盟"在北京市正式成立。联盟成员均为中央企业，涵盖整车厂商、产业链上下游企业及能源企业，这一联盟被称为中国新能源汽车产业的"国家队"。

2012 年 7 月，《节能与新能源汽车产业发展规划（2012—2020 年）》，由国务院正式颁布，这是一个对未来十年中国汽车业走向有重大影响的文件。

2016 年，国家新能源汽车双积分制和碳配额政策相继出台，武汉市也推出碳宝包，国家新能源汽车补贴或在 2020 年取消，新能源汽车由政府主导逐步走向市场主导。

2. 湖北省各级政府积极引导，碳宝包等倡导低碳绿色交通

2007 年 12 月 14 日，武汉城市圈被国务院正式批准为全国资源节约型和环境友好型社会（简称"两型社会"）建设综合配套改革试验区。"两型社会"成为湖北省大力推动新能源汽车发展的最好动力。

2009 年湖北省政府制定了《湖北省汽车产业调整和振兴实施方案》，大力鼓励电动汽车产业的发展，支持襄阳市和武汉市建设成为电动汽车产业基地，投入建设中大青山电动汽车、江苏新日电动车、襄阳亨亚高蓄能电池等一批新能源汽车项目。

2010 年《武汉市节能与新能源汽车示范推广工作方案》等措施。

襄阳市也大力支持新能源汽车发展，制定了《襄阳市新能源车产业

发展规划》,出台了《关于发展新能源车产业的意见》,成立了新能源车产业发展领导小组,建立了重点用于新能源车产业起步期发展的专项资金,开通电动客车公交线路示范运营,国家电网公司已将襄阳市列为电动车充电设施建设展示城市。

湖北省"十二五"规划目标是将建成中西部最大的汽车产业基地,2012 年汽车工业产值突破 2000 亿元。湖北省依托武汉市—随州市—襄阳市—十堰市的汽车产业带,以整车生产为龙头,以武汉市经济技术开发区为核心,建设城市圈汽车及零部件产业链,着力完善汽车自主研发体系,重点发展发动机、变速箱、机电一体化等关键零部件。湖北省计划到 2020 年新能源达到 60 万辆,其中武汉市和襄阳市依托东风汽车制定各自相应目标:武汉市政府提出的新能源汽车发展计划为:"2012 年产销达到 4.12 万辆,实现产值 80 亿;2015 年达到 20 万辆,产值 400 亿。届时,武汉市将形成 8 到 10 家新能源汽车龙头企业,到 2020 年武汉市新能源汽车整车产能达到 60 万辆,销售完成 50 万辆,产值实现 800 亿元,力争使节能与新能源汽车的产能、产值达到全市汽车产能、产值 40%的目标。"此外,襄阳市目标为打造"新能源汽车城"提出新能源汽车产业 2—3 年达到 300 亿元的规模,实现 2000 辆新能源汽车示范运行的目标。

3. 未来巨大的市场需求,湖北发展潜力可观

新能源车零部件众多,上下游产业链延伸很广,对经济拉动作用很大。如果形成以电动车生产、运行为主体的高技术产业群,假设未来年产 500 万辆电动车,则年产值过万亿元,而要维持几千万辆电动车运行,其服务行业年产值将超千亿元。在密集的扶持政策出台背景下,中国新能源车驶入快速发展轨道。虽然新能源车在中国汽车市场的比重依然微乎其微,但它在中国商用车市场上的增长潜力已开始释放。

在国家和省市政府的支持下,武汉市作为全国首批"十城千辆"大规模电动汽车示范应用城市的机遇,依托东风汽车公司提高电动汽车生产规模和技术水平,扩大在国内电动车市场份额;襄阳市作为全国第二批"十城千辆"大规模电动汽车示范应用城市,新能源车产业的迅猛发

展也为湖北省新能源汽车的发展注入了活力。随着"十城千辆"工程在湖北省示范应用推广,新能源汽车消费群体的不断扩大,湖北省将逐步建立建设新能源汽车充电站和电池交换站、电动汽车充电站、新能源汽车维修点,初步建立起设施完善、功能齐全的配套服务网络,为湖北省新能源汽车使用客户提供优质高效的服务。

四、湖北省新能源汽车发展面临的压力(THREAT)

(一)国内各省市均高度重视,湖北发展任重而道远

1. 各地规划雄心勃勃,湖北要突出重围

除湖北省武汉市、襄阳市外,"十城千辆"大规模电动汽车示范应用试点城市还包括北京市、上海市、重庆市、长春市、大连市、杭州市、济南市、深圳市、合肥市、长沙市、昆明市和南昌市等23个城市。全国很多省份以及汽车企业都以新能源汽车为发展重点,在"十二五"期间也对新能源汽车作出了具体规划,如表5.1.1所示,从规划中可以看到企业和省市均对新能源汽车的发展十分乐观。

表 5.1.1　　　　　　中国新能源汽车产业规划一览表

企业	规　　划
北汽	到2011年北汽集团将形成年产各类新能源汽车产销2万到4万辆的规模。
一汽	到2012年,该集团计划建成一个年生产能力为混合动力轿车1.1万辆、混合动力客车1000辆的生产基地。
长安	2014年长安汽车将实现产销新能源汽车15万辆,2020年达到新能源汽车产销50万辆以上。
地方	规　　划
武汉市	到2020年,新动力汽车产能力争达到60万辆,销售完成50万辆,其中中、高端混合动力客车、充电式混合动力(PHEV)公交车和可快速更换电池组纯电动公交车将成为新动力汽车发展重点之一。

续表

企业	规划
上海市	2010 年，上海将形成 1 万辆的新能源汽车产能；到 2012 年，整体实力实现国内领先，实现产销 10 万辆左右，产值 200 亿元；到 2015 年，全面实现产业化，实现产销 30 万辆左右，形成 600 亿元左右的产业规模。
广州市	为实现 2020 年新能源比例达到 15% 的目标，从目前至 2020 年，估算需投入资金约 1000 亿元，其中广州市投入约 25 亿至 40 亿元，撬动社会和企业投资总计约千亿元。到 2020 年，将广州市建成世界级新能源汽车研发中心和制造基地，其中节能和新能源车产业产值将达 2400 亿元。
深圳市	到 2012 年推广使用新能源汽车 2.4 万辆以上，建设公交大巴充电站 50 个，公务车充电桩 2500 个，社会公共充电站 200 个，充电桩 1 万个，到 2015 年推广使用的新能源汽车计划累计达到 10 万辆。
北京市	依托北汽集团，计划 2010 年新能源汽车产销规模至少将达到 1 万辆。
重庆市	计划在 2011 年底前推广示范 1150 辆节能与新能源汽车，包括 300 辆公务车、700 辆出租车、50 辆公交车、100 辆私家车。为缓解新能源汽车推广初期的成本压力，示范推广用车将享受购车及路桥费补贴等政府扶持政策。
唐山市	到 2012 年，形成年产 50 万辆纯电动汽车、年产值达 1683 亿元人民币的电动汽车城，其中包括 30 万辆纯电动小轿车、10 万辆豪华大巴和 10 万辆豪华商务中巴。
吉林省	计划依托一汽集团等企业，2012 年形成 5 万辆新能源汽车产能。
大连市	到 2010 年，大连市至少要有 1200 辆节能与新能源汽车示范运行，逐步形成至少 2 万辆的节能与新能源汽车整车生产和核心零部件的配套能力。

资料来源：作者根据相关资料整理。

2. 各地政府均大力支持，湖北省需要加大力度

全国各地，如北京市、上海市、杭州市、深圳市、长春市、合肥市等地均对消费者进行了补贴以鼓励他们购买新能源汽车，各地优惠政策如表 5.1.2 所示。

表 5.1.2 各地新能源汽车产业支持政策一览表

地方	支 持 政 策
北京市	补贴政策：在中央财政补贴的基础上对新能源汽车以 3000 元/kWh 标准给予地方补助，插电式混合动力每辆最高补贴 5 万元，纯电动乘用车每辆最高补贴 6 万元。新能源私车车主将可以免费使用电池。今后购买电动车有望不摇号、不纳税。北京市民购买新能源汽车将可以获得国家与北京市政府的双重补贴，每车最高补贴可达 12 万元。
上海市	补贴政策：在中央财政补贴基础上，上海市以电池能量 2000 元/kWh 进行补贴，插电式混合动力乘用车最高补贴 2 万元，纯电动车最高补贴 4 万元。购买一辆新能源车最多可以获得国家和上海共 10 万元补贴。
杭州市	补贴政策：对于以电池租赁模式购买电动车的消费者，可免费使用电池 3 年或 6 万公里；对采用整车租赁模式的消费者，将给予整车租赁费用 50%的补贴。购买插电式混合动力乘用车最高补贴不超过 3 万元，购买纯电动乘用车将补贴不超过 6 万元，同时还享受 3 年或 6 万公里的免费充电。
深圳市	补贴政策：在国家补贴的基础上，对生产双模式混合动力乘用车的企业补贴 3 万元，对国产纯电动乘用车企业补贴 6 万元。消费者在使用新能源汽车时，可再获得 5000 元电力补助。
长春市	补贴政策：对购买新能源汽车的用户予以国家补贴政策外的额外补贴，保证补贴后的车辆价格与同类或相近燃油汽车价格接近。
合肥市	补贴政策：购买新能源汽车可获得省市两级财政补贴，最高补贴可达 2 万元。如采取租赁模式，在 5 年租期满后不需要补交任何费用，车辆即归个人所有。

资料来源：作者根据相关资料整理。

湖北省如何与全国各省份竞争，能否继续得到国家的大力支持，是否能得到国家对于地区发展产业政策的支持，对于湖北省未来的新能源汽车发展都具有重要的影响，全国激烈的竞争对湖北省新能源汽车的长远发展提出了巨大的挑战，湖北省需要加大力度，湖北省新能源汽车发展任重而道远。

(二)湖北省车企面临全国的激烈竞争

东风公司是湖北省实力最强的汽车企业,在新能源研发生产方面也属于省内一流水平。表 5.1.3 展现了东风公司与国内汽车企业比亚迪、一汽、上汽,以及国外车企大众、丰田的新能源汽车规划以及销售情况的对比情况。

表 5.1.3　　东风公司与其他汽车企业的对比

车企	新能源汽车发展道路及规划	规划执行状况	具体车型市场表现
东风	2011 年,东风计划未来五年投入 30 亿元用于节能与新能源汽车研发和产业化。	2011 年 12 月,为打造新能源产业基地,东风集团收购东风渝安。	2010 年 5 月,东风乘用车公司 100 辆采用 BSG 技术的混合动力车风神 S30 交付给武汉市政府。
比亚迪	以双模电动车作为过渡、电动车作为终极目标,发展比亚迪新能源汽车。	2012 年 3 月,汽车品牌 DENZA 对外宣告中国首个专注于电动汽车品牌的诞生。	2011 年比亚迪 200 台电动大巴及 250 台纯电动出租车成功交付深圳市公交系统使用。
一汽	到 2012 年计划建成年生产能力为混合动力轿车 1.1 万辆、混合动力客车 1000 辆的生产基地。	2011 年 5 月开始着手组建新能源汽车公司。一汽新能源汽车分公司目前生产能力为单班年产 1 万辆。	2011 年 8 月,一汽集团首批新能源轿车下线,首批交付 20 辆。
上汽	2010 年 10 月,上汽集团董事长胡茂元表示,上汽集团新能源车市场占有率要达 20%。	2011 年 11 月,表示在已投入 20 亿人民币基础上,再投 60 亿元人民币研发新能源汽车。	2012 年推两款节能车型,节油率达 50% 荣威 550 插电强混轿车和荣威 E50 纯电动车。

续表

车企	新能源汽车发展道路及规划	规划执行状况	具体车型市场表现
大众	2011年，大众表示将首先考虑引入过渡性更强、成本更低的插电式混合动力。	在2014年—2015年间，大众将推多款插电式混合动力车，首批车型包括奥迪Q7等。	高尔夫电动车尚未上市。途锐混动版尚未有销量数据公布。
丰田	混合动力坚定支持者。2012年希望年销量超100万。2015年，销量达到160万—180万辆。	丰田技术研发中心将于2013年完工，混合动力和插电式混合动力将是研发重点。	新一代普锐斯3月上牌量为265辆，2012年2月仅在美国市场销量就达到了2万多辆。

资料来源：作者根据相关资料整理。

从表中对比的三个维度：新能源汽车发展道路及规划、规划执行状况和具体车型市场表现销售情况可以看到，东风公司所面临的竞争是全方位的，目前丰田汽车的销售状况最优。

（三）全国新能源汽车销售依然不景气，但湖北省有相对优势

中国（2009）《汽车产业调整振兴规划》提出：3年内形成50万辆纯电动、充电式混合动力和普通型混合动力等新型汽车产能，新能源汽车销量占乘用车销售总量的5%左右。计划到2020年中国电动汽车保有量将达100万辆。在此前提下，各地都有"十二五"新能源汽车规划：吉林省计划"十二五"新能源汽车产能达20万辆，北京市达46万辆，河北省53万辆，上海市30万辆，安徽省50万辆，广东省70万辆，湖北省、湖南省各40万辆。

形成鲜明对比的是，实际销售十分惨淡。中国汽车工业协会的数字显示，2012年第一季度，中国汽车整车企业生产节能与新能源汽车8626辆，其中，纯电动汽车1655辆，混合动力汽车1300辆，代用燃料汽车5671辆，销售新能源汽车10202辆，其中，纯电动1830辆，混合动力1499辆，代用燃料汽车6873辆。据统计，25个试点城市新能源汽车总保有量超过1万辆，其中私人购买新能源汽车超过1千辆，建成充换电站近100座，充电桩4500多个，示范运行总里程超过33000万公里。然而，被列入工信部《节能与新能源汽车示范推广应用工程推荐车型目录》的汽车车型中市场占有率几乎等于零。

销量如此糟糕并非湖北省，或中国的典型现象，全球新能源汽车销量都存在类似落差，根本原因在于消费者对新能源汽车并没有完全接受。

令人欣喜的是，湖北省新能源汽车发展稳中趋快，增长高于预期，2016年，湖北省新能源汽车累计产量2.4万辆，同比增长66.6%。

(四) 国家补贴全面退坡，市场机制尚待建立，湖北省新能源汽车企业仍面临较大风险

2017年，国家补贴正式进入全面退坡机制，而新能源汽车碳配额和双积分制仍有待于实行，湖北省新能源汽车市场机制尚待建立，湖北省新能源汽车企业面临较大风险。

作为新能源汽车研发生产的主力军，汽车企业的态度和真正的投入至关重要。根据行业人士意见，以电动汽车为例，目前新能源汽车企业至少面临以下三个方面的风险，[1] 这些风险将会阻碍新能源汽车产业获得突破式发展。

1. 标准风险：湖北省企业研发的困惑

如果没有国家标准，可能造成研发企业形成各自为一体，无法兼容

---

[1] 资料来源：电动汽车企业面临研发和市场风险[N]. 经济参考报，2010-2-25。

的充电方式,这非常不利于电动车行业的健康发展,更不用说电池类型、型号等方面的标准问题了。而且可能造成消费者极大的困惑和不满,并影响整个电动车产业的商业化道路。

另外,由于缺乏电动车的国家标准,一些在电动车研发领域领先的企业又无法在短时间内实现市场化,鱼龙混杂的电动车企业也开始出现了。这些企业缺乏自主技术,从国外买进关键零部件拼出几辆汽车就开始吆喝,有的甚至以电动车项目为幌子哄骗各级政府,以套取各种资金扶持。

2. 市场风险:湖北省成本与可推广性

电动汽车相关企业面临的另一个巨大风险来自于电动车的成本及与之相关的可推广性。

以比亚迪公司为例,成立于 1995 年比亚迪企业已发展成世界"电池大王",控制着全球 60%镍电池和 30%锂电池的市场份额。2003 年,比亚迪进入汽车领域,6 年时间发展成为中国重要的自主品牌汽车制造商。借助在电池技术方面的积累,2002 年底,比亚迪公司正式组建了电动车项目部,开始进行纯电动轿车研发项目。2008 年 12 月,在获得国家工信部新车上市目录通过后,比亚迪对外推出了全球首款不依赖专业充电站的新能源汽车——比亚迪 F3DM。尽管该车问世得到了高度评价,还吸引了有"股神"之称的美国著名投资人巴菲特 18 亿港元的投资,但比亚迪的电动汽车却始终面临着卖不出去的尴尬。而造成这种局面的主要原因,是因为 F3DM 售价为 15 万元,与比亚迪的传统燃油车型 F3 有九万元的差价,消费者无法接受。因此电动车要实现市场化、产业化,必须降低现有售价。但由于事实上,F3DM 的成本价格在 17 万元左右,售价仅为 15 万元,比亚迪是在亏本推销,已没有继续降价的空间,因此要解决这一问题,必须依靠批量生产、规模效应来降低成本。

3. 湖北省竞争核心是技术突破

电动汽车企业面临研发和市场风险的背后,除了国家标准尚未明确之外，核心问题是技术的突破及与之相关的成本问题尚未解决。动力电池是电动汽车最核心的技术层面，但国际上包括我国在内仍处在研发和攻关阶段，电池的技术和与之影响的电动汽车的成本成为制约其商业化的重要因素之一。

资料显示，截至目前，全世界在纯电动车研发与产业化上的投入早已突破百亿美元，但现阶段电池、电控、电机等核心技术问题还没有得到解决，世界范围的电池技术还不能达到商用化标准，目前的纯电动汽车也还不能满足人们的需求，只能作为"城市短途移动车"来使用。

第二节 基于公司理论的湖北省新能源汽车战略及政策绩效述评

发展新能源汽车产业最终的目标是在汽车领域获得竞争优势。Michael E. Porter代表作《国家竞争优势》中提出的"钻石理论"，解释如何才能造就并保持可持续的相对优势，该理论尽管存在一定缺陷，但它既是基于国家的理论，也是基于公司的理论，对于湖北省发展新能源汽车业有一定的借鉴意义。

图5.2.1显示的是竞争优势钻石理论。竞争优势论有四个点，组成一个四边形，通常被称为波特的"竞争优势钻石理论"：①要素条件：土地(包括自然资源)、资本、劳力、劳力教育水平、国家基础设施质量等。这些要素条件，有些是自然因素，另一些则是政府可以发挥作用的地方。②需求条件：国内市场是否足够大。多数公司首先的目标是着重于满足国内市场的需要。如果国内市场很小，公司很难开发出新产品。③相关及支撑产业。波特聚类自然形成，产业和相关上游产业是否有国际竞争力。④公司战略，结构及对抗表现：国内的竞争环境造就了公司在国际上的竞争能力。

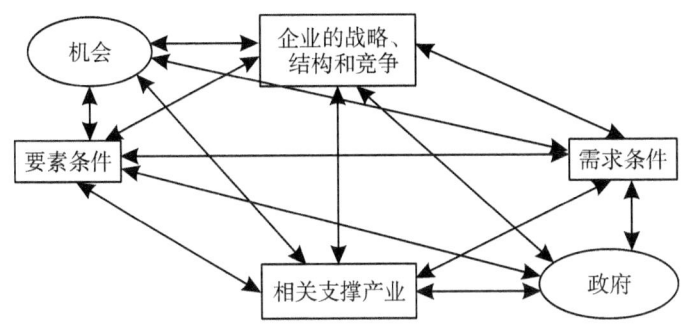

图 5.2.1　国家竞争优势钻石理论模型

一、增强自主创新能力永远是根本，湖北基础良好

中国《节能与新能源汽车产业发展规划（2012—2020年）》提及主要任务中的首条是实施新能源汽车技术创新工程，即增强技术创新能力是培育和发展新能源汽车产业的中心环节，要强化企业在技术创新中的主体地位，引导创新要素向优势企业集聚，完善以企业为主体、市场为导向、产学研用相结合的技术创新体系，通过国家科技计划、专项等渠道加大支持省力度，突破关键核心技术，提升产业竞争力。

湖北省经济和信息化委员会副主任胡树华（2012）认为"中国要从汽车产销大国向汽车强国迈进，主要取决于其核心竞争力——自助创新能力能否得到大幅度提升。"

自主创新是立足之本，是湖北省未来汽车产业能否持续长久发展的关键。在迈克尔·波特的"国家竞争优势钻石理论"中涉及两个方面，一是相关及支撑产业是否有国际竞争力；二是公司战略，结构及对抗表现，即国内的竞争环境造就了公司在国际上的竞争能力。

尽管中国新能源汽车产业具有后发优势，但也极容易陷入后发劣势——中国汽车产业长期背负着模仿抄袭的恶名，很多中国车型都与老牌外国竞争对手非常相似，每年都有不少国际纠纷，这对于中国汽车产业的整体声誉有极大的负面影响。

目前,湖北省自主创新的能力不够强,自主品牌缺乏国际竞争力,自主研发的能力和零部件研发能力薄弱,核心技术和市场为跨国公司主导的局面并未得到根本改变,而这也是中国整体汽车产业面临的最大困境。自主创新能力的薄弱大大限制了中国成为汽车强国目标的实现,也使得实现结构调整和产业转型进展缓慢。中国汽车产业虽然坐拥世界第一大市场,但仍处于产业链的末端。数据显示,自主品牌多年市场占有率徘徊在30%市场份额关口,而且只能以低质、廉价的来对抗市场70%份额的合资品牌轿车和纯进口车①。

湖北省尽管在科研实力上位居全国前列,但汽车产业自主创新能力仍受到多方限制。

胡树华(2012)从国家层面提出了应对策略:汽车自主创新关系到国家的整体竞争力、是国家长远利益,对财力、物力和人力投入需求很大。国家需要投资800亿元,由国务院成立领导小组,围绕汽车产业的技术产业创新平台和管理平台,集中攻关。自主创新涉及大量的技术研究、材料研究,不是汽车行业一个行业能够完成的,如果不集中全国的优势资源,不能形成合力。

而从企业发展的实际困难来看,资金、人才是湖北省当前自主创新面临的最主要的问题:一是资金,无论是产品自主研发的费用,还是生产能力建设、销售网络建设,都需要资金。新能源汽车研发领域投入大、风险高,资金需求与供给严重失衡。二是人才,最缺乏的是高端的开拓者和引领者,项目研发的高端人也是严重匮乏。

二、吸纳多渠道资金支持,调动湖北省车企内在积极性

资金在迈克尔·波特的"国家竞争优势钻石理论"中属于要素条件之一,是政府可以发挥作用的地方。对新能源汽车的发展而言,单纯依

---

① 资料来源:创新能力不足拷问中国汽车业[N]. 中国汽车报,2012年4月。

赖财政投入并不可行，财政资金有限，需要运用社会发展的方方面面，对于这样风险大、周期长、回报难以预料的项目不可能也不会贸然大量投入资金。另一方面强制性的要求汽车企业加大投入也难以达到，因而需要采取多渠道的融资方式，获得金融机构贷款的支持、吸引风险投资、私募股权的介入。

政府能够发挥的重要作用是则应该从税收、补贴上予以支持引导。对此，政府首先应该做的是对新能源汽车消费进行税收减免和财政补贴。减免的税费包括车辆购置税、车船使用税、年检费等，而财政补贴可以在车辆购置时进行一次性补贴。税费减免、财政补贴的幅度应根据节能减排的程度而定。尽可能地使新能源汽车的购置、使用的经济成本与传统汽车接轨。此外，还应对国民进行新能源汽车使用的便利性、低成本等方面进行宣传。除了价格，人们最担心的还有续航里程问题。虽然目前纯电动汽车续航里程有限，但对于城市居民车均不到 10 公里的日行驶里程来说，还是足够了，而电动汽车——哪怕是混合动力汽车，对于城市工况的节能减排、改善空气质量的效果是十分显著的，何况现在的纯电动车续航一般都在 100 公里左右。随着电池制造及相关技术的进步，电池容量也会类似于半导体领域的摩尔定律那样不断提高，而单位成本持续下降。政府为了扩大示范效应，对城市的公交用车(公交大巴、的士)和旅游景点的短途用车以及政府公务用车可率先采用新能源汽车，一是环保，二是为新能源汽车制造使用积累经验数据(朱劲松，2012)。

中国《节能与新能源汽车产业发展规划(2012—2020 年)》中提到的措施包括：

一是加大财税政策支持力度。中央财政安排资金，对实施新能源汽车技术创新工程给予适当支持，引导企业在技术开发、工程化、标准制定、市场应用等环节加大投入力度，构建产学研用相结合的技术创新体系；对公共服务领域新能源汽车示范、私人购买新能源汽车试点给予补贴，鼓励消费者购买使用节能汽车；发挥政府采购的导向作用，逐步扩大公共机构采购新能源汽车的规模；研究基于汽车燃料消耗水平的奖惩政策，完善相关法律法规。新能源汽车示范城市安排一定资金，重点用于支持充电设施建设、建立电池梯级利用和回收体系等。

二是研究完善汽车税收政策体系。新能源汽车及其关键零部件企业，经认定取得高新技术企业所得税优惠资格的，可以依法享受相关优惠政策。新能源汽车及其关键零部件企业从事技术开发、转让及相关咨询、服务业务所取得的收入，可按规定享受营业税免税政策。

三是需要强化金融服务支撑。引导金融机构建立鼓励新能源汽车产业发展的信贷管理和贷款评审制度，积极推进知识产权质押融资、产业链融资等金融产品创新，加快建立包括财政出资和社会资金投入在内的多层次担保体系，综合运用风险补偿等政策，促进加大金融支持力度。支持符合条件的新能源汽车及关键零部件企业在境内外上市、发行债务融资工具等；支持符合条件的上市公司进行再融资。按照政府引导、市场运作、管理规范、支持创新的原则，支持地方设立节能与新能源汽车创业投资基金，符合条件的可按规定申请中央财政参股，引导社会资金以多种方式投资新能源汽车产业。

三、坚持培养地方专业人才，重视人才，吸引人才，留住人才

人才同样在迈克尔·波特的"国家竞争优势钻石理论"中属于关键性的要素条件。人才是自主创新的基石。中国《节能与新能源汽车产业发展规划（2012—2020年）》的建议是：牢固树立人才第一的思想，建立多层次的人才培养体系，加大人才培养力度。以国家有关专项工程为依托，在新能源汽车关键核心技术领域，培养一批国际知名的领军人才。加强电化学、新材料、汽车电子、车辆工程、机电一体化等相关学科建设，培养技术研究、产品开发、经营管理、知识产权和技术应用等人才。按照《国家中长期人才发展规划纲要（2010—2020年）》的有关要求推进人才引进工作，鼓励企业、高校和科研机构从国外引进优秀人才。重视发展职业教育和岗位技能提升培训，加大工程技术人员和专业技能

人才的培养力度。

教育大省湖北拥有丰富的科教资源和科研院所,据中国社科院统计,武汉市科技竞争力居全国前十。湖北省应把握时机,创造良好的就业环境和具有竞争性的待遇吸引国内外人才落户湖北,为湖北省汽车业振兴储备高层次的人力资本。进一步调动高校和科研院所的人才优势,促进"产、学、研"相结合,注重培养人才,重视人才,吸引人才、留住人才,充分发挥湖北省优势。

具体措施包括:应加大汽车行业人力资本的投入,培养新能源汽车行业急需的技术工人、研发人员、高级营销人员、高级维修工人等这些高级要素;同时,鼓励创新和完善创新体系,改进高级人力资本的激励方式(如高级技术人才和管理人才持股、享有购买股票期权的权利、实施退休金计划等),创造吸引和留住高级人才的环境,建立一流的新能源汽车研究所,加强与相关高校的产学研联合(朱劲松,2012)。

此外,湖北省可以建设一个集研发中心、科研和生活为一体的高技术人才基地,使高技术人才招得来、留得住,切实推进产学研结合,为新能源汽车领域高级人才提供优秀创业平台;加强与知名高校合作,建立新能源汽车行业人才培训中心,为企业提供专业人员定向培训服务;完善行业高技能人才交流信息平台,为新能源汽车行业提供人才保证,鼓励高技能人才通过兼职、服务和技术攻关、项目引进等多种方式发挥作用(湖北汽车工业学院项目组,2011)。

四、以国家战略完善湖北省新能源汽车产业体系

中国《节能与新能源汽车产业发展规划(2012—2020年)》的建议是要进行科学规划产业布局:中国已建设形成完整的汽车产业体系,发展节能与新能源汽车既要利用好现有产业基础,也要充分发挥市场机制作用,加强规划引导,以提高发展效率。具体措施包括:一要统筹发展新能源汽车整车生产能力。根据产业发展的实际需要和产业政策要求,合

理发展新能源汽车整车生产能力。现有汽车企业实施改扩建时要统筹考虑建设新能源汽车产能。在产业发展过程中，要注意防止低水平盲目投资和重复建设。二需重点建设动力电池产业聚集区域。积极推进动力电池规模化生产，加快培育和发展一批具有持续创新能力的动力电池生产企业，力争形成2~3家产销规模超过百亿瓦时、具有关键材料研发生产能力的龙头企业，并在正负极、隔膜、电解质等关键材料领域分别形成2~3家骨干生产企业。三为增强关键零部件研发生产能力。鼓励有关市场主体积极参与、加大投入力度，发展一批符合产业链聚集要求、具有较强技术创新能力的关键零部件企业，在驱动电机、高效变速器等领域分别培育2~3家骨干企业，支持发展整车企业参股、具有较强国际竞争力的专业化汽车电子企业。

湖北省目前可选择培育发展基地的模式完善新能源汽车产业体系（湖北汽车工业学院项目组，2011）：一是培育整车基地。充分利用大企业、大集团整体优势，依托现有基础，在武汉市加快培育主要面向家庭、出租行业和特定场地、具有小批量生产能力的新能源乘用车产业基地。充分发挥现有客车企业优势，在襄阳市加快培育主要面向城市公交和公益行业，具有中等批量生产能力的大、中型及轻型新能源客车。充分发挥现有商用车企业优势，在十堰市加快培育主要面向物流行业，具有中等批量生产能力的大、中型及轻型新能源卡车。二是发展部件基地。进一步增强襄阳市国通青山电动汽车公司、骆驼蓄电池公司等动力电池研发机构能力，进一步做大做强骨干企业。在襄阳市建设具有较大产业规模、较高技术水平的动力电池及管理系统特色产业基地。积极引导传统汽车零部件企业加快转型，促进骨干企业加速发展，如襄阳宇清电动汽车有限公司和特种电机公司等企业。在襄阳市、武汉市等地逐步形成具有一定产业规模、较强竞争能力的驱动电机、电控系统、车用附件等关键部件、专用材料特色产业基地。以现有车用发动机企业为基础，积极开发新能源车用发动机。《湖北省汽车产业"十二五"发展规划》中明确提出相应的规划，未来的发展令人期待。

五、加强湖北省内外、国内外全面合作

对于湖北省而言，与丰田、本田、标致、雪铁龙等国际企业的合作基础已经非常深厚，与通用汽车即将展开。因而应该把握时机进行更深层次的技术合作，促进湖北省新能源汽车产业的发展。

中国《节能与新能源汽车产业发展规划（2012—2020年）》的建议积极发挥国际合作的作用：支持汽车企业、高校和科研机构在节能与新能源汽车基础和前沿技术领域开展国际合作研究，进行全球研发服务外包，在境外设立研发机构、开展联合研发和向国外提交专利申请。积极创造条件开展多种形式的技术交流与合作，学习和借鉴国外先进技术和经验。完善出口信贷、保险等政策，支持新能源汽车产品、技术和服务出口。支持企业通过在境外注册商标、境外收购等方式培育国际化品牌。充分发挥各种多双边合作机制的作用，加强技术标准、政策法规等方面国际交流与协调，合作探索推广新能源汽车的新型商业化模式。

六、培育湖北省优势企业和新能源汽车产业群

迈克尔·波特的"国家竞争优势钻石理论"认为公司战略，结构及对抗表现即国内的竞争环境造就了公司在国际上的竞争能力。

1. 企业层面

对于企业自身需要制定高瞻远瞩的发展战略，配合合适的结构，才能在国内国际市场上占据一席之地。企业层面的发展战略首先要有一套好的激励机制（朱劲松，2012），才能吸引住好的人才。企业的核心人才是其核心竞争力的关键。在新能源汽车领域更是如此。还要能培养员工的忠诚度，这是企业持久创新的保证，也是日本（终身雇佣制）、德国（产品设计制造的家族延续）的企业和产品能称霸全球的关键原因之一。

在结构方面，要加强新能源汽车行业的产业集群度。纵向的关联行业与横向的竞争行业的集群，能加快信息的沟通与传递，形成集聚效应，从而可以加快技术与产品的研发。

在竞争方面，首先是差异化的竞争策略，包括产品的质量、功能、服务等各方面的差异化，这样既可以避免过度竞争，还可以发现、满足消费者多方面的需求而开拓市场。其次应给予中国民营企业与国企同等的政策待遇，让他们在同一平台上进行竞争。同时，这样也可以给国有大车企带来竞争压力，对于行业的发展是一件好事。

2. 政府层面

另一方面，对于政府而言培育优势企业和产业群对于提升新能源汽车产业竞争力意义重大，湖北省政府需要资金投入和政策引导积极扶持，湖北汽车工业学院项目组(2011)建议湖北省需要做到以下几点：

培育湖北省龙头型企业：选择少数资产规模大、技术积累多、从业经历长的整车企业和动力电池等关键部件企业，引导要素集聚，加快发展步伐，壮大企业规模。

培育湖北省成长型企业：积极引导和支持能源、汽车行业科研开发机构特别是高层次领军人才及高水平研发团队，直接参与产品研发、项目投资和企业经营，重点在动力电池、驱动电机、车用附件等重要部件和专用材料领域，培育一批以先进技术为支撑、资本与技术紧密结合，具有高速成长能力和鲜明专业特色的成长型企业。

目前湖北省对此已经有了深入认识，并在《湖北省汽车产业"十二五"发展规划》明确提出了将要重点培育的企业和零部件聚集区，见表5.2.1。

而对于新能源汽车产业的发展，如何支持企业更多的投入新能源应用的研发显得尤为重要。省市政府要加大新能源汽车关键共性技术研发的投资力度，而且要形成持续投资，保证研发工作的正常进行。建立产学研合作研究机制，政府和企业共同出资，以专门研发机构为主，企业广泛参与，三方共同进行共性关键技术的研发。

表 5.2.1　　　湖北省汽车产业"十二五"重点培育的企业

指标	家数	企业名称
过 5000 亿元	1	东风汽车公司
过 1000 亿元	1	神龙汽车有限公司
过 500 亿元	2	东风本田汽车有限公司、东风汽车有限公司(十堰地区)
过 300 亿元	5	三环集团、东风汽车股份有限公司、风神襄樊汽车有限公司、东风渝安车辆有限公司、东风乘用车有限公司
过 100 亿元	7	三江航天集团、东风德纳车桥有限公司、东风实业有限公司、东风鸿泰控股集团有限公司、湖北齐星汽车车身股份有限公司、恒天汽车有限公司、中兴汽车(宜昌)有限公司

第三节　湖北省新能源汽车战略瓶颈及对策
——基于克鲁格曼贸易发展战略理论

湖北省汽车业是中国汽车的缩影，中国新能源汽车贸易战略同样也反射出湖北的现状。鉴于湖北省数据较少和口径差异，下面我们以中国新能源汽车贸易战略瓶颈和对策来分析湖北省的启示和借鉴。

2009 年，中国第一个新能源产业联盟——北京新能源汽车产业联盟正式运行。之后，重庆市、湖北省、上海市、天津市和吉林省等省市也相继成立各自的产业联盟和合作基地，新能源汽车的研发制造和销售应用环节都已经形成地区范围的合作关系。国家和地方一系列政策措施为新能源汽车发展和贸易提供了良好的政策环境，提升了新能源汽车核心竞争力，促进了新能源汽车发展。

作为战略性新兴产业之一，新能源汽车国际化战略的实施条件趋于成熟。中国传统汽车国际市场形象欠佳，大都是低端模仿品，新能源汽车是打开新的国际市场，走自主品牌强国之路的最佳选择。

一、战略性贸易政策①简析

战略性贸易政策本质上并不是关于战略性产业的贸易政策，但却是一种有利于促进战略性产业发展的、政府有效干预的对外贸易政策。该理论提出，政府制定政策要全面充分地掌握诸如行业、竞争厂商和国际市场竞争状况等信息，才能在恰当的规模经济和不完全竞争前提下，以产业组织理论和市场结构制定恰当的干预政策。

新能源汽车必须拥有好的性价比，普通消费者是不会根据自己的环保意识来购车的，对于还没有形成大规模生产的新能源汽车，国家买单就尤为重要。

二、湖北省新能源汽车贸易发展概况

（一）中国新能源汽车产销状况及新能源汽车贸易结构状况

自"十一五"以来，中国提出了"节能和新能源汽车"战略，政府高度关注新能源汽车的研发和产业化。在国家政策的倡导和支持下，中国各地都掀起了有关节能与新能源车的产品研发及示范推广的热潮。截至2012年底，北京市、上海市、深圳市等25个试点城市共示范推广各类节能与新能源汽车2.74万辆。

表5.3.1 2016年1月—11月主要国家新能源汽车累计销量排行

国　家	销量（辆）
中国	282257
美国	133407

---

① 20世纪80年代，布兰德（J. A. Brander）、斯潘塞（B. J. Spencer）和克鲁格曼（P. R. Krugman）等发展起来一种新贸易政策理论——战略性贸易政策。该理论以不完全竞争和规模经济理论为前提，以产业组织中的市场结构理论和企业竞争理论为分析框架，突破以比较优势为基础的自由贸易学说，强调政府适度干预贸易对于本国企业和产业发展的作用。

续表

国　家	销量（辆）
挪威	41995
法国	30574
德国	22781
瑞典	12195
荷兰	11772
加拿大	8870
瑞士	5082
韩国	4464
丹麦	1118
冰岛	754
斯洛文尼亚	186
	搜狐汽车·E电园制表

来源：中国节能与新能源汽车网。

2012年—2015年中国新能源汽车产销统计数据见表5.3.2。

表5.3.2　2012年—2015（1月—8月）年中国新能源汽车产销　　单位：辆

	2012		2013		2014		2015	
	产量	销量	产量	销量	产量	销量	产量	销量
纯电动式汽车	11241	11375	14243	14604	48605	45048	254633	247482
插电式混合动力	1311	1416	3290	3038	29894	29715	85838	83610
总量	12552	12791	17533	17642	78499	74763	340471	331092

数据来源：根据商务部数据整理所得。

中国汽车工业协会对外发布的数据显示，中国新能源汽车市场在2015年实现井喷式发展，产销量均超过30万辆，同比增长超过300%，产销同比分别增长3.3倍和3.4倍，是全球第一大新能源汽车市场。

2016年新能源汽车生产51.7万辆，销售50.7万辆，比上年同期分别增长51.7%和53%。

自2001年中国启动"863"计划电动车专项，确定"三纵三横"的研发布局。混合动力汽车和纯电动汽车和新能源电动车是中国发展新能源汽车的主要两种选择。一方面，中国混合动力车成本低，技术成熟，形成了规模化量产；另一方面，中国纯电动汽车成本高，续航里程短，需相应的配套设施等，目前此类汽车有较大贸易量，但是并没有规模化。如图5.3.1就可以看出中国新能源汽车的几种主要类型的销售情况。

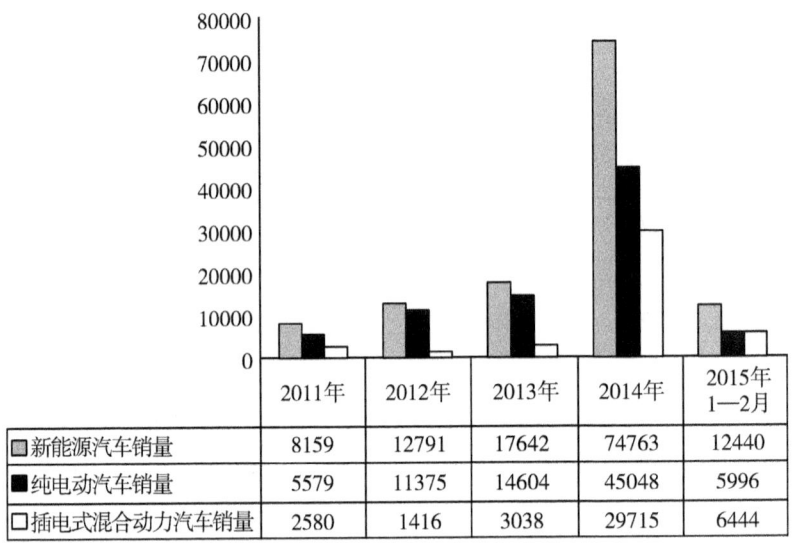

	2011年	2012年	2013年	2014年	2015年1—2月
新能源汽车销量	8159	12791	17642	74763	12440
纯电动汽车销量	5579	11375	14604	45048	5996
插电式混合动力汽车销量	2580	1416	3038	29715	6444

图 5.3.1 中国新能源汽车几种类型的销售情况

资料来源：根据UNCTAD统计数据库整理和计算得出。

(二)基于战略性贸易政策的中国新能源汽车国内贸易发展

战略性贸易政策理论是布兰德(J. A. Brander)、斯潘塞(B. J. Spencer)和克鲁格曼(P. R. Krugman)等发展起来一种新贸易政策理论，指基于或者可以改变不同国家竞争企业之间战略性互动形成的均衡的贸易政策。看战略性贸易政策对一个国家的产业是否适用，主要看是不是满足三个条件，分别是：不完全竞争、规模报酬递增和行业技术外溢。这里基于战略性贸易政策分析中国新能源汽车贸易，主要从市场结构和市场集中度进行分析。

战略性贸易政策要求产业内的竞争者数量少，进入壁垒高，即能形成寡头垄断的格局。现在我们用市场集中度 CR_n 来判断新能源汽车产业是否属具有垄断的特点。

$$CR_n = \sum_{i=1}^{n} X_i \Big/ \sum_{i=1}^{N} X_i$$

CR_n 指数用来表示市场最大规模的前 N 家企业的市场占有率之和，由此来判断市场类型，下面是根据 CR_n 的数值对应的市场分类（见表 5.3.3）：

表 5.3.3　　　　市场集中度指数和寡占类型分类

集中度	$CR_4(\%)$	$CR(8\%)$
寡头垄断型	≥75	
寡占二型	65~75	≥85
寡占三型	50~65	75~85
寡占四型	35~50	45~75
寡占五型	30~35	40~45
完全竞争型	≤30	≤40

尽管中国新能源汽车整车制造商有 160 多家，但是目前市场上真正拥有核心技术以及商业化很成功的就只有四家大型企业，分别为比亚迪汽车、众泰汽车、康迪汽车和北汽新能源。下面以 2015 年产业前四家企业比亚迪、众泰、康迪和北汽新能源汽车为例，计算市场集中度，并且已知 2015 年总销售量为 331092（见表 5.3.4）。

表 5.3.4　新能源汽车 2015 年销售前三名车企的总数量和畅销车型数量

公司名称	2015 年总计销售量（台）	销量最高的车型	2015 年该车型销售数量（台）
比亚迪汽车	58834	比亚迪唐汽车	31898
众泰汽车	24516	众泰云新能源汽车	16736
康迪汽车	20390	康迪熊猫	16488
北汽新能源汽车	17020	北汽 E 系	15467
总计	331092		

数据来源：中国汽车工业协会统计网站 2015 年统计数据整理所得。

经计算，$CR_4 = (120760/331092) = 34\%$，可见其是有一定的垄断程度的。上述分析表明，中国新能源汽车销售发展迅猛，并已经存在一定程度的垄断。

三、湖北省新能源汽车贸易战略概述

国家和地方政府对新能源汽车大力扶持，作为一种新产品，新能源汽车面临配套设施和售后服务、电池等诸多问题，新能源汽车销售困难仍然是发展瓶颈。我们尝试运用克鲁格曼的贸易发展战略理论来解决新能源汽车销售困境。目前，新能源汽车贸易发展过程中存在一些问题和障碍。

1. 湖北省政策热、积分制热但消费依然冷

2014 年 7 月，中国历史罕见地连续发布 3 个新能源汽车政策，2015 年中国成为世界第一大新能源汽车市场，2016 年以来，湖北省内外、国内外关注的焦点都是新能源汽车双积分制和配额制，但政策热、积分制热但消费依然冷。

新能源汽车产业化和规模化极大依赖消费市场，只有消费需求足够大才能真正实现产业化和规模化。与湖北省各级政府重重政策优惠热潮相比，湖北省新能源汽车消费市场则反映偏冷。可能是受到众多优惠政策的吸引，有不少人都显示出对新能源汽车的兴趣，但真正有购买意愿

的却很少，尤其是新能源汽车私家车。

其中的原因可能是消费者对新能源汽车的接受度远不如欧美日本，尽管国家和地方双重优惠政策已经使新能源汽车的价格与传统汽车相差无几，但节能环保的社会消费观念尚未形成。另外，对新能源汽车技术的不信任，维修的便利性，充电的不方便等问题，均是导致消费者购买积极性不高的原因。

此外，产量少、成本高造成新能源汽车价格居高不下，新能源汽车成本过高的主要原因有：（1）技术因素。中小型车企新能源汽车价格居高不下主要是技术原因所导致。例如核心内燃机技术依赖进口，生产的零配件品质不符合市场要求、不良率高，生产线效率低下等。大型车企一般专注于新能源汽车核心技术开发，但研发周期长、成本大，造成新车型价格比同款普通车型高。装配制造业和材料工业等相关产业发展滞后，很难对汽车和零配件业提供技术支持，这也制约了新能源汽车整体研发创新能力，造成成本过高。（2）规划因素。车企目前多是各自研发、单独作战，没有形成整体统一的协会、联盟来协调一致，成果共享和分配生产，这导致新能源汽车资源整合过程中的浪费，低水平项目重复投资也造成新能源汽车开发成本过高。

目前，市场上的新能源汽车在国家和地方补贴政策下，价格基本可以与传统汽车持平，但政策是递减的，而且有一定的时间期限，一旦优惠政策到期或停止，如何有效地保持新能源汽车的价格优势将是有待于解决的难题。

2. 湖北省新能源汽车售后维修和服务仍需完善

由于产业化和规模化还有待时日，新能源汽车的售后维修和服务也存在问题。（1）作为新型产业，新能源汽车的研发、生产和售后都要投入大量资金，国家和企业要承担较高风险，一定程度抑制了车企的生产热情。新能源汽车价格过高，而国家和地方补贴政策是递减的，例如以每年5%比例下调，能享受补贴的只有北上广深等部分试点城市等。优惠涉及范围狭窄，优惠力度也在不断回落，单一的财政补贴形式都造成促销力度不足。（2）地方保护主义的弊端。新能源汽车起步伊始就受到各种"保护",新能源汽车发展中的地方保护主义不容忽视,如北京市和上海市等地都规定有各自的进入目录。加上电动车性价比不高,国内电动汽车销售一直惨淡。尽管政府对购买电动车给予大量补贴,但车企都大力发展混合动力车,对纯电动汽车积极性不高,政府专注于纯电动汽车的新能源汽车发展战略面临困境。地方保护主义盛行阻碍了新能源汽车的推广。例如比亚迪 E6 上市推广过程中,由于北京市与北汽控股公司形成联盟,北汽新能源汽车的购买者获得的中央和北京地方政府双重补贴达到 12 万元,而比亚迪只能获得中央补贴不到 3 万元,打消了喜爱比亚迪新能源汽车的消费者购买热情。(3)销售渠道不足,销售渠道欠佳。目前国内新能源汽车销售模式大部分都是品牌车型在展示会上展示、试驾和购买,很少在 4S 店内看到新能源汽车现货。新能源汽车展示机会少、车型少,渠道商购进并且开展宣传销售的时机少。

新能源汽车核心发动机和零部件的创新使得维修必须要返厂进行,街边维修店服务无法跟上创新技术要求,短期内不可能开始。新能源汽车专业维修点和保养机构也只是在部分城市设立,尚未在全国范围内全面展开。使用和维修不便打消了很多消费者购买的念头。另外,新能源汽车能源供给不方便,油电混合动力汽车的基本充电时间是 3 小时(比亚迪秦款为例)甚至更长时间,而国内充电站建设还处于起步阶段,只在新能源汽车推广试点城市有少量充电站配置,例如武汉市只有三所充电站,目前能够使用的只有两个。燃料电池汽车充气要到专门的甲醇、氢能加气站。

新能源汽车售后的种种不便根源在于新能源汽车产业链建设不完善。上游零部件供应和下游配套基础设施不配套完善,不能为新能源汽车贸易提供保障,不能保证贸易的高效性和持续性。当前,新能源汽车尚未形成完整的产业链,技术和成本是关键原因。核心技术研发和投入风险大、周期长,而目前新能源汽车核心技术原料和设备主要依赖进口。完善新能源汽车产业链促进贸易发展需要很长的时间。

四、湖北省新能源汽车贸易战略的瓶颈

新能源汽车市场售价仍较高,目前新能源汽车的实际销售十分惨淡。尽管随着新能源汽车技术进步，成本逐渐降低，国家和地方政府新能源汽车进行大量补贴，但仍不能很好促进新能源汽车贸易发展和普及私人购车群体。以比亚迪为例，市场售价18.98万元起，在深圳市购车有约7万元补贴，折算后的销售价格为11.98万元——高出相对应的传统动力车型约50%。

市场"遇冷"主要原因之一是国内消费者目前对新能源汽车概念仍然缺乏认知，大多数消费者听说过电动汽车但缺乏深入了解。不少消费者对新能源汽车的安全性和操控便捷性存有质疑，对电动汽车认知度亟需提高。中国汽车工业协会数据显示，2012年一季度，汽车整车企业生产新能源汽车8626辆，其中，纯电动汽车1655辆，混合动力汽车1300辆，代用燃料汽车5671辆，销售新能源汽车10202辆，其中，纯电动1830辆，混合动力1499辆，代用燃料汽车6873辆。据统计，25个试点城市新能源汽车总保有量超过1000辆，其中私人购买新能源汽车超过1千辆，建成充换电站近100座，充电桩4500多个，示范运行总里程超过33000万公里。然而，被列入工信部《节能与新能源汽车示范推广应用工程推荐车型目录》的汽车车型市场占有率几乎为零。销量如此糟糕并非中国的独特现象，国际新能源汽车销量都存在巨大落差，根本原因在于消费者对于新能源汽车没有完全接受。

1. 销量不断增加，但尚未形成新能源汽车市场

新能源汽车销量增长不稳定，不能以平稳较快速度持续增长。新能源汽车作为中国新兴产业，发展和销售很大程度上都依赖政策的变化，很明显可以在新能源汽车销售量和销售量增减速度看出国家扶持政策的影响。具体参考表5.3.5。

表5.3.5　　　　2007年—2012年新能源汽车销量表

	2007年	2008年	2009年	2010年	2011年	2012年
销售量	900	1536	4344	6058	8159	12791
销量增速		70.67%	182.81%	39.46%	34.68%	56.77%

数据来源：中国汽车工业年鉴，2007年—2012年。

表 5.3.5 显示，新能源汽车销售量不断增长，从 2007 年的 900 台增加到 2012 年的 1 万余台，销售量提升 90% 多。2008 年至 2009 年增速喜人，销量增长速度同比增加 112 个百分点，但 2010 年销量增长速度下降 143 个百分点，销售量增加，增长幅度却大幅回落。一直到 2012 年销量才达到 12791 台，销量增长速度回升至 56.77%。新能源汽车销量不断增长，但涨幅却不够稳定，一直摇摆不定，正是国家政策的变化带动新能源汽车销售波动。由此可以看出，消费者购买很大程度上还是取决于价格补贴政策，而不是源于环保节能的生活理念。见表 5.3.6。

表 5.3.6   2007 年—2012 年新能源商用车销量表

	2007 年	2008 年	2009 年	2010 年	2011 年	2012 年
销售量	900	1536	4064	6058	8159	12791
销量增速		70.67%	164.58%	49.06%	34.68%	56.77%

数据来源：中国汽车工业年鉴，2007 年—2012 年。

2. 使用和维修成本高，消费者关注但购买热情不高

国家和地方双重补贴下，目前国内新能源汽车价格已经基本与传统汽车持平，尤其是新能源公交车价格已与传统汽车一样。但新能源汽车使用成本高且麻烦。尤其是在私人消费领域，新能源汽车价格仍然偏高，很少有报价在 16 万元以下的新能源私家车。一般外观内饰等同于普通 A 级车配置的车型，官网报价一般在 20 万元至 30 万元，市场报价一般在 20 万元左右。以北汽 E150ev 为例，5 万~8 万元的基本车型经过电动改装之后变身新能源汽车的售价高达 23.98 万元。比亚迪 E3 基本车型 6 万元，改装成混合动力车后售价在 26 万元到 36 万元不等。

表 5.3.7 是市场在售的新能源汽车的官网价格表。

表 5.3.7　2012 年度市场在售新能源汽车官方价格（单位：万元）

比亚迪	秦款 18	E6 款 36	
奥迪	A6 系列款 64		
本田	思域款 27	Insight 款 21	飞度款 18
宝马	3 系款 66	7 系款 230	
丰田	普锐斯款 28	凯美瑞款 36	
雷克萨斯	CT 款 34	GS 款 98	LS 款 238

数据来源：新浪汽车价目表，2014 年。

由表 5.3.7 可以看出，比亚迪汽车推出的两款新能源汽车，E6 系列价格是 18 万元秦款的两倍，据比亚迪官网统计，秦的市场欢迎度明显比较高，2012 年北京市秦款销售量是 2198 台，占比亚迪新能源汽车销售大头。本田混合动力三系列思域、飞度和 Insight 平均价格在 20 万左右，与本田基本车型 10 万元左右的价格相比还是偏高，消费者少有购买，在官网甚至一度悄然下架停产。宝马混合动力系列车型从几十万到两百万价格不等，但是官网统计销量占比也是不温不火，占比不高。从汽车价目表和各车企官网统计销量来看，汽车的大众普及程度逐渐提升，但是新能源汽车的欢迎程度还是不高，消费者热情不高与新能源汽车价格居高不下有很大程度的关联。能够用一般甚至三分之一的价格购买到同等档次的汽车，若没有国家补贴降低新能源汽车价格，少有人会主动去购买，购买量平均占比不到千分之二。

五、基于克鲁格曼贸易发展战略理论的湖北省新能源汽车贸易战略

新能源汽车贸易规模在国家和地方政策支持下不断扩大，新能源汽车贸易市场得到一定发展。2008 年，新能源乘用车销量为 899 台，新能源商用车销量为 1536 台，新能源汽车销售形势见好，2008 年被称为中国"新能源汽车元年"。2009 年，国家出台一系列扶持政策，新能源商用车销量同比增长 178.98%，销量增长至 4064 台，新能源商用车市场开始迅猛增长。2010 年，国家开始建立私人购车补贴推广点，在推广城市购买新能源汽车能得到 3 万至 6 万不等的补贴金额。2013 年 1 月，北京市、上海市、广州市和深圳市等 25 个新能源汽车示范推广城市总共示范推广新能源汽车 3 万余台，公共领域占比 75%，私人领域占比 25%，即是说 2013 年首季度私人购买新能源汽车约为 1 万台。

(一) 战略性贸易政策在湖北省新能源汽车行业应用的适用性分析

战略性贸易政策指基于或者可以改变不同竞争企业之间战略性互动形成的均衡的贸易政策，指在"不完全竞争"市场中，政府积极运用补贴或出口鼓励等措施对那些被认为存在着规模经济、外部经济或大量"租"（某种要素所得到的高于该要素用于其他用途所获得的收益）的产业予以扶持，扩大本国厂商在国际市场上所占的市场份额，把超额利润从外国厂商转移给本国厂商，以增加本国经济福利，加强其国际地位。战略性贸易政策理论可以分为利润转移理论和外部经济理论两大分支，包含三个层次的具体论点：利用关税抽取外国垄断厂商的垄断利润，以进口竞争产业的保护来促进出口和以出口补贴为本国寡头厂商夺取市场份额。外部经济理论为广义的战略性贸易政策理论。战略性贸易政策理论最早提出于 20 世纪 80 年代中期。主要以詹姆斯·布朗德、巴巴拉·斯潘塞等人为代表的西方经济学家提出来的。我们尝试将战略性贸易政策理论分析湖北省市场。

1. 信息完备、独立决策、高效的湖北省各级高效政府

新能源汽车是在政策扶持下发展起来的。战略性贸易政策强调政府政策对贸易的干预，信息不完全会导致政府决策失误，因此要求有一个信息完备的政府。政府只有在制定政策时，全面充分地掌握诸如行业、竞争厂商、国际市场竞争状况等信息，才能在恰当的时机制定恰当的干预政策。其次，政府制定政策也不能受某些特定利益群体的支配，而应从战略角度出发制定贸易政策。

从总体上看，湖北省政府的独立决策能力较强。政府办事效率也逐渐得到提高；随着政府职能部门合理化，政府搜集分析信息的能力不断增强；这些都为战略性贸易政策在湖北省新能源汽车的应用提供了良好的制度环境。

2. 日趋完善的湖北省市场经济体制

改革开放以来，湖北省市场经济建设已初具规模。市场在资源配置中起主导作用，市场化不断增强。早在 2005 年，北京师范大学经济与资源管理研究所报告就指出，中国的市场化达到了 73.8%，经济市场化程度超临界水平。湖北省目前基本建立了"产权清晰、责权明确、政企分开、管理科学"的现代企业制度，微观经济主体的行为更加的理性化、市场化。市场体制的完善，能够有效保证市场主体在政府战略性贸易政策的干预下进行利益最大化行为。积极研发创新，参与获取垄断利润的竞争。

3. 规模经济标准

"十三五"期间，新能源汽车正进入全面产业化阶段。新能源汽车行业的规模经济是成功实施战略性贸易政策的关键所在。随着经济发展，城镇化进程推进，潜在消费能力和消费总量十分惊人。湖北省汽车消费需求已开始进入高速增长期，在提倡节能环保的低碳消费经济的大背景下，新能源汽车将扛起湖北省汽车消费的大旗。这意味着新能源汽车巨大的市场容量，这有利于湖北省新能源汽车产业规模经济的形成，有利于企业制定的国内标准上升为国际市场所遵从的标准，增强新能源

汽车企业的国际竞争力。配套的财政、信贷、产业等政策的实施以及资金、劳动低成本优势的进一步发挥，会给湖北省新能源汽车行业带来巨大的规模经济效应。

4. 市场进入壁垒标准

新能源汽车地方保护主义严重，各省纷纷设立各自的行业准入标准保护本地新能源汽车发展，缺乏统一的新能源汽车行业的国家标准。

对一个行业补贴会使厂商获得超额利润，这会诱使新厂商的进入。而厂商的数量由带来规模经济的固定成本所决定，数量的增加、行业的集中度降低、行业的平均成本上升、企业规模经济下降、一国贸易条件恶化，福利损失。因此，战略性贸易政策选择的行业应该是市场进入壁垒较高的行业。新能源汽车是资本密集度和技术密集度很高的行业，反映了准入门槛的程度。新能源汽车行业具有的特点主要是：前期研发成本高，投资周期长；知识和技术密集，科研人员比重高；产品差异化程度、附加值高等行业本身的特点和行政性进入壁垒的限制，使得新能源汽车行业的进入门槛很高。当然，一个行业维持较高的进入壁垒与行业的集中度也有很大关系，行业集中度越高，越不利于新企业的进入。

(二) 新能源汽车贸易战略的制约因素

类似中国贸易瓶颈，湖北省新能源汽车贸易战略依旧存在进退壁垒问题，新能源汽车产业作为一种新兴产业，规模经济性特点明显。由于企业初期需要投入大量科研经费，原材料选用不够经济，设备投资大，劳动分工以及专业程度低等原因，导致汽车产量低，性能有待提高，因此新能源汽车企业生产规模只有在达到最小规模经济才能为企业够产生利润，并且随着竞争力不断提高，达到一定的规模，才能生存下去。同时，新能源汽车产业具有资本、技术密集型的特点，在位企业在技术革新的过程中不断积累技术优势，制定产品标准，并且通过学习曲线效应有效降低生产成本，创造成本优势，然而这些在位企业的技术优势和成本优势正是新进入企业的进入壁垒。

六、新能源汽车租赁模式——王秉刚易开电动汽车分时租车考察

针对新能源汽车居高不下的成本和发展初期的不便,芜湖易开电动汽车分时租车值得借鉴。国家燃料电池汽车及动力工程技术研究中心主任余卓平提出,中国正大规模鼓励电池租赁,建议考虑转移支付或分期付款的模式,降低新能源汽车的使用成本,使新能源汽车性价比远远高于传统汽车。新能源汽车产业仍尚显稚嫩,要把握住短暂的机会,完成从科研向产业化的转型,政府扶持政策要重视研发,重视市场,形成从研发到产业化的有效支持。

2016年8月4日,王秉刚老师对芜湖恒天易开公司运营模式的实地考察。

王老师到芜湖恒天易开公司,实地考察了"分时租赁"——一种新型纯电动汽车运营模式,"真有眼前一亮的感觉"。

芜湖市的恒天易开分时租赁规模已经达到1160辆,租车站点有100个,散布于芜湖四区四县,方便用户A点借X点还,运行一年来已受到广泛欢迎,出租率达到85%。注册用户达5.6万人,使用距离4~100公里范围,复租率达到70%。王老师考察了四个站点,最大的是芜湖火车站的地下停车场,这里有80个充电停车位,打开手机APP显示这里还有6辆车可租用。广告产业园的站点有10车位,租金按时间计,15元/小时,该模式经济方便得到顾客认可。市政府前面广场的有70个车位,也是一个较大的站点。比较偏远的奇瑞新能源汽车公司门口站点有6个车位。

易开公司推行的是"无人值守自助租车"模式,预约、取车、缴费全在手机上完成。除大站点有少数几个服务人员,一般站点无工作人员。用户用完车,通过手机找到最近的站点去还车,还车时要主动把充电电线插好,让汽车充电,以便下一个用户使用。运行一年来,绝大多数用户能遵守规定,没有发生盗车和丢车的事情。

监控中心实时反映每辆车的位置和状况。同时还可以看到每个站点

的视频。易开公司利用大数据技术自动记录和统计各项指标，这些数据能够对这种运营模式给出客观的科学的评价。

易开模式之所以快速投入正常运行，达到预期规模和初见成效，是他们花了三年时间在软硬件上做了充分准备，同时，与芜湖市政府给予重要支持分不开，选择奇瑞 EQ 小型电动汽车也很适宜。易开模式已经引起许多城市关注，至今已经有 6 个城市与易开公司商订合作推行电动汽车的分享租车业务。

七、一点思考和启示

新能源汽车技术标准是新能源汽车推广的关键，是规范新能源汽车生产的前提。目前国内并没有形成统一的技术标准体系，导致新能源汽车的无序发展，也会造成新能源技术研发上的重复投资。已经出台的标准也还有许多需要完善的地方，零部件标准缺乏也使得关键零部件难以实现产业化，无法保障新能源汽车的规模化生产以及后续的维修与保养。欧美地区的高标准和各种贸易壁垒将会是影响湖北省新能源汽车出口的重大因素，使得湖北省新能源汽车进入国际市场遇到很多的阻力。新能源汽车出口要面对国外市场严格的技术、油耗、排放等诸多标准的考验，而一些标准又往往和知识产权保护联系在一起，对湖北出口设置了障碍。

基于克鲁格曼贸易发展战略理论，以政策促进中国新能源汽车贸易可持续而合理发展。正如世界著名汽车质量专家阿特金森教授在华所提出的"汽车业客户价值"观念，指出客户满意度是汽车业的质量竞争力。决定消费者购买行为的唯一原因是顾客满意度，应大力实施顾客满意价值工程扩大内需。全球经济危机改变了汽车业未来发展路径，企业必须广泛开展质量创新，加强质量管理，降低生产成本，以新能源汽车促进产业结构调整和升级。

第六章　新能源汽车战略与政策国际比较及湖北省借鉴

作为战略性新兴产业，新能源汽车受到了全球关注。澳大利亚科学家研究发明出一种极其简单的方法以延长充电锂电池寿命，将锂金属电极浸没在含有离子液和锂盐的混合电解液中，能延长电池的寿命，并可以将电池的续航时间延长，性能和安全性也能得到一定的增强。该研究成果能够应用到实际，那么对锂电池汽车的发展着实有着不小的推动力，新能源汽车发展燃料电池等高端能源必然会成一种趋势。

中国新能源汽车战略有喜有忧，新能源汽车一种不好的现象是，车企不是专注于技术创新和开发市场，而是更关心并琢磨国家新能源汽车政策方向，以获得更多的政策优惠和扶持，以至于有骗取国家财政资金之嫌，新能源汽车发展路线有时居然成为车企管理层面的利益甚至是政治路线之争。有鉴于此，政府制定政策不能受某些特定利益群体支配，而应从国家战略角度出发制定关税、配额、出口补贴、生产补贴和研发补贴等可持续发展的新能源汽车贸易政策。

第一节　美日欧新能源汽车战略与政策比较

中国是世界目前最大的新能源汽车产销市场，美国和日本是当前世界主要的新能源汽车大国。本节对这3个世界新能源汽车主要市场的发展战略与政策进行了比较分析和评述。

一、中、美、日新能源汽车战略概述

1. 中国新能源汽车发展战略及成就

（1）发展的阶段。

根据专家分析，中国新能源汽车的发展已经完成3个阶段，目前已经开始进入第4个阶段。

第1阶段：加快新能源汽车推广应用阶段。

2014年3月26日，国务院副总理马凯在深圳市调研新能源汽车产业，并主持召开"新能源汽车推广应用座谈会"。要坚定不移地贯彻中央发展节能与新能源汽车的决策部署，以市场为导向，采取综合措施，加快市场推广应用，扎实推动节能与新能源汽车产业发展。并列出任务清单，指定各部门分头研究落实。

第2阶段：推动新能源汽车充电设施加快发展阶段。

2015年5月15日，马凯到江苏省常州市深入充电设施建设运营和研发生产企业调研，并主持召开新能源汽车推广应用座谈会。要求企业积极发挥主体作用，政府不断完善政策措施，特别是充电设施建设明显滞后于产业发展，已经成为新能源汽车推广应用的"瓶颈"，必须尽快予以解决。

第3阶段：抓住关键环节，加强技术研发，加快推广应用阶段。

2016年7月6日，国务院副总理马凯在西安市主持召开新能源汽车产业发展座谈会。要求抓住关键环节，加强技术研发，加快推广应用，规范行业秩序，确保质量安全，努力促进新能源汽车产业持续健康发展。

对这些企业要视情节严重情况进行相关惩处，包括取消财政补贴资格、追回补贴资金、罚款、取消汽车生产资质，将问题车型从推荐车型目录中剔除等。

第4阶段：当前中国新能源汽车发展仍处于爬坡过坎、攻坚克难阶段。

当前中国新能源汽车发展仍处于爬坡过坎、攻坚克难的关键阶段，要始终坚持发展新能源汽车国家战略不动摇，继续按照"市场主导、创新驱动、重点突破、协调发展"的要求，在统筹上狠下功夫，在创新上取得更大进展。

(2) 取得的成就。

作为世界最大的汽车产销国，中国汽车年产销量达到 2000 万辆，正因为如此，能源的消耗以及汽车尾气的排放等问题也越来越严重，在此背景下，中国政府将新能源汽车作为未来发展的重点，通过提前计划，加大研发投入，出台相关优惠政策，以及建设充电站等一系列举措，使得新能源汽车取得了重大成就。

根据中国产业调研网统计《2015 年版中国新能源汽车市场现状调研与发展前景分析》，2014 年新能源汽车生产 78499 辆，销售 74763 辆，比上年分别增长 3.5 倍和 3.2 倍。其中纯电动汽车产销分别完成 48605 辆和 45048 辆，比上年分别增长 2.4 倍和 2.1 倍；插电式混合动力汽车产销分别完成 29894 辆和 29715 辆，比上年分别增长 8.1 倍和 8.8 倍。2016 年 1 月 19 日，根据工信部发布的数据，2015 年中国新能源汽车产销量分别为 34 万辆和 33 万辆，同比增长 3.3 倍和 3.4 倍，其中纯电动汽车产销分别完成 254633 辆和 247482 辆。中国取代美国成为新能源汽车最大的产销国。其中比亚迪新能源汽车在 2015 年销售 6.2 万台，远超特斯拉、日产等国际知名品牌，一跃成为全球新能源汽车销量冠军。同时比亚迪还获得了阿联酋颁发的 2016 扎耶德未来能源奖，成为首个获得该奖的中国企业，提升了中国新能源汽车在全球的市场地位。

2015 年，中国成为世界最大新能源汽车生产和销售国，也是新能源汽车研发和产业转型最活跃地区。

2. 美国新能源汽车战略概述

奥巴马是"理念先进的民主党人"，奥巴马政府时期，美国新能源汽车着重是发展电动汽车，其典型代表"特斯拉"电动汽车，自新能源汽车发展以来，特斯拉电动汽车以高端的品质，超大容量的电池，电池充电时间短寿命长等优点迅速占领全球新能源汽车市场。2013年新能源汽车的销售量为9.6万辆,其中仅特斯拉的电动车2013年就销售了1.87万辆,2014年,特斯拉全年在全球销售了31655辆Model S,据英国路透社2016年1月3日报道,特斯拉在2015年的总销量达到了50580辆。特斯拉之所以能取得如此大的成就得益于美国政府对新能源汽车的优惠政策。2012年3月,美国宣布了旨在鼓励消费者购买可替代燃料车型的新能源补贴政策,包括对新能源汽车的免税补贴以及奖励电动汽车和电池技术的基础研究,电动汽车的免税补贴从7500美元上升到1万美元。与此同时,全美近40个州和首都华盛顿都推出了各种促进电动汽车使用的措施,包括可享有在多人专用快车道上行驶的特权、排放见车豁免、优惠的购买计划等。此外,美国政府投入4亿美元用于建设充电站等一些基础设施。

特朗普则是"保守的共和党代表",是"石油、军工等传统企业利益的代言人"。他倾向于传统化石能源,承诺放开能源产业管制、促进煤炭产业发展,鼓励增加石油和天然气产量以创造就业机会。自从美国发现了大规模的页岩气,21世纪,页岩气开采与提炼技术得到了极大发展,美国从能源净进口国为净出口国,彻底摆脱能源危机,一跃成为全球第二大能源供应商,所以,特朗普认为美国没有为了能源安全而发展新能源的必要。即使日系小排量如普锐斯风生水起,美国人还是热衷豪华车,大排量皮卡销售排名前三。

退出《巴黎协定》,美国没有了国际环保框架限定,美国的新能源战略该走向何方呢?特朗普的语录是:石油就在那里等着你开采,我们只管开采就好咯。与奥巴马视新能源为未来国家战略不同,特朗普青睐发展传统的油气煤等能源,青睐传统能源,轻视新能源,对发展新能源不热衷,反对气候变暖等环保议题。特朗普(2016)甚至提出"全球变暖的概念是中国人整出来的,目的是削弱美国制造业竞争力"。2016年8月8日,特朗普政府提出撤销奥巴马政府一切破坏美国就业的政策措施,包括气候行动方案。

尽管美国国内对于特朗普轻视新能源汽车的战略存在诸多反对声音，特斯拉 CEO 马斯科克公开反对特朗普政策，但可以预计美国新能源汽车比如特斯拉，前途未卜。

3. 日本新能源汽车的成就

日本新能源汽车的发展与日本三大汽车企业——丰田、本田、日产有着密切联系，从 1997 年开始，日本汽车企业丰田最先在全球推出混合动力汽车普锐斯，到 2015 年为止，该车在全球累积销量已超过 350 万辆。除了丰田外，本田汽车企业在混合电动汽车上投资巨大，目前日本国内大概 47%的本田汽车都是混合动力汽车。而日产企业将重心靠向纯电动汽车。从 2010 年，日产推出纯电动汽车 LEAF，一次充电可以续航 280 公里，到 2013 年 1 月，日产 LEAF 电动汽车销量突破 50000 辆，到 2013 年 9 月销量突破 80000 辆，2014 年 1 月突破 100000 辆。到 2015 年底 LEAF 销量突破 200000 辆，仅 2015 年一年来销量约为 5 万辆，在全球各大汽车行业中位列第三。

二、中、美、日战略比较分析

2014 年 7 月，中国政府历史罕见地连续 3 次下达新能源汽车政策，对新能源汽车实行免征车辆购置税，并进行国家财政补贴，各地方财政补贴也纷纷出台，国家补贴使中国新能源汽车发展呈现"普车同庆"的景象。但中国新能源车也只是迈出商业化的第一步，中国汽车工程学会副秘书长韩镭表示："电动车从研发出来到真正可以产业化、商业化是需要很长时间的。"2015 年，中国新能源汽车井喷式发展，产销 30 万辆，成为世界第一大新能源汽车市场。

2016 年，中国电动汽车成绩显著，保有量率先超过 100 万，全世界占比 50%强，政策的助力功不可没，但是骗补的暴露证明完全靠政府补贴不是长久之计。2016 年 12 月 29 日，财政部等 4 部委正式下发了《关于调整新能源汽车推广应用财政补贴政策的通知》，明确 2017 年补贴标准大幅下降约 40%，并提高了补贴的技术门槛。中国新能源汽车市场正由政策推动转向市场推动，汽车厂商要逐渐扛起推广电动汽车的主要责任。

全球汽车业整体在往电动化方向发展，美国市场不足以干扰全球性方向。中国车企更应该大力发展新能源汽车技术，抓住机会，抢夺优势。借助政策的推动以及中国庞大的市场优势，把技术做精，提升品质是关键。

特朗普对新能源明显的不喜爱对中国新能源汽车的"蛙跳效用"是一次机遇。机会已经摆在这了，关键还是看车企。

历史地看，作为世界主要的新能源汽车市场，中日美新能源汽车战略及制度各有千秋。

（一）中国：2018年实行新能源汽车实行双积分制没商量

2015年以来，中国一直是世界第一新能源汽车生产和销售市场，2016年，中国政府部门相继推出新能源汽车碳配额制度和新能源汽车双积分制度，中国新能源汽车的成就举世瞩目，但中国新能源汽车战略仍然是万里长征第一步，任重而道远。

1. 中国新能源汽车发展的战略挑战

（1）政策热消费冷。

新能源汽车产业化和规模化极大依赖消费市场，只有消费需求足够大才能真正实现产业化和规模化。与各级政府重重政策优惠热潮相比，新能源汽车消费市场反映偏冷。可能是受到众多优惠政策的吸引，有不少人都显示出对新能源汽车的兴趣，但真正有购买意愿的却很少，尤其是新能源汽车私家车。

其中的原因可能是中国消费者对新能源汽车的接受度远不如欧美日，尽管国家和地方双重优惠政策已经使新能源汽车的价格与传统汽车相差无几，但节能环保的社会消费观念尚未形成。另外，对新能源汽车技术的不信任，维修的便利性，充电的不方便等问题，均是导致消费者购买积极性不高的原因。

此外，产量少、成本高造成中国新能源汽车价格居高不下，新能源汽车成本过高的主要原因有：①技术因素。中小型车企新能源汽车价格居高不下主要是技术原因所导致。例如核心内燃机技术依赖进口，生产的零配件品质不符合市场要求、不良率高，生产线效率低下等。大型车企一般专注于新能源汽车核心技术开发，但研发周期长、成本大，造成新车型价格比同款普通车型高。中国装配制造业和材料工业等相关产业发展滞后，很难对汽车和零配件业提供技术支持，这也制约了新能源汽车整体研发创新能力，造成成本过高。②规划因素。中国车企目前多是各自研发、单独作战，没有形成整体统一的协会、联盟来协调一致，成果共享和分配生产，这导致新能源汽车资源整合过程中的浪费，低水平项目重复投资也造成新能源汽车开发成本过高。

目前，中国市场上的新能源汽车在国家和地方补贴政策下，价格基本可以与传统汽车持平，但政策是递减的，而且有一定的时间期限，一旦优惠政策到期或停止，如何有效地保持新能源汽车的价格优势将是有待于解决的难题。

（2）新能源汽车售后维修和服务欠缺。

由于产业化和规模化还有待时日，中国新能源汽车的售后维修和服务也存在问题。①作为新型产业，新能源汽车的研发、生产和售后都要投入大量资金，国家和企业要承担较高风险，一定程度抑制了车企的生产热情。新能源汽车价格过高，而国家和地方补贴政策是递减的，例如以每年5%比例下调，能享受补贴的只有北上广深等部分试点城市等。优惠涉及范围狭窄，优惠力度也在不断回落，单一的财政补贴形式都造成促销力度不足。②地方保护主义的弊端。新能源汽车起步伊始就受到各种"保护"，中国新能源汽车发展中的地方保护主义不容忽视，如北京市和上海市等地都规定有各自的进入目录。加上电动车性价比不高，国内电动汽车销售一直惨淡。尽管政府对购买电动车给予大量补贴，但车企都大力发展混合动力车，对纯电动汽车积极性不高，中国政府专注于纯电动汽车的新能源汽车发展战略面临困境。地方保护主义盛行阻碍了新能源汽车的推广。③销售渠道不足，销售渠道欠佳。目前国内新能源汽车销售模式大部分是品牌车型在展示会上展示、试驾和购买，很少在4S店内看到新能源汽车现货。新能源汽车展示机会少、车型少，渠道商购进并且开展宣传销售的时机少。

2. 中国新能源汽车双积分制

2017年6月，中国工信部在国务院法制办公室官方网站上发布了《乘用车企业平均燃料消耗量与新能源汽车积分并行管理办法（征求意见稿）》。该草案规定，汽车制造商必须出售足够的电动或插电式混合动力汽车，以在2018年之前产生相当于8%的销售额的"信用积分"，到2019年为10%，2020年为12%。每辆汽车的积分与其电气化水平密切相关。新能源汽车积分，为该企业新能源汽车积分实际值与目标值之间的差额。外媒称，该条例草案坚持严格的电动汽车配额，无视中国总理李克强与德国总理默克尔6月初进行的让步协定。

德国《经济周刊》称，四大汽车行业协会要求中国政府对未能达到销售配额规定的汽车厂商进行较为轻度的惩罚，并为每家汽车制造商量身定制配额，以避免使少数国外汽车制造商处于劣势。

一直以来，国外汽车制造商认为，中国政府制定的电动汽车配额目标过于苛刻，一些规定将使得他们在同中国同行竞争时优势锐减，原因是他们不可能在规定的时间内实施上述规定。

(二)美国新能源汽车战略动态

为了减少汽车尾气排放，加州1990年提出零排放车辆(ZEV)计划，1998年开始正式实施。目前，该计划已扩展至9个州，覆盖了23%的美国新车市场。加州与电动汽车制造商以及整个汽车行业的发展时刻保持衔接，制定了到2025年零排放汽车在加州汽车总销量中占比15.4%的目标，其中纯电动汽车(PEVs)需占一半，其余则是以其他替代燃料为动力的部分零排放汽车。根据政府的长期目标，到2050年，整个汽车市场都将会是零排放或者近零排放汽车。

加州零排放汽车积分交易机制的成功实施,致使加州成为世界上最大的电动汽车销售及创新中心,该机制推动新能源汽车发展经验值得中国借鉴。

奥巴马政府更是雄心勃勃地提出了百万电动汽车的宏伟计划。2011年,美国政府发布战略,确定在2015年底美国电动汽车累计销售量达100万辆的目标,是所有制定电动汽车发展目标的国家中数值最高的。

1. 奥巴马政府目标过高,难以实现。特朗普政府背道而驰,脱离《巴黎协定》

美国能源部发布的《2015年前部署100万辆电动汽车》的报告出台的战略包括三个部分:一是改变补贴方式,将之前全额购买电动汽车,获得最多每辆车7500美元的抵税补贴改为直接在购车时返还给购车者,无需等待退税;二是加大研发投入,在经济刺激计划的基础上,2012财年加大对电动汽车驱动系统、电池和能源储存技术的研发投入;三是激励社区投资建设电动汽车基础设施,为30个社区提供竞争性拨款,以激励社区将电动汽车基础设施建设作为优先发展项目。

从2011年底美国电动汽车数据统计来看,当年的实际销量仅为1.75万辆,2012年预计销售值为3.5万辆,根据美国派克研究公司的一份报告称,奥巴马政府难以如期实现该目标,要实现累计100万辆的销量,还要多等3年。

特朗普基本与奥巴马背道而驰,2016年6月,特朗普政府公开退出《巴黎协定》。传统利益集团的代言人特朗普认为其他国家以环保名义限制美国,美国发展新能源完全是奥巴马的所谓大国责任感与中国无形的压力。他认为:为了发展美国经济,解决就业问题,美国煤炭与石油产业不可缺少。特朗普认为全球气候变暖是为了让美国制造业变得毫无竞争力而制造的一个"骗局";《巴黎协定》不利于美国却使"国外官僚控制美国的能源使用量"。退出《巴黎协定》是为了"保护美国与美国公民"。

2. 奥巴马政府投资失败连连，美国民众依然热衷于豪华大型车，未来美国的新能源汽车战略极有可能发生巨变

截至 2012 年 8 月，美国政府已经投入 50 亿美元用于支持电动汽车业，除将其作为战略投资、希望成为国际领先者外，还希望创造利润、增加就业机会，但现实堪忧。

美国政府投资失败的案例不断，导致巨额资金付诸东流。如美国太阳能板制造企业 Solyndra 在获得美国能源部 5.28 亿美元贷款担保后倒闭了；从事太阳能电池生产的 A123 系统公司，提出 3.8 亿美元贷款申请时，称能增加 3000 个就业岗位，实际却只雇佣 690 人；被美国政府认为很有"潜力"的电池生产企业 EnerDel，获得了 1.18 亿美元资金资助，但已陷入困境中，其最大客户 Think 电动车公司已经宣布破产。

与奥巴马形成鲜明对比的是，美国汽油税一直很低，美国民众一直热衷于豪华大排量的高档车。特朗普上台后，一直致力于削弱美国联邦环保署对汽车排放的限制，一旦获得进展，加上美国相对低廉的汽油价格和燃油税，美国新能源汽车的发展将会大幅减缓。销量不佳，美国本土企业就会降低在新能源汽车方面的投入。可以预见，未来美国的新能源汽车战略极有可能发生巨变。

3. 小型电动车投资锐减，特朗普政府下的美国新能源汽车前途渺茫

2011 年底，美国小型电动车企业频频发生倒闭、裁员、降级，发展遇到瓶颈，很大的原因在于推广电动汽车的艰难，美国政府的支持更加谨慎，风投公司也踌躇不前。如美国电动汽车制造公司 Aptera Motors 由于未筹集足够资金而宣布破产，虽然之前曾经推出三轮电动车而轰动一时，也得到政府提供的 1.5 亿美元有条件低息贷款，但还需筹集的 8000 万美元没有及时到位。绿色汽车制造商 Next Autoworks 关闭加州总部，将业务组合到底特律以开源节流。锂电池领域的"黑马"美国 A123 系统公司，宣布裁员 125 人，原因是受其重要客户电动车生产企业菲斯科业绩不佳的拖累。

美国能源部 2008 年启动了项目金额达 250 亿美元，主要针对新能源汽车技术发展的资助贷款。但由于上述企业 Solyndra 在获得大笔贷款后倒闭，能源部受到联邦政府的严厉批评，能源部对新贷款企业审批从紧，使得大量急需资金的小型电动车企业陷入困境。

美国白宫向联合国递交退出《巴黎协定》的意向通知，但美国国务院承诺将继续参与国际气候变化谈判和会议。包括《联合国气候变化框架公约》第 23 次缔约方大会，奥巴马电动汽车计划之后，特朗普政府下的美国新能源汽车前途未卜。

4. 插电式电动车销售乐观，但乙醇汽车争议颇多

2012 年上半年美国电动汽车的销售量猛增，其中插电式电动车销售量远胜过纯电动汽车。根据美国权威资讯网站 Edmunds.com 的数据显示，包括通用汽车公司的雪佛兰沃蓝达和丰田公司的普锐斯在内的插电式电动汽车 2012 年上半年的销量同比增长 380%，超过 13000 辆。

而上述两款车型销售量较高主要源于两大因素：

一是插电式电动车可以先利用电池供电行驶一段里程，而后在启动传统的汽油发动机；成功解决了纯电动汽车和传统混合动力车两者的缺点，即前者的行驶里程有限、电池成本高以及缺乏普及的公共充电基础设施，后者的无法自由选择驾驶模式的问题。

二是加州政府大力支持电动汽车，包括不批量的采购和投资。2012 年 6 月的沃蓝达和普锐斯销售量中，加州政府的采购比例达到了 28% 和 60%。此外，2012 年 4 月时，加州州长宣布，将与 NRG 能源公司签署一份 1.2 亿美元的协议，将在全州建立至少 200 座公共快速充电站，1000 个地点建立 1 万个充电桩；另外剩余的 2000 万美元将用于补贴电动汽车消费者。

美国乙醇汽车争议颇多：

第一，支持方及观点。

美国环保局：在推广 E10（10% 乙醇和 90% 体积汽油的混合燃料）乙醇汽油后，希望继续增加乙醇比例，以降低美国对进口石油的依赖。而美国本土燃料乙醇的产量十分丰富，根据美国能源部公布的资料，美国

燃料乙醇的生产与使用获得迅猛发展：年产量突破10亿加仑用了10年时间(1984—1993年)，突破20亿加仑也用了10年时间(1993—2002年)，而由20亿至30亿加仑仅仅用了2年时间(2002—2004年)。根据美国能源部的计划，到2025年可再生物质生产的生物燃料将代替从中东进口的石油的75%，到2030年将用生物燃料代替现在汽油使用量的30%，届时将需要燃料乙醇600亿加仑，即约1.8亿吨。

第二，反对方及观点。

协调研究理事会(CRC)：该理事会是一个由8家主流汽车制造商和美国石油协会(American Petroleum Institute)资助的非盈利组织，2012年6月对美国推出的E15乙醇汽油(15%乙醇和85%体积汽油的混合燃料)测试结果为：E15乙醇汽油会对发动机造成损伤。该观点引起消费者和汽车制造商对E15乙醇汽油的强烈抵制。

5. 特朗普政府难以逆转世界新能源趋势，新能源汽车多样化依旧是未来趋势

尽管特朗普能源政策出现反复，世界趋势难以逆转，新能源汽车多样化是未来趋势。插电式混合动力汽车也是主流的新能源汽车销售类型，美国企业和政府都公开表示，多样化选择将是未来趋势。

美国的天然气资源十分丰富，出产量均位居世界前列，根据美国加州能源委员会的数据，天然气产生的温室气体排放比柴油低23%，比汽油低30%。价格和环保的优势使得天然气汽车成为车企的重要研发方向：如克莱斯勒代表在出席听证会时，曾向美国国会议员表达了希望政府支持发展压缩天然气(CNG)汽车的意愿；通用汽车也销售同时使用压缩天然气和汽油的"生物燃料"皮卡；本田是目前唯一生产和销售天然气轿车的企业，产品是以CNG为燃料的思域GX；福特推出了CNG版本的全顺Connect出租车，此外还销售CNG版本的E系列和F系列大型皮卡。

此外，氢燃料电池受到大量汽车行业人士的支持，认为它是未来驱动汽车更为现实的选择。本田、奔驰和通用等汽车公司都投入经费进行

研发,希望未来将氢燃料电池汽车市场化。奥巴马 2012 年 3 月考察一家奔驰汽车生产厂后提出了新计划,即作为投资 10 亿美元的国家社区部署项目的一部分,支持包括电动汽车、天然气汽车在内的替代能源汽车技术的应用,该规划对这些汽车的消费补贴将由单车 7500 美元增值最高 1 万美元。

(三)各国政府大力支持,但发展战略各不相同

自美国次贷危机以来,世界各国都加紧了对新能源汽车的研究开发,将其作为振兴经济的引擎,不遗余力的投入人力、物力、财力以争夺市场。

1. 美国研发重心多变:混合动力车到电动汽车

美国长期侧重降低石油依赖、确保能源安全的战略,将发展新能源汽车作为交通领域实现根本上摆脱石油严重依赖的重要措施,并以法律法规的形式确定其战略定位。美国是世界上研发新能源汽车较早的国家,目前已形成了"一揽子政策"的支持体系。

20 世纪 80 年代开始,美国在不同的阶段提出了不同的车用能源发展战略:克林顿时期,美国以提高燃油经济性为目标,混合动力是其主要的技术解决方案。布什时期,美国主要追求零排放和对石油的零依赖,氢燃料电池汽车是其主要的技术解决方案。2007 年 1 月,布什发表国情咨文,宣布了替代能源和节能政策,提出美国应努力在未来 10 年内将汽油使用量降低 20%。奥巴马时期,推动新能源汽车发展是其政府能源政策的组成部分,奥巴马政府采取了许多策略以促进新能源汽车的发展,如政府采购节能汽车、消费者购买节能汽车减税、设立新能源汽车政府资助项目、投资促进新能源汽车基础设施建设等。特朗普青睐传统能源,其新能源汽车政策未可预料。

美国的通用、福特和克莱斯勒公司在混合动力汽车方面重点在于插电式混合动力和强混技术。通用和福特都曾在燃料电池汽车研发方面投入巨资,虽然没有轻言放弃,但随着燃料电池车产业化的推迟和混合动力车市场份额的不断扩大,关注重心已经向混合动力车方面倾斜。

加州政府经验借鉴：政府减排目标施压车企：

美国加尼福利亚州在推广新能源汽车方面一直是不遗余力，其目标是到 2020 年使加州零排放车辆达到 100 万辆，到 2025 年提高到 150 万辆。为达到目标，加州相关政府部门规划了四项具体内容——基础设施建设、提高消费者认知度和需求、改造政府车队、提高相关行业的投资和就业。这些措施成效斐然，在《福布斯》杂志评出的"美国电动车比例最高十大城市"中，8 个位于加州；2012 年加州占美国新车销量的12%，电动车销量则占比 40%。

加州政府作为美国唯一有权制定独立汽车排放标准的州，在其政府灵活多样的促进方案中，通过政府制定法案和计划目标的方式施压和引导企业的做法十分值得亚洲国家政府借鉴，这一系列的措施包括(见表 6.1.1)：

表 6.1.1　　加州政府促进新能源汽车推广的施压措施

时间	措施	目标
2002 年	《AB 1493 法案》	要求 2009 年以后上市的汽车减少温室气体排放量，并在 2016 年减排 30%。
2013 年 2 月	《零排放车辆行动计划》	规划 2025 年零排放车辆达到 150 万辆
2013 年 11 月	《州零排放车辆项目谅解备忘录》	与其他七个州①共同签署《州零排放车辆项目谅解备忘录》，决定共同采取行动，到 2025 年使 8 州的零排放车辆(ZEV，目前包括纯电动车、插电式混合动力车、氢燃料电池车)达到 330 万辆。

资料来源：根据《中国汽车报》、《新能源汽车新闻》等相关资料整理。

---

①　其他 7 个州包括：康涅狄格州、马里兰州、马萨诸塞州、纽约州、俄勒冈州、罗德岛州和佛蒙特州。资料来源：美八州合筑汽车零排放阵营[N]. 中国汽车报，2013 年 11 月 4 日，B4。

另一方面，加州政府力推的做法也带来了阻力，例如 2004 年，一些大型汽车制造商提起法律诉讼，试图阻止《AB 1493 法案》，但加州政府最终于 2007 年 12 月胜诉。

为了顺利实施方案，加州政府也会在施压中体现激励，缓冲政府干预可能导致的负面作用。例如《零排放车辆行动计划》中要求车企到 2025 年，除了满足 54.5 英里/加仑的平均燃油经济性要求外，在加州所售新车的 15.4%须为零排放车辆；但另一方面给予零排放车辆不等的积分，达到 15.4%目标的车企可将多余的 ZEV 积分出售；而无法达到目标的车企将不得不购买积分以满足法规的要求。加州政府的上述做法有效的施压企业向新能源汽车领域倾斜，积极的创造市场，而不是被动地等待消费者接受。

2. 日本研发重心：能源安全战略，普及电动汽车

日本长期坚持确保能源安全、提高产业竞争力的双重战略，通过制订国家目标引导新能源汽车产业的发展，同时高度重视技术创新。

2006 年 5 月，日本政府制定了"新国家能源战略"，明确提出通过改善和提高汽车燃油经济性标准，推进生物质燃料的应用，促进电动汽车和燃料电池汽车的应用等途径，希望能够到 2030 年交通领域对石油的依赖从 100%降到 80%。为了配合这个新能源战略的实施，日本提出了下一代汽车燃料计划，在 5 个方面给予了规划。

近年来，又将大力发展电动汽车作为低碳革命的重要内容，并且计划到 2020 年普及以电动汽车为主体的下一代汽车，能够达到 1350 万辆。日本全面发展 3 类电动汽车，电动汽车的产业化推进以市场或者市场竞争力作为一个主要目标，这跟其国家战略也是相一致的。比如日本目前在混合动力车型上全球销售量第一，在纯电驱动上规划和产业化推进步伐是最快的，燃料电池产品的研发和产业化推进也是领先的。而且日本是第一个全面系统地提出和实施动力电池研发计划的国家，计划用 20 年的时间分 4 个阶段能够实现电动汽车的性能、成本、和传统汽车具有完全的竞争力。

日本的丰田、本田两家公司分别实现了新能源汽车的产业化，它们推出的 Pruis 和 Civic 两款混合动力汽车得到了日本和北美市场的普遍认可，其中 Pruis 全球累计销量已达 180 万辆。可以说日本已经在新能源汽车领域走在了世界前列，其新能源汽车的市场推广已经进入了实质性阶段。

3. 欧洲战略侧重于温室气体减排目标

欧洲发展新能源汽车更加侧重于温室气体减排战略，将满足日益严格的二氧化碳排放限制要求作为发展新能源汽车的主要驱动力。欧洲新能源汽车发展的主要目标在早期以生物质燃料和天然气为主，在 21 世纪初期提出到 2020 年实现 23% 的石油替代，主要是生物质燃料、CNG 以及氢燃料，将温室气体排放量降低到至少低于 1990 年的 20%，将能源消耗中可再生能源（生物资源、风力、水力、太阳能）的比例提高到 20%。

法国租赁共享推广模式值得借鉴。巴黎从 2011 年 5 月开始推出了全球首个大规模都市公共电动车租赁系统 Autolib（汽车和自由的合成词）项目，该计划覆盖巴黎及周边城市，最大的创新之处在于：使用车辆为 100% 的电动车，在减少温室气体排放的同时，也降低了城市的噪音污染。Autolib 项目由巴黎政府和受托经营者波洛莱集团共同推动①：

巴黎政府出资支持电动汽车租赁系统的前期建设，公开招标运营单位，并辅以运营单位与政府盈利共享、损失共担的模式来进行日常运营活动。巴黎市和周边 45 个市镇还需负责租车点建造，并为每个站点支付 5 万欧元的公共补助金，这部分投资可通过征收道路占用停车费得到部分补偿。

波洛莱集团则负责经营并承担主要的财务风险，该集团目前已为项目投资了 2.35 亿欧元，包括为每个停车位每年支付 760 欧元，并每年

---

① 中国新能源汽车产业发展报告（2013）[M]. 社会科学文献出版社，2013 年 9 月，p. 336。

为每一辆车承担 3000 欧元的维修与保险费用开支。

有研究表明，由于停车费和汽车表现费用高涨，已经削减或放弃使用汽车的法国人多达 25%。在巴黎，只有 43% 的家庭有汽车，而且有高达 95% 的车辆处于停驶状态。Autolib 项目可以给偶尔需要用车的人提供方便，且租车省去了支付汽油、保险费、税收、维修和保养等诸多费用。据巴黎市政府预测，一辆电动车可以代替 5 至 10 辆私人用车；如果每周租车两次，并且使用时间超过 1 小时的用户达到 8 万人，这一项目即可实现盈利。

由此可见，法国 Autolib 对于推广新能源汽车的应用起到了十分积极的作用，达到了一定程度的三方共赢：消费者成为租用者而非购买者，经济压力和顾虑大幅度的减少；车企为项目供给了大量的运行车辆，不用担忧销售问题；政府通过与企业的密切合作，降低了财政支出压力，且分散了风险，并顺利实现了减排效果。上述的方案可实施性强，值得借鉴，亚洲各国可以根据本地情况采取试点的方式试运行再推广至全国。

第二节 亚洲新能源汽车战略及政策绩效分析

国际经济环境的日趋复杂以及新经济引擎的不甚明朗恰是新技术革命和产业革命的催化剂。转变经济增长方式将成为世界经济发展的主旋律，低碳经济所具备的可持续发展内涵使其成为备受认可的主流模式，其中新能源汽车的研发和应用正成为这场变革中的焦点。本节以亚洲新能源汽车产业的发展动态和应用推广案例为研究对象，探讨亚洲新能源汽车产业化中存在的挑战以及对策。

一、亚洲新能源汽车战略概述

1. 亚洲新能源汽车产业的发展规划

2012 年 7 月，中国国务院发布《节能与新能源汽车产业发展规划

(2012—2020年)》(后文简称《规划》),提出发展中国节能与新能源汽车产业的主要目标。此后,中国迎来了新能源汽车产业化的高潮期,业内专家预估未来10年—20年将是中国新能源汽车产业格局形成的关键时期,新能源汽车必将成为拉动中国经济发展的新增长点。

除中国外,亚洲汽车制造业较为发达的日本、韩国以及后起之秀印度均部署了雄心勃勃的规划,制定出中长期产销售数量以彰显其发展新能源汽车的决心,详见表6.2.1。

表6.2.1　　亚洲主要国家新能源汽车发展规划简表

国家	新能源汽车发展规划
中国	《规划》:到2015年,国内纯电动汽车和插电式混合动力汽车累计产销达到50万辆;到2020年,两者的生产能力达到200万辆、累计产量超过500万辆,燃料电池汽车、车用氢能源与国际同步发展。 2016年起,中国提出新能源汽车碳配额制、双积分制和绿色发展统计指标。
日本	"新国家能源战略"(2006):2030年交通领域对石油的依赖从100%降到80%。2012年起大力发展电动汽车作为低碳革命的重要内容,计划到2020年普及以电动汽车为主体的下一代汽车,达到1350万辆。此外,日本是第一个全面系统地提出和实施动力电池研发计划的国家,计划用20年的时间分4个阶段能够实现电动汽车的性能、成本与传统汽车相比具有完全的竞争力。
韩国	韩国政府规划到2015年生产120万辆新能源汽车,出口90万辆,国内市场占有率提高到21%的目标。
印度	印度政府出台了一项总额为2300亿卢比的电动汽车未来8年研发计划,同时确定了"到2020年,印度新能源汽车保有量要到达600万辆"的目标。

资料来源:根据《中国汽车报》、《新能源汽车新闻》等相关资料整理。

由表 6.2.1 可见，中日印三国均有到 2020 年的长远规划，日本的目标最高，为 1350 万辆，印度以 600 万辆次之，中国为 500 万辆。从数量上看，印度的规划保有量高于中国，但印度 600 万辆新能源汽车的目标中包括 400 万~500 万辆两轮电动车，实际目标比中国低得多；且印度的基础设施与道路条件十分差，并不适合电动车行驶，因而主要推广的目标是低速电动车和两轮电动车。此外，亚洲 4 国比较中，印度汽车产业的整体实力最弱，其新能源汽车的研发也处于比较初级的阶段，因而在众多国际竞争力态势的比较研究中一般被忽略不计。

2. 亚洲新能源汽车的政府支持

各国进行新能源汽车的研发和应用的最终目的是在汽车领域获得国家竞争优势，创造就业机会并推动经济的发展。根据哈佛商学院教授迈克尔·波特在其代表作《国家竞争优势》中提出的"国家竞争优势钻石理论"，形成国家竞争优势的除要素条件、需求条件、相关及支撑产业和公司战略外，还需要目标国政府的举措以及存于目标国的机会。由于新能源汽车目前仍属于新兴事物，研发风险大，推广前景不明了，国家的支持政策显得尤为重要。

2013 年 9 月，中国国家工信部公布新一轮的新能源汽车补贴政策——《关于继续开展新能源汽车推广应用工作的通知》，明确 2013 年—2015 年的新能源汽车的补贴政策；与 2010 年的补贴政策相比，本轮政策有许多新的变化，"退坡机制"初步显现。2016 年，中国提出新能源汽车碳配额制度和双积分制，新能源汽车被列为国际绿色发展统计指标，中国正逐步由政府主导走向市场引导。

日本长期坚持确保能源安全、提高产业竞争力的双重战略，通过制定国家目标引导新能源汽车产业的发展，其政府已将对新能源汽车产业的扶持作为整体经济发展的战略之一，也是下一步政府工作的重点，详见表 6.2.2。

表 6.2.2　　亚洲主要国家新能源汽车政府支持政策简表

国家	新能源汽车政府支持政策简况
中国	《通知（2013）》（部分）：2014年和2015年纯电动乘用车、插电式混合动力（含增程式）乘用车、纯电动专用车、燃料电池汽车的补助标准在2013年标准的基础上分别下降10%和20%；纯电动公交车、插电式混合动力（含增程式）公交车标准维持不变。《通知（2013）》增加了10米以下纯电动客车的补贴标准；插电式混合动力汽车补贴额度约相当于"十城千辆"政策中20%~30%节油率的混合动力汽车补贴金额。
日本	日本政府从2008年开始向纯电动车、插电式混合动力车、清洁柴油车等环保车提供补贴以促进其普及。2013年初，日本为"促进下一代汽车充电基础设施建设事业"项目划拨了1005亿日元的预算作为充电设施补贴，该项目扩大了充电基础设施的补贴范围，且补贴的比例从原来的50%提高到75%。
韩国	韩国消费者购买混合动车时，若油耗符合标准，将能够得到每辆车最高290万韩元（约1.6万元人民币）的税费减免。
印度	印度政府出台了一项总额为2300亿卢比的电动汽车未来8年研发计划，其中政府提供大约1300到1400亿卢比的资金，其余由企业提供。

资料来源：根据《中国汽车报》、《新能源汽车新闻》等相关资料整理。

由表6.2.2可见，政府的支持政策囊括了降低新能源汽车的购买门槛、补贴基础设施建设、支持企业研发等方面。亚洲各国政府一般在某段时间范围内采用"组合拳"方式给予各方面支持，再根据市场真实反馈状况予以调整。而企业往往对政府支持政策的"退坡"变更反应十分敏感，以日本和印度为例：2012年日本政府为振兴受3·11地震及海啸影响的汽车产业而提供的环保汽车补贴政策在当年9月到期，为应对政策终止，丰田汽车决定自10月起将日本国内汽车日产量减少2成左右，即减至1.15万辆—1.2万辆，减产的车型主要是混合动力车型普锐斯。印度政府在2012年4月取消了对每辆电动车10万卢比的补贴，在该补贴结束后的 3 个月间，电动汽车的销量平均下跌 75%，销量暴跌再加上租金以及运营费用，约 20% 的经销商不再经营，另有 33% 的经销商处于退出的边缘，且造成该行业人员严重流失，致使印度增长缓慢的电动车市场一度濒临崩溃。

从长远来看，新能源汽车产业的发展终究需要市场化，政府的支持也不可能无限期持续下去，长期的补贴必然造成依赖，反倒会扭曲市场。但在新能源汽车的产业化初期，政府依然需要发挥主导作用，为其发展提供基本保障。

3. 亚洲主要国家新能源汽车销售概况

截至 2013 年 6 月，全球混合动力汽车累计销售量已超过 570 万辆[1]，在各国政府的政策推动下，新能源汽车销售呈现上升趋势，表 6.2.3 显示了中日韩三国[2]近五年来新能源汽车销售量状况，日本汽车的销售状况明显好于中国和韩国。

表 6.2.3 　　　　亚洲主要国家新能源汽车销量概况

国家	新能源汽车的销量
中国	截至 2012 年底，我国 25 个新能源汽车示范城市累计推广示范车辆超过 2.7 万辆，其中公共服务领域 2.3 万辆，私人消费者购车仅 4400 辆。2013 年上半年，全国销售新能源汽车仅为 5889 辆，示范城市累计推广数量约 4 万辆。
日本	日本自 2009 年到 2012 年新能源汽车销售量持续排名世界第一，销量分别为 349359 辆（2009 年）、484701 辆（2010 年）、455550 辆（2011 年）和 812944 辆（2012 年），主要为混合动力型汽车。

---

[1] 新能源汽车发展趋势调查：政府力量成主要推手 [EB/OL]. 新华网，2013 年 10 月 17 日。

[2] 印度新能源汽车的销售状况目前无公开的统计数据。

国家	新能源汽车的销量
韩国	韩国环保汽车市场在最近两年以混合动力汽车为主，2012年销量同比增长82.7%，扩大至3.7万辆；混合动力汽车占新车总销量的比例也扩大至2.4%。从各品牌来看，现代汽车增长92.6%至1.8万辆，约占混合动力汽车市场的一半。

资料来源：根据《中国汽车报》、《新能源汽车新闻》等相关资料整理。

此外，在新能源汽车所需配备的高级电池的研发实力上，日韩企业处于全球领先水平，如韩国LG化学为美国通用福特电动车提供电池。在新能源汽车的整车的研发和销售方面，日本车企处于明显优势，明星产品日产聆风（LEAF）截止2013年6月，全球销量第一，为6.9万辆，超出排名第二的通用沃蓝达（VOLT）1.5万辆。而中国单车型方面上缺乏明星产品，销量最多的新能源汽车——江淮同悦电动车和比亚迪E6纯电动汽车截至2013年5月分别累计销售4300辆和2793辆，与日产聆风差距相当明显。①

二、亚洲新能源汽车的战略挑战

近年来，韩国的大气污染有愈演愈烈之势。2014年以来，首都首尔被雾霾笼罩的日子越来越多。仅2014年5月份，达到"重度"污染的日子便有8天。根据美国耶鲁大学、哥伦比亚大学研究小组共同发布的"2016年环境绩效指数"，韩国的空气质量在180个调查对象国中名列第173位。

韩国空气质量全球居后引起了韩国各界的极大关注，韩国政府着手制定针对雾霾的对策。2016年7月1日，韩国环境部、产业通商资源部、国土交通部共同发布《可吸入颗粒物管理特别对策实施细则》。但

---

① 中国新能源汽车产业发展报告（2013）[M]. 社会科学文献出版社，2013年9月，p. 12。

这项号称将投入 5 万亿韩元以"彻底治理雾霾"的政策，刚刚发布就面临韩国舆论的质疑。在这份长达八页的实施细则中，韩国官方共提出了八项措施，并提出目标：至 2026 年，将首尔的 PM 2.5 平均浓度从目前的 23 微克/立方米降至 18 微克/立方米，达到欧美发达国家的水平。

根据该实施细则，韩国政府将在 2020 年前在全韩普及包括 25 万台电动汽车在内的环保型汽车 150 万台，扩充电动汽车充电站 3000 所，逐步在首尔周边禁止行驶 10 年车龄以上的老旧柴油车，逐步停止所有 30 年以上的火力发电站；城市购买天然气公交车及环保汽车，将在税收上给予优惠，并提供一定的现金补贴；与中国等周边多国加强环保合作等。

《实施细则》提出了具体的实施时间和预算，但韩国舆论指责起根本就没搞清楚污染源，就匆忙搞出了对策。

1. 国际竞争激烈，标准之争成为关键

目前，新能源汽车的全球产业群已经形成美国、欧盟、日本为中心的三足鼎立的态势。中国与日韩、欧美国家的竞争差距已经显现，根据中国汽车技术研究中心发布的《中国新能源汽车产业发展报告（2013）》显示，① 通过对"基础竞争力、产业竞争力、显示竞争力、企业竞争力和产品竞争力"五项指标之下共 18 个子指标②的综合加权后的专家评估结果，中国新能源汽车产业国际竞争力评价指数在五个国家（中国、日本、韩国、德国、美国）中位居末位，综合指数是日本的 62%，美国的

---

① 中国新能源汽车产业发展报告（2013）[M]. 社会科学文献出版社，2013 年 9 月，pp. 123-153。

② 五大指标以及之下的子指标分别是：基础竞争力（5 个子指标：科技创新和基础研究能力、产学研合作能力、共性技术水平、创新环境、新能源汽车发展态势等）、产业竞争力（5 个子指标：产业化服务平台、市场发展潜力及消费者便利程度、动力系统和关键零部件及相关产业发展基础、原材料发展水平、装备开发和制造能力）、显示竞争力（2 个子指标：新能源汽车车型数量、新能源汽车销量）、企业竞争力（3 个子指标：企业前瞻性投入、资助开发能力、产业化能力）和产品竞争力（3 个子指标：整车和动力系统产品安全及可靠性、价格水平、技术先进性）。

71%，德国的 76%，韩国的 86%；从五大指标的单指标综合评价指数来看也是全部位居末位，情况不容乐观。

尽管日本在上述五项指标单指标排名以及综合排名中有 5 次位居第一，但在当下的电动车标准之争中，日本趋于下风，遭到欧美体系的排挤，对其电动车产业的未来发展可能产生严重的不利影响。目前，全球快充市场中有三大阵营，起步最早的是日本电动车快速充电协会（CHAdeMO），由日本东京电力、丰田、日产、三菱、富士重工等汽车厂商及其他零部件厂商在 2010 年 3 月联合成立，截至 2013 年 7 月，CHAdeMO 已在全球各地安装了 2703 个快速充电桩，其中日本 1716 个、欧洲 815 个、美国 160 个、其他国家 12 个，主要用于日产聆风、三菱 i-MiEV、斯巴鲁 Stella、标致 iON、雪铁龙 C-ZE-RO、Protoscar LAMPO2 等电动汽车。但自 2012 年 5 月，欧美八大汽车制造商通用、福特、克莱斯勒、戴姆勒、奥迪、宝马、保时捷、大众等共同推出直流快速联合充电系统 Combo 后，迅速获得欧美车企、美国汽车工市场学会（SAE）、① 欧洲汽车制造协会（ACEA）、② 欧洲汽车供应商联合会（CLEPA）的支持。③ 尽管 Combo 目前已上市的使用车型较少（仅雪佛兰 Spark 电动版、宝马 i3 等），且相应的充电桩几乎寥寥无几，但最近欧洲会议（EP）正在审议一份法律草案，该草案提议到 2018 年终止 CHAdeMO 充电标准在欧洲的使用，若通过将严重打击 CHAdeMO 体系，而对 Combo 系统的推广则是显而易见的利好消息。除日本的 CHAdeMO 和欧美 Combo 之外，美国车企特斯拉则推进自行配套的特拉斯超级充电站，输出功率达 120 千瓦，快速环保。由此可见，新能源汽车的全球

---

① 2013 年 10 月 15 日，美国汽车工程师学会（SAE）经过半年讨论决定采用 Combo 标准作为电动汽车的快充标准。

② 欧洲汽车制造协会（ACEA）建议，2017 年之后所有的电动车新车都将采用 Combo 标准。

③ 充电标准纷争再起，欧盟封杀 CHAdeMO[N].新能源汽车新闻，2013 年 9 月 18 日，第二期，P22。

竞赛中，标准的制定尤为重要，即使成为领先者也未必成为领导者，中国将选择何种标准目前不得而知，而这也给中国企业的研发造成了极大的不确定性。

2. 消费者顾虑重重，市场推广难度大

Deloitte 于 2010 年 11 月到 2011 年 5 月间曾对全球 17 个国家超过 13000 位消费者购买电动车的意愿进行调查，将消费者分为潜在尝试者、有购买意愿者和无购买意愿者三类，表 6.2.4 显示了中、印、韩和日四国三类消费者的分布状况。

表 6.2.4　　中、印、韩和日四国三类消费者的分布状况

国别	潜在尝新者	有购买意愿者	无购买意愿者
中国	50%	43%	7%
印度	59%	34%	7%
韩国	13%	67%	20%
日本	4%	44%	52%

资料来源：Deloitte. Unplugged：Electric Vehicle Realities Versus Consumer Expectations [R]. 2012，P2-3。

尽管上表显示中国和印度消费者更有购买电动汽车的意愿，但是否构成真实的购买力另当别论。而汽车拥有量更高的韩国、日本消费者不愿购买电动车的比例如此之高，其中很大一部分原因在于这些早已普及燃油汽车国家的消费者对电动汽车抱有更高的期望值，但现有电动车还很难与传统汽车相媲美。

而频发的电动汽车安全事故更是令消费者望而却步。2013 年 10 月到 11 月五个星期内，被称为最安全电动车的 Tesla Model S 型豪华轿车在美国和墨西哥相继发生三起起火事故，虽然事故中无人员伤亡，但该事件使本来就对电动车安全抱有质疑的声音再次响起。在中国深圳，

2012年6月一辆比亚迪e6电动出租车在一起恶性交通事故中的着火造成车上的司乘3人全部遇难,尽管最终的调查结果显示车辆与电池并不存在安全问题,但也引发人们对动力电池安全性的激烈讨论。这些安全事故不仅使两家企业的股票重挫,① 更是对整个电动车行业带来了无法估量的负面影响。

新能源汽车与传统性燃油车相比存在性能不够、技术成熟度低、价格偏高、基础设施配套严重滞后等缺陷,因此进入大众普及时代并非易事,亚洲新能源汽车的产业化发展依然任重而道远。

三、亚洲新能源汽车推广战略述评

尽管亚洲新能源汽车的发展面临重重困境,但同时也孕育着巨大的市场潜力。由经济合作发展组织和国际能源署2013年3月共同发布的《电动汽车城市案例汇编》对遍布全球16个具有示范性的城市②的电动车的普及和使用状况进行了细致分析,其中有三个亚洲城市入围,分别是中国上海、日本长崎五岛列岛和神奈川县,相关信息比较如下(详见表6.2.5)。

表6.2.5　上海市、长崎和神奈川新能源汽车推广信息比较

城市名	中国上海市	日本长崎五岛列岛	日本神奈川县
推广机构	上海市新能源汽车推广办公室(2006年成立)。	长崎电动车&智能交通系统联盟(2009年成立)。	神奈川电动车推广委员会(2006年成立)。

---

① 特斯拉股票大跌,终结2013年前九个月股价暴涨六倍的神话,最高下挫幅度达30%。比亚迪股价在事发后,在香港交易所下跌了7.5%,达到了2011年十月以来的最低值;在深圳交易所,比亚迪的股价下跌了6.9%。
② 16个具有示范性的城市包括:阿姆斯特丹、巴塞罗那、柏林、布拉邦特、长崎五岛列岛、汉堡、赫尔辛基、神奈川县、洛杉矶、纽约、英格兰北部、波特兰、北卡罗来纳州三角研究带、鹿特丹、上海市、斯德哥尔摩。

续表

城市名	中国上海	日本长崎五岛列岛	日本神奈川县
推广项目	促进新能源汽车的产业化（包括插电式混合动力车、氢燃料电池和电动车）；上海市为中国电动车试点城市，上海市嘉定区为国际电动车示范区。①	启动通过电动车和智能公交系统技术与当地旅游产业相结合的"未来驾驶游"项目；电动车租用项目大获成功。	发起神奈川电动车创始计划并开始安装充电桩；"箱根电动车之乡项目"将创建电动车示范区，并将箱根转变为低碳社区。
推广现状（截至2011年底）	电动车数量1633辆以上，7个电站，2个交换点，687个充电桩。	其电动车生态系统包括155辆电动车和插电式混合动力车，安装在12个充电点的24个快捷充电器，以及当地开发的智能交通信息系统。	该县共拥有超过2100辆电动车。截至2012年底，该县拥有109个直流快捷充电站点以及341个100/200V的充电插口。
推广目标	到2015年，电动车数量达到30000～50000辆，其中90%为乘用车，10%为商用车。	到2013年，共有500辆电动车和插电式混合动力车。	2013年电动车使用量达到3000辆，创造环境使电动车销售量与混合动力汽车销售量相当或更多。
基础设施建设目标	到2015年共有5000个公共充电桩。	到2013年共建成40个快捷充电站。	2014年财政年底前在县内安装100个直流快捷充电器以及1000个100/200V的充电接口。

资料来源：电动车城市案例汇编[R]．经济合作发展组织/国际能源署，2013年3月4日。

---

① 说明：2010年7月，第一届清洁能源部长级会议（CEM）在华盛顿召开。会上，中国和美国提出了电动车行动计划（EVI），并获得了法国、德国、日本、西班牙、瑞典、丹麦、南非、葡萄牙和国际能源署的积极回应。该行动计划的一个重要目标是建立国际电动车试点城市。

显而易见，政府不遗余力的支持将极大的推动新能源汽车的普及，上述三个城市为达到良好的推广效果，在本国政府相关政策支持和补贴之外，当地政府也出台了更加细致的支持方案，以进一步激励当地居民的日常使用以及游客租用。如日本神奈川县，在国家政府提供相当于电动车与汽油车差价的50%的补贴之外，当地政府提供另一半补贴，并减免5年的汽车税以及100%的汽车购置税，而且还包括县内道路通行费和在神奈川政府管辖的停车场内停车半价，以及县内高速公路收费半价等优惠措施。

此外，在企业合作推广新能源汽车产业化方面，日本也走在前列。据报道，2013年7月底，丰田、日产、本田和三菱四家车企签署协议，启动联合项目，在日本扩建电动车充电网络，未来将兴建1.2万座充电桩，为当前的2.5倍以上；暂时承担充电站的安装和维护费用，推广充电站；建立完善的充电设施网络，并加强与政府机构的合作。①

四、亚洲新能源汽车战略——合理规划"退坡机制"及借鉴

亚洲新能源汽车产业的发展充满挑战，同时也充满机遇。目前阶段，亚洲政府仍起着无法替代的重要作用，合理规划"退坡机制"，以及借鉴欧美国家的一些推广经验将有助于为亚洲新能源汽车产业创造良好的发展环境和助推力。

消费者和企业均对"退坡机制"十分敏感，一旦政府退出，私人消费者对于是否购买新能源汽车将会更加犹豫，而这样"黯淡"的前景会严重打击新能源汽车企业的信心，整个产业的发展将一蹶不振。因而在新能源汽车发展的早期，政府的扶持政策是一个重要的信号，给企业以发展的信心，给消费者接受新能源汽车这种新兴事物一个缓冲的时间，也是给新能源汽车产业以充分的成长空间。

---

① 日本四大车企签署协议，兴建1.2万座充电站[EB/OL]. 中国机经网，2013-8-1。

但"退坡机制"又十分必要，对新能源汽车制造商而言，私人消费者才是其终极客户，政府采购和财政补贴等方式并不会也不可能无限期持续。工信部部长苗圩（2013）表示，市场化的产品最终还要靠市场认可，政府补贴新能源汽车只是阶段性的措施，最后还需要推向市场。

五、湖北省的借鉴及启示

亚洲退坡机制给予了湖北省新能源汽车有益的借鉴。作为新生事物，新能源汽车在发展初期离不开政府政策的引导和扶持，由政府主导转向市场主导也是必然。为了促进湖北省新能源汽车产业的长远发展，政府需要规划出科学的、可持续发展的方案，尊重市场规律，在充分掌握市场信息后准确判断出产业所属阶段，采取分阶段、有预见性、合理的"退坡机制"。

1. 政策性引导和扶持如补贴对新能源汽车销售有着及其重要的作用

新能源汽车呈现"政热市冷"、"叫好不叫座"的现状，市场销量屈指可数，如在湖北省重要汽车基地之一的襄阳市，迄今未有新能源汽车交易的记录。中国 2013 年新能源汽车销售 1 万余台，还不及美国特斯拉一个汽车品牌，与国外差距较大。中国新能源汽车销量 2012 年才开始突破万辆，2013 年也仅有 1.76 万辆，其中，纯电动汽车销量相对较多，为 1.46 万辆，

新能源汽车作为新型产业，处于发展初期，大多是地方政府扶持性质的政府购买、少数对新能源汽车感兴趣的私人购车和少量的对外出口订单。新能源汽车销售品种基本形成了混合动力汽车、纯电动汽车和燃料混合汽车三足鼎立的局面。但总体看来，作为战略性新兴产业，新能源汽车国际竞争力较弱，政策引导和扶持十分必要。

2. 充电站等基础配套设施仍有待于统一标准、加大投入并完善

目前，由于国内充电基础设施发展滞后，发电有的甚至仍然靠火电，2010 年时中国的 1000 多家电池厂，现在已倒闭了三四百家。基础设施建

设是新能源汽车未来得以大规模应用的必要前提之一,但中国新能源汽车基础设施的配套明显不足,减缓了新能源汽车的市场化发展进程。

国内充电站和电池交换站等新能源汽车基础配套设施建进程缓慢,覆盖面不广。近几年来,虽然政府大力鼓励和扶持新能源汽车发展,也关注到了基础设施相关发展,地方和企业也纷纷响应,但由于各地及企业充电站、充电桩的设备标准不统一、各自为政,导致企业在研发、生产、营销等方面产生混乱,加上特斯拉电动汽车起火等事件的负面影响,拖累了新能源汽车整个发展进程。

新能源汽车在城市中大规模运行需要大量的公用基础充电设施作保障,必须建设大量的公共基础设施才能保障新能源汽车的产业化和市场化。而建设充电设施不但需要巨大的资金投入,还需要在现有城市架构内征用大片土地,这对于土地资源越来越紧缺的城市来说,是巨大的挑战。基础设施成本高,收益低成为电动汽车基础设施建设的重要制约因素。即使在实现规模化运营情况下,一个由电力企业主导建设的充电站投资收益率只为6%~7%,由非电力企业主导建设的纯商业化运营的充电站的投资收益率仅有3%~4%。由于当前中国充电设备仍处于起步阶段,不仅充电设备生产规模小,技术研发费用也需分摊到设备成本中。经验表明,即使不考虑土地费用建设为50辆电动公交车提供换电池服务的电池租赁充电站(不含电池)总投资高达3000万—4000万元;在已有停车场的基础上建设为30辆电动公交车进行整车充电的充电站(不含电池)总投资约为1000万元;在沿街和停车场建设的充电桩投资约2.5万元/个。如果考虑到土地费用,充电站建设所需的投资将更加庞大。未来,即使充电建设规模的扩大和设备成本的下降有望减少建设成本,但对基础设施方仍是不小的挑战。电动汽车在快速充电模式下对电网能力要求较高,如何对现有电网全面改造以充分适应大规模的用电量,也将是一个巨大问题。另外,充电网络的建设还涉及转换装置装配、居民电表改装等一系列的技术和社会难题。因此,在基础设施建设上,新能源汽车普及面临的问题远远超过了传统汽车。

第三节 中美新能源汽车战略与政策绩效评价

根据制度经济学，政策在社会经济发展中起着至关重要的作用。诺思认为有效率的经济组织与制度创新是经济社会成功的根本，综观美日欧新能源汽车发展，制度的推进功不可没。正如诺思提出的，稀缺经济和竞争环境下，制序和组织的连续交互作用是制度变迁的关键所在。"有为的政府"必定能促进新能源汽车更好的发展。

本节以政策工具分类理论为基础，整理了从 2001 年到 2017 年 16 年间中国新能源汽车政策文件和 1978 年到 2016 年美国新能源汽车相关政策文件，对中美两国新能源汽车政策进行描述和分析。基于 M. 拉米什的政策工具图谱进行分类，通过调查走访武汉市和长春市中国两大汽车产业基地，分析中国新能源汽车政策工具的使用情况及其影响，了解目前消费者和企业对中国新能源汽车政策的看法，并与美国新能源汽车政策进行比较。最后，总结分析中美两国新能源汽车政策的风格及特点，并针对性地提出建议。

一、中美两国历年新能源汽车战略与政策的统计

2009 年以来中国一直是世界第一汽车生产和销售市场，之前则是美国长期雄踞世界第一汽车生产和销售市场地位。作为全球最大的两个能源和汽车消费者，中美两国自然应当承担推广环保节能汽车的主要责任。中美两国政府均非常重视新能源汽车发展，都颁布系列政策大力扶持。本节对两国历年来新能源汽车主要的政策进行梳理分析和比较。

1. 中国新能源汽车政策的归类

本研究采用迈克尔·豪利特和 M. 拉米什分类方法对中国新能源汽车政策工具进行分析，将新能源汽车政策分类为自愿性政策、混合类政策和强制类政策。

中国汽车 2009 年产销量超过美国成为世界第一，中国汽车产业的

快速发展为中国新能源汽车弯道超越提供了可能性。中国新能源汽车政策扶持力度大,政策数量逐年增多。根据上述政策工具图谱,对中国2001年至今所公布的新能源汽车的26项国家政策进行统计归类。

2. 美国新能源汽车政策的归类

美国是曾经的世界第一大汽车市场,特斯拉电动汽车的成功也举世瞩目,美国新能源汽车政策具有一定借鉴意义。

表6.3.1和表6.3.2对中国和美国新能源汽车发展国家政策进行了统计和编码,按照迈克尔·豪利特和 M. 拉米什的模型分类,得到上述两个政策工具分类统计表。

表6.3.1　　　　　中国历年政策工具分类统计表

编号	年份	政 策 名 称
1	2001	"863"计划电动汽车重大专项
2	2004	《汽车产业发展政策》
3	2005	优化产业结构
4	2006	新消费税政策
5	2007.10	《中华人民共和国节约能源法》
6	2007.11	《新能源汽车生产准入管理规则》
7	2007.12	《产业结构调整指导目录(2007年)》
8	2009.1	《关于开展节能与新能源汽车示范推广试点工作的通知》
9	2009.2	"十城千辆"电动汽车示范应用工程和百辆混合动力公交车
10	2009.3	《汽车产业调整和振兴规划》
11	2009.6	《新能源汽车生产企业及产品准入管理规则》
12	2010.5	《"节能产品惠民工程"节能汽车(1.6升及以下乘用车)推广实施细则》
13	2010.5	《关于扩大公共服务领域节能与新能源汽车示范推广有关工作的通知》
14	2010.6	《私人购买新能源汽车试点财政补助资金管理暂行办法》

续表

编号	年份	政策名称
15	2011.3	《十二五规划》
16	2011.2	《中华人民共和国车船税法实施条例》
17	2011.8	《关于加强节能与新能源汽车示范推广安全管理工作的函》
18	2011.9	《关于促进战略性新兴产业国际化发展的指导意见》
19	2011.9	《关于调整节能汽车推广补贴政策的通知》
20	2012.3	《关于节约能源、使用新能源车船车船税政策的通知》
21	2012.4	《节能与新能源汽车产业发展规划（2011—2020）》
22	2013.9	《关于继续开展新能源汽车推广应用工作的通知》
23	2013.9	《关于开展1.6升及以下节能环保汽车推广工作的通知》
24	2015	《国家重点研发计划新能源汽车重点专项实施方案(征求意见稿)》
25	2015	《关于2016—2020年新能源汽车推广应用财政支持政策的通知》
26	2016	《企业平均燃料消耗量与新能源汽车积分并行管理暂行办法(征求意见稿)》

资料来源：根据工业和信息化部等网站整理。

表6.3.2　　**美国主要新能源汽车政策统计表**

编号	年份	政策名称
1	1978	《1978年能源税收法》
2	1979	《1979年能源税收法》
3	1992	《美国国家能源政策法案》
4	1993	成立"能源效率与可再生能源局(EERE)"
5	2002	《2002年能源政策法案》
6	2005	《2005年新能源政策法案》
7	2007	《2007年能源促进和投资法案》
8	2007	《可再生燃料、消费者保护和能源效率法案》
9	2008	《2008年紧急经济稳定法案》

续表

编号	年份	政策名称
10	2008	"PHEV 车研究项目"
11	2008	"先进交通运输用电池生产国家联盟"
12	2009	"清洁可再生能源债券"计划
13	2009	《2009年美国经济复苏和再投资法》
14	2009	车辆补贴退款计划(CARS)
15	2009	《美国创新战略》
16	2010	《洁净空气法》
17	2010	《汽车燃油能耗和排放新标准》
18	2010	"301调查"
19	2012	国家级蓄能电池研发联合中心
20	2015年	奥巴马百万电动汽车计划

资料来源：根据相关资料整理。

二、中美两国新能源汽车政策分类比较

1. 中国新能源汽车政策分析

导致中国新能源汽车推进速度较慢的根本原因在于政策导向与市场导向之间的关系转换上。目前中国车企与政策所呈现的现象是，国家出台政策，产业上下游企业就大力投入研发生产，一些补贴细则和行业标准如果迟迟不落地，汽车企业便开始观望，不敢在研发方面投资过多。

根据表6.3.3，中国26份新能源汽车政策运用了强制型或混合型的政策工具，多方面鼓励和支持了新能源汽车发展。

其中，混合型政策工具运用最多(占72%)，其次是强制型政策工具(占28%)，而自愿型政策工具缺失。中国使用最多的是补贴型政策(36%)，其次是信息型政策(24%)。再次是管制型政策(20%)。最弱的是自愿型政策工具——近10年政策都未曾涉及。

表 6.3.3　　　　　　中国新能源汽车政策分类频率表

政策分类	混合型政策			强制型政策	
频率	73%			27%	
政策细分	信息	补贴	税收	管制	公共企业
频率	25%	36%	12%	19%	8%

2. 美国新能源汽车政策分析

美国曾经是全球最大的汽车市场，但美国汽车业曾遭受 2007 年次贷危机重创，三大汽车巨头相继申请破产保护。美国最近 4 任总统对节能减排与新能源汽车的发展重点与方向以及技术路线，认识不同、决策不一、几番变更。从 20 世纪 80 年代开始，美国政府就在不同阶段提出了不同的车用能源发展战略：(1) 克林顿政府时期，以提高燃油经济性为目标，混合动力是主要的技术解决方案。(2) 布什政府时期，主要追求零排放和对石油的零依赖，氢燃料电池汽车是主要的技术解决方案。布什(2007)国情咨文宣布替代能源和节能政策，提出美国应努力在未来 10 年内将汽油使用量降低 20%。(3) 奥巴马政府时期，大力推行"绿色新政"。推动新能源汽车发展是美国现任政府能源政策的组成部分，采取许多绿色策略以促进新能源汽车的发展，比如政府采购节能汽车、购买节能汽车减税、设立新能源汽车政府资助项目、投资促进新能源汽车基础设施建设等。(4) 特朗普否定了奥巴马的新能源政策，认为《巴黎协定》损害美国利益，美国新能源汽车前途未卜。

从表 6.3.4 可以看出，美国新能源汽车的政策分布比较全面：自愿型、混合型和强制型政策皆有涉及。主要集中在混合型政策方面，其中税收占比最大，占到所有政策工具的三分之一强，其次是强制型措施中的管制措施，占到四分之一强，再次混合型政策中的补贴政策，占比不到五分之一。

表 6.3.4　　美国新能源汽车政策分类频率表

政策分类	自愿性政策		混合性政策			强制性政策	
频率	7.4%		63%			29.6%	
政策细分	自愿性市场	私人市场	信息	补贴	税收	管制	直接提供
频率	3.7%	3.7%	11.1%	18.5%	33.3%	25.9%	3.7%

资料来源：根据美国新能源汽车政策统计表得出。

三、中美两国新能源汽车政策比较与评价

中美两国新能源汽车政策主要集中在混合型政策区域。然而不同之处十分明显，首先，美国新能源汽车政策强度大于中国。其次，美国政策更加多样化，各种政策手段和强度皆有。再次，中国政府目前引导新能源汽车消费的主要是直接给购车者财政补贴，方式比较单一，其他手段几乎没有。如《关于开展 1.6 升及以下节能环保汽车推广工作的通知》中规定对消费者购买此类产品继续给予一次性 3000 元定额补助，由生产企业在销售时兑付给购买者。而美国使用最多的是税收优惠政策，购买新能源汽车的消费者除了享受大额财政补贴之外，还可享受抵税优惠。如 2009 年开始，美国政府对插入式电动汽车除了提供 2500 美元的基本税收抵免，对效能超过 4 千瓦时的汽车电池，还额外提供 417 美元每千瓦时最高可达 5000 美元的补充税收抵免。而中国目前在税收抵免上还做得不足。

（一）中美均非常重视抢占 ZEV 汽车业制高点，美国政策更替摇摆，中国则相对稳定

老牌汽车帝国美国新能源汽车的发展可谓先行一步，中国新能源汽车起步不算太晚，尤其是美国传统汽车遭受 2008 年经济危机重创，这给了中国新能源汽车弯道超越的可能。中国能否抓住这难得的机会需要全社会的共同努力。上述分析显示，中美两国对新能源汽车的研

发和制度设计都非常重视。美国主要以项目带动新能源汽车发展，而中国是针对整个产业制定规划和引导性政策。美国新能源汽车政策经历几届政府的变迁，逐步走向完善。中国新能源汽车政策还处于试点和开始阶段，一时难以与美国相比，政策的实施效果仍有待时间和实践的检验。

中美两国都重视新能源部汽车政策的顶层设计作用，但美国政策由于各届政府观点不一而更替摇摆，中国政策则相对较为稳定，具有一致性。美国政府的更替也带来新能源汽车政策的几番变更，比如布什政府的氢燃料电池汽车发展策略可以说是对上一届克林顿政府纯电动汽车的一种否定。而奥巴马又推翻布什政府的新能源汽车政策，重提电动汽车计划。目前看来，奥巴马的美国电动车计划也摇摆不定。中国新能源汽车目标相比美国明显坚定并具有一致性，主要是依靠顶层设计，由各级政府规划中国新能源汽车的总体发展，政策具有连续性，没有美国反复和摇摆不定的状况，这给予中国新能源汽车最重要的政策保障。

美国的低燃油税、特朗普政府的新能源政策和美国民众对豪华大排放汽车的热衷使得美国新能源汽车的未来更加扑朔迷离。

(二) 两国 ZEV 政策扶持重点不同，管理标准各异，补贴区别明显

目前，中国主要以新能源汽车示范工程补贴方式在全国范围内普及，美国则是以具体项目的专项补贴，在城市范围内推行。中国政策主要侧重于新能源汽车本身的发展，而较少关注相关基础设施建设和关键零部件生产等方面：(1) 研发方面。如中国"十城千辆"工程和"三横三纵"研发格局涉及新能源汽车三大整车和三大关键技术，对基础设施如充电站建设等却鲜有提及。(2) 补贴方面。中国多数补贴政策集中在购买环节，少有对充电站建设企业和关键零部件生产企业进行补贴的政策。(3) 技术标准制定方面。中国目前技术标准尚未形成体系，新能源汽车基础设施的技术标准尚未推出。而美国等发达国家的政策注重新能源汽车本身之外，同时兼顾了基础设施及产业化等相关问题。

中美两国新能源汽车市场准入管理制度都关注产品的安全、节能和环保等因素，但具体管理制度存在不同。(1)新能源汽车产品质量准入的管理方面。中国采取第三方认证机构认证的方式，通过检查车企生产能力以确保产品质量。而美国施行"自我认证，强制召回"的认证方式，车企按照美国汽车法规要求自行检查和验证，车企认为产品符合相关法规要求，即可投入生产和销售；政府部门对市场上产品进行抽查，发现不符合条件车辆，强制车企召回。(2)中国新能源汽车市场准入《公告》管理制度包括产品和工厂准入两部分，既对汽车产品提出要求，也对企业进行相应的生产准入规定。而美国新能源汽车的车辆认证主要关注汽车产品的安全、环保和节能等方面，对比显示，中国准入限制过于严格，一定程度上限制了民间力量对新能源汽车研发的积极参与。调研发现，有些根本没有汽车制造经验的企业也在生产新能源汽车，似乎有悖于上述分析，说明中国新能源汽车准入政策还存在漏洞，给了一些投机取巧分子可乘之机。

中美两国电动汽车试点补贴政策有许多相似之处，如对补贴上限的设定、对补贴车型销量的限定、以驱动电池容量大小的基本标准确定补贴数额等。从本书收集的中美两国新能源汽车补贴政策来看，美国主要实施关税补贴，而中国主要是采取财政补贴的方式刺激消费。美国补贴力度大，更全面而多元。有一种说法是，中国新能源汽车是补贴富人，因为在中国目前仍只有富人才消费得起新能源汽车。美国则补贴民众，因为汽车早已是美国的大众消费品，美国补贴也落实到了普通购买者身上。中美新能源汽车发展的最大不同之一是，美国发展是车企主导，而中国的主角是政府。中国政府目前引导新能源汽车消费的手段比较单一，主要是给购车者财政补贴，其他手段几乎没有。而在美国，新能源汽车购买者享受大额的财政补贴之外，还可以享受抵税的优惠。如美国《能源法案》(2005)用抵税优惠取代以往的"绿色能源使用补贴办法"，规定混合动力汽车生产厂商累计销售超过6万辆后，购车者不享受任何减税优惠，累计销量达3万辆后，消费者享受50%减税优惠，累计销量超过 4.5 万辆，消费者仅享受 25% 的减税额。

第四节 国际新能源汽车战略与政策对湖北的启示

吸收美国汽车业过分依赖虚拟经济的失败教训，借鉴政府主导下日本新能源汽车成功发展和欧洲"绿色"汽车业的发展经验，建立高效率、跨区域的政府—非政府机构—金融机构一体化的权威机构，进一步完善湖北汽车产业集群建设。以"客户价值"为理念引导汽车业发展，以顾客满意价值工程扩大内需，发挥新能源汽车优势，加大对节能环保"绿色"汽车的投入力度，发展创造就业机会和能为社会分享的产业经济增长，借助产业格局大调整实现从"汽车大省"到"汽车强省"的转变，打造绿色的"美丽湖北"。

优化补贴范围，增强税收政策的使用，重视自愿型政策的发展，优化混合型政策的运用，增强政策的强制性。政策不能指定技术路线和产品路线（吴敬琏，2009）。成功的技术来之不易激烈市场竞争，并非个人或机构事先选定（中国汽车报案，2009）。诺思提出，"国家界定产权结构，国家理论是根本性的。最终是国家对造成经济增长、停滞和衰退的产权结构的效率负责。"

一、将新能源汽车纳入湖北省现行的碳排放交易体系，建立可持续发展的新能源汽车市场机制

将新能源汽车作为一个减排指标或效仿美国加州的积分机制，建立可持续发展的中国新能源汽车政策体系。

有效率的经济组织与制度创新是经济社会成功的根本。建立起可持续发展的新能源政策体系，在实施跨越性战略和经济转型过程中，以制度保障保持湖北省新能源汽车优势，发展新能源汽车实现可持续发展，把握机遇"弯道超越"。

以制度保持新能源汽车优势，实现绿色"弯道超越"。在新能源汽

车发展的关键时期，各级政府要发挥制度对经济的积极作用，充当市场的组织者和监控者。以制度为各种不同经济成分的汽车企业，特别是新能源汽车企业在市场经济中平等竞争提供公共服务，提供市场导向。发挥制度对经济发展的积极作用，同时要摆脱对政策的过分依赖，保持新能源汽车优势，可持续性地合理发展，把握机遇，基于"钻石模型"实现新能源汽车的"蛙跳效应"。

二、增强补贴的合理性，配以长效的市场机制激发消费者和企业的内在主动性和积极性

由政府主导走向市场主导，以减排指标和积分制等市场机制激发消费者和企业的积极性。

补贴要落在实处，真正调动消费者和企业的积极性。环保意识之外，使得新能源汽车成为一种具有吸引力的新产品。政策不应该是诱惑企业来发展新能源汽车，而应该利用政策工具真正激发企业研发和生产新能源汽车。值得注意的是，补贴需要具有合理性。新能源汽车发展经验显示，有时即使没有补贴，厂商也会采取相同的行动，如生产新能源汽车，那么，这时候补贴就似乎多余了，补贴的资金就会变成厂商额外的收获。这就对补贴的必要性与合理性提出了质疑。

根据技术创新经济学，由于研发新能源汽车，企业通过技术创新，产品在诸如性能、式样、结构和质量等方面优于创新前，创新后产品需求增加，产品需求弹性较创新前减少，从而提高了企业在市场上的垄断地位，需求弹性的减少意味着企业即使稍微提高产品价格，购买者也不会转而购买其竞争对手的产品。这解释了企业会存在自发研发新能源汽车的动机，即使没有补贴，也会自主研发，生产并销售。目前，过于泛滥的政策和优厚的补贴使的企业对政策产生了依赖性，不认真思考国家鼓励的车型是否具有可持续性，甚至连一些根本不具备生产能力和基础的企业也开始生产新能源汽车，造成鱼龙混杂。

三、重视自愿性的新能源汽车政策和市场措施，激发车企内在动力

武汉市新推出的碳宝包、国家双积分制和本书提出的新能源汽车减排指标应该可以配合政策真正激发车企生产新能源汽车的内在动力。

新能源汽车是一种能够为企业和社会带来效益的技术创新，调研和经验显示，即使没有政府政策鼓励，车企也会自愿生产。政府应该以政策适当扶持，但关键是激发车企生产和研发的内在动力。不合理或过于泛滥的优惠政策可能一定程度上导致企业过分依赖补贴和扶持，反倒会扼杀车企的自觉研发、生产积极性，甚至引致投机企业，造成新能源汽车的鱼龙混杂现象。自愿性政策①是指引导个人、家庭和非政府组织等出于自身利益、道德或情感上的需要而采取行动，解决公共问题的手段、技术和方法，其特征是没有或很少有政府参与，作用是在个人或社会群体自愿提供的基础上实现政策目标。自愿性政策主要形式包括家庭和社区、自愿性组织、私人市场等。政府对公共问题的治理需要最低限度的资源支撑。政府可资利用的资源是多样的，其中包括政府管理部门自身所拥有的物质性资源(人、财、物等)，也包括不属于政府所拥有，但通过一些制度化的安排(比如社会动员、合作制度等)能为政府所用的"非政府资源"(比如市场机制、非政府组织、民众个人的力量等)。

后者更多地表现为制度资源，因为，民众对政府及其管理行为的认知和态度、公共部门与私人部门之间的关系状况都将对政府的治理行为产生重要影响。只能通过政府、车企和市场三方相互合作、共同努力，才能调动一切可以调动的力量，较好达到发展新能源汽车的目标。

---

① 自愿性工具也被称为"行动法则"(codes of conduct)、"盟约"(convenants)、"协商式协议"(negotiated agreements)，因此，自愿性工具本质上是市场主体与政府为了达到某个公共目标而形成的"协议"，但该"协议"没有强制约束力。

第七章　湖北省新能源汽车政策完善机制探讨
——基于碳排放交易、双积分制与新能源汽车减排指标

2015年，中国消耗5.43亿吨石油，进口3.28亿吨石油，对外依赖度超60%，而其中一大半是为汽车所消耗。汽车被确定为大气污染主要来源之一。北京市本地PM2.5来源中机动车占36%，上海市PM2.5来源中机动车占25%，全国有近2/3城市达不到二级标准。出于环保节能的需求，发展新能源汽车被提上政府日程。

作为新兴产业，政府对新能源汽车的适度干预和支持是应该的，2020年补贴完全退出后，建议以新能源汽车作为减排指标来推进湖北省新能源汽车的进一步发展，双积分制应该能够更好地调动车企的内在积极性和消费者的购买热情，突破地方保护主义。

新能源汽车节能减排，提升汽车业竞争力。发展新能源汽车首先要严格执行燃料消耗量限值标准，企业要真正投入电动汽车技术进行转型升级。节能减排必须协同发展，传统汽车与新能源汽车并行发展。新能源汽车发展需要坚实的市场支撑，市场认同才有发展的前景。2020年国家补贴即将全部退出，要加快政策驱动向市场驱动转型，以碳排放交易推动新能源汽车市场的一体化。

第一节　新能源汽车双积分制和美国加州模式

企业要承担起发展节能与新能源汽车的责任，建议结合碳排放权交

易设置节能与新能源汽车减排指标,通过新能源汽车温室气体减排计算方法及统计核算,调动企业发展新能源汽车的内在积极性,实现既节油又减排的可持续发展。

一、美国加州模式

1. 何为"积分制"

2008年,美国加州空气资源委员会规定,在加州销量超过一定数量汽车的企业,新能源车的比例必须达到ZEV法案(国内称"积分制")的规定。ZEV机制的本质是通过强制的市场机制,推动低排放汽车技术发展——即规定各汽车厂商在本地汽车销售总量中,"零排放"车在年度销量中必须达到一定比例,车型不同"积分"系数不同,车辆在零排放状态下续航越长,获得积分越高。如果车企没有得到规定数量的积分,就需缴纳罚款,或者到其他公司购买积分,特斯拉每年在加州得到的巨额补贴即由此而来。"实行积分交易制度,受益最多的是那些专注新能源汽车生产的企业。该制度旨在推广新能源汽车,减少汽车尾气排放,倒逼企业研发、生产、销售更丰富的新能源汽车产品供应市场。

为了减少汽车尾气排放,加州于1990年提出零排放车辆(ZEV)计划,并于1998年开始正式实施该计划。目前,该计划已扩展至9个州,覆盖了23%的美国新车市场。加州与电动汽车制造商以及整个汽车行业的发展时刻保持衔接,制定了到2025年零排放汽车在加州汽车总销量中占比15.4%的目标,其中纯电动汽车(PEVs)需占一半,其余则是以其他替代燃料为动力的部分零排放汽车。根据政府的长期目标,到2050年,整个汽车市场都将会是零排放或者近零排放汽车。

加州零排放汽车积分交易机制的成功实施,致使加州成为世界上最大的电动汽车销售及创新中心,该机制推动新能源汽车发展经验值得中国借鉴。

美国加州模式①将绿色电动汽车发展与碳排放交易联系起来，采取积分的办法来鼓励美国公众购买和使用新能源汽车。得益于积分机制，美国特斯拉发展迅猛，一跃而成为世界电动汽车行业的佼佼者。日本普锐斯②积分制推进其混合动力汽车的发展，效果良好。

2. 加州模式的评价

中国工程院院士杨裕生（2016）分析了加州模式的主要局限性：（1）只以加州销售的车为基数，不反映企业全国的责任。（2）积分与纯电动里程挂钩，结果是不节能减排而是鼓励双重排放。（3）没有体现鼓励车企通过技术进步生产更加节能减怕、能效更高的汽车。（4）"零排放积分"与"部分零排放积分"不便结算。（5）企业必须完成的责任与企业销售电动车得到的积分都称为"积分"，容易混淆。

扬子江汽车雷洪钧（2016）则认为：

（1）中国的新能源汽车在政策促进下，得到较快发展。2015年在政府补贴及优惠政策的推动下，新能源轿车的销量增长了四倍多，中国超过美国成为全球最大的电动轿车市场。

（2）新能源汽车对转型升级、环保作用是显见的。政府称之为新能源汽车，包括了纯电动车、混合动力车和燃料电池车，希望中国车企能够参与跨国竞争，同时减少多个城市面临的污染问题。

（3）补贴也出现了一些问题。如政府补贴难以到位；少数企业骗补等。解决方案如扬子江集团公司雷洪钧总工说的金融租赁规避等。

（4）今后四年政府将每年减少补贴20%，2019—2020年度减少

---

① 所谓"加州模式"，前面章节已有简单分析，是指美国加利福尼亚州规定，在该州销量超过一定数量汽车的企业，新能源车的比例必须达到ZEV法案（Zero Emission Vehicle）零排放车辆计划）的规定。该机制强制对不同规模的车企设定了不同的零排放车销售目标，其中在2015年，大型汽车生产企业零排放汽车销售比例必须达到18%。未达标企业必须支付每辆车5000美元的罚款，或者向其他公司购买碳排放积分，否则将被责令离开加州市场。这一规定已在美国多个州相继推行。

② 根据日本名古屋大学教授薛进军2016年在湖北经济学院环境资源与国际贸易学院的交流介绍。

40%，2021年补贴政策完全退出，一个行业不可能依靠政府补贴来实现增长。企业要靠过硬的产品在市场上拼了。

（5）中国财政部有关负责人对基于市场的政策如美国加州的排放政策赞赏有加，在该政策下，特斯拉可获得环保奖励积分，并将这些无排放汽车获得的积分转售给其他公司。加州的政策是个范例，中国还没有相应的类似系统。"积分交易是保证政府在技术发展方面处于中立地位的最有效方式，应该让市场来选择技术路径。"其他车企如北汽集团和一些起步的电动车公司也赞成。

（6）有些"砖"家，有些"煤"体人把骗补描述得巫风黑雨或进行炒作也没有意思。诚信第一。

"积分制"要审慎对待：因为"每项新政的实施都需要市场去检验其是否完善，虽然现阶段出现了某些企业'骗补贴'的情况，但不可否认政策补贴仍是现阶段最有力的推广方式。"对正在进行的"积分制"，不能操之过急。先，新能源汽车相关产业较多，汽车制造商、基础设施投资运营商、新能源汽车运营方等直接利益相关方是否都纳入到积分交易制度内？美国加州"积分制"仅限于整车生产和销售领域，并未覆盖新能源汽车的使用环节。此外，充电桩等基础设施对拉动新能源汽车市场起到了很大作用。2020年国家扶持政策淡出后，新能源汽车产业相关利益企业的发展情况，关系着新能源汽车的普及程度，是积分交易制度能否成功推行的一个关键问题。

交通运输部规划研究院环境资源所黄全胜表示，积分交易制度的推行需要审慎划分实行的行政区域。"该政策是一步到位的全国性规定还是选取几个地区进行试点"。大部分车企都对"积分制"表示感兴趣，但同时也对设置试点城市是否合适抱有疑虑，"车辆销售是跨地域的，那些实行"积分制"的城市，是否会拉高该地区车企的成本，导致车辆价格提高从而降低市场竞争力？地方保护政策对该政策的推行是否会产生影响？"。王秉刚提出不可否认"积分制"的重大战略意义，但过早实施"积分制"，不利于刚刚起步的中国新能源汽车发展。发展新能源汽车积分制减轻国家财政的负担，消除"浑水摸鱼"的车企，带来的将是新能源汽车激励体系的进一步健全和完善。

二、交通业温室气体排放概述

社会经济发展带来地球资源的日渐消耗，尤其是低碳经济时代的到来，石油资源被提升到国家安全战略的高度。研究显示，交通运输业能源利用占总体能源消费量的比重非常高，如美、日等发达国家交通业能源消费量占其总能源消费量比重1/4以上，其中，道路交通工具能耗占运输总能耗比重达80%以上。国际能源机构预计2030年全球运输用油将达32亿吨/年，为石油消费总量55%。

WWF（世界自然基金会）联合胡润百富发布的《2013年在华非化石能源企业碳排放强度排行榜报告》报告显示，接受第三方调查的所有行业中，金融业平均碳排放强度最低，指数为0.0183，建筑业为0.3486，交通运输业最高，为2.1822。调查结果表明，交通运输业的平均碳排放强度是金融业的119倍。

交通运输业是国民经济的基础性产业，为社会经济发展提供基础性服务，是促进国家和地区经济发展的重要因素。根据国际汽车制造商协会统计，全球CO_2排放量中超过15%来自道路交通（主要是汽车尾气）。交通业是中国石油的主要消耗领域，统计显示，中国汽车交通消耗的燃料近年来以年均两位数的速度增加，是石油消耗增长的主要因素，2015年，中国汽车交通领域的石油消耗达到2.5亿吨。

2009年哥本哈根会议上，中国承诺2020年单位国内生产总值CO_2排放量比2005年下降40%~50%。也正是在2009年，中国成为全球第一大汽车生产和消费国，能源短缺和环境污染问题更加严重，由此带来的能源安全和环境问题日益突出，交通业理所当然成为节能减排的重点领域。

与此同时，中国石油对外依存度逐年上升，2009年突破警戒线的50%，2013年达到58.1%，造成能源项目上的巨额贸易逆差，已经威胁到我国的能源安全,预计 2020 年将达到 70%。

国际市场油价大幅度波动,中国石油消费与进口量每年呈现高速增长,据统计中国石油消费量 2009 年达 3.8 亿吨,进口占比超过 50%(见图 7.1.1)。这严重阻碍了中国经济的可持续发展,环境保护和能源紧张均对中国交通业发展提出了严峻的挑战,因此,进一步发展能耗低而污染小的绿色低碳交通方式如节能与新能源汽车对于保护环境、减少中国石油消耗和维护国家能源安全有着非常重大的意义,相关研发和广泛运用更迫在眉睫。

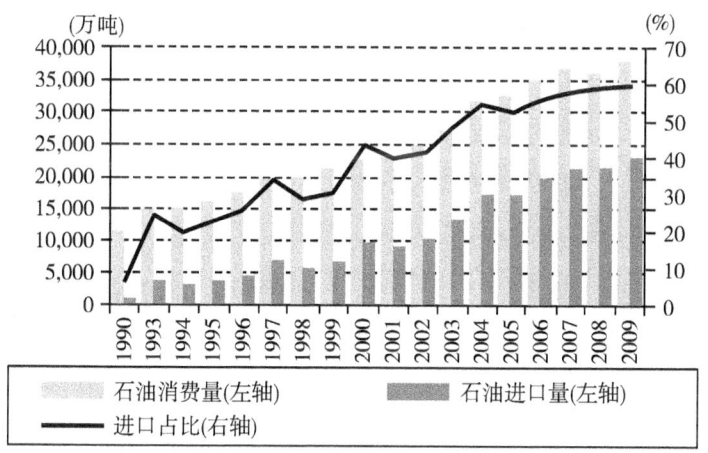

图 7.1.1　中国石油消费量与进口石油的对比

资料来源：万得资讯,中银国际研究,2010 年 9 月 14 日。

伴随人类社会的进步、城市化和工业化程度加深,环境问题和能源问题逐渐暴露,严重影响了人类的生存和发展,引起了国际社会的高度关注。环境问题之首就是大气污染,燃油汽车排放是雾霾主要污染源之一。全球已就"交通能源消耗是造成局部环境污染和全球温室气体排放的主要来源之一"达成共识,各国积极应对能源危机和环境污染,对本国科技和产业发展进行新部署,开始了新一轮抢占科技和产业发展制高点的竞争。

第二节 应对气候变化湖北省交通业排放统计核算新指标
——新能源汽车

2015年，中国新能源汽车产量达37.47万辆，同比增长近3倍。这一年被业内称为新能源汽车爆发的元年。2016年，中国新能源汽车产销进一步提升，超越美国，跃居成为全球最大的新能源汽车市场。2017年，国家对新能源汽车的补贴政策明显收紧，除了在原有补贴的基础上退坡20%外，还规定，地方补贴额度不得大于国家补贴的50%。如何在国家补贴政策递减的情况下保持新能源汽车的持续健康发展？结合国家的新能源汽车碳配额、双积分制度、新能源汽车绿色发展统计指标，本章提出了新能源汽车减排指标。

本章新能源汽车减排指标目前涉及企业和新能源汽车类型具体依据国家发改委的《新能源汽车碳配额管理办法》征求意见稿（2016年8月11日，源自第一电动网）。该管理办法借鉴美国加州ZEV政策，并结合中国现有的燃油汽车油耗管理政策，将两者合并实施对中国汽车碳排放进行管理。

2016年8月2日，国家发改委《新能源汽车碳配额管理办法》征求意见稿（发改产业办[2016]1768号）指出，随着新能源汽车产销量不断增长，大规模财税补贴难以为继。另外，燃油汽车产能结构性过剩问题已开始凸显。本征求意见稿主要针对的企业为生产和进口燃油汽车达到一定规模的企业，对于燃油汽车企业产销未达到一定规模、但新能源汽车达到一定数量，且自愿纳入管理的企业也可按该管理办法执行。

该管理办法特别提及，征求意见稿中所指的新能源车主要包括符合GB/T19596、GB/T24548、QC/T837等有关国家标准或行业标准的纯电动汽车、插电式混合动力汽车、燃料电池汽车。该管理办法拟于2017

年开始试行，2018年正式实施。

《企业平均燃料消耗量与新能源汽车积分并行管理暂行办法（征求意见稿）》（2016）将企业平均燃料消耗量积分和新能源汽车积分打通，新能源汽车正积分可抵消燃料消耗量的负积分；燃料消耗量正积分允许结转和在关联企业间转让；新能源汽车正积分允许自由交易，但是不能结转；企业须向其他企业购买新能源汽车正积分抵偿新能源汽车负积分。

湖北省碳市场是中国的一个缩影。2011年10月，湖北省被国家发改委确定为全国7个碳排放权交易试点省市之一。湖北省碳排放权交易主体包括纳入碳排放配额管理的企业、自愿参与碳排放权交易活动的法人机构、其他组织和个人。其中，纳入碳排放配额管理的企业为湖北省2010年、2011年任一年综合能耗6万吨及以上的工业企业，共138家，涉及电力、钢铁、水泥、化工等12个行业。2014年，湖北省碳排放权交易配额总量为3.24亿吨。

2014年，湖北省成为继深圳市、上海市、北京市、广东市、天津市之后第6个启动碳排放权交易的试点省市。同年4月，《湖北省碳排放权管理和交易暂行办法》出台。根据湖北省碳市场快讯，截至2016年6月30日，湖北省碳市场配额共计成交2.75亿吨，成交总额66.37亿元。除一级市场（配额拍卖）外，湖北省二级市场累计成交27286万吨，占全国77.62%；成交额65.96亿元，占全国84.03%。当月配额共计成交9544.8万吨，其中：线上协商议价成交39.94万吨，定价转让成交1.82万吨，现货远期成交9486.66万吨。

作者近年来对新能源汽车的研究，提出了新能源汽车减排指标，并在相关论文中进行过初步探讨。在新能源汽车积分制与碳配额管理办法之外，可以将新能源汽车作为一个减排指标纳入湖北省碳排放权交易体系。尤其加州发电是低排放行业，湖北省发电过程中的高二氧化碳排放也决定了不能照搬加州模式，要走创新式的湖北省发展道路。

一、湖北省新能源汽车减排指标设定目的和意义

本书第一次提出了湖北省交通行业温室气体排放减排指标的初步构想。本章尝试建立较为合理的交通业温室气体统计核算制度，提出新能源汽车减排新指标。通过碳排放交易市场，帮助交通行业企业科学核算和规范报告自身的温室气体排放，制定交通企业温室气体排放控制计划，积极参与碳排放交易，强化交通企业社会责任。

1. 主要内容

核算的温室气体主要为 CO_2。适用范围为从事公路运输业务的具有法人资格的生产企业和视同法人的独立核算单位。

2. 需要说明的问题

本部分提供的核算所需参数和排放因子推荐值，参考了《省级温室气体清单指南(试行)》和《中国能源统计年鉴》等权威资料。由于交通企业温室气体核算和报告是一项全新的复杂工作，国家公路指南仍未制定，本部分在实际运用中存在诸多不足之处，需要并正继续修改和不断完善。

二、湖北省碳排放交易发展与新能源汽车减排核算方法

据国际汽车制造商协会统计，全球 CO_2 排放量中，超过 15% 来自道路交通(其中，主要是汽车尾气)。继 2009 年哥本哈根会议上，中国承诺 2020 年单位国内生产总值 CO_2 排放量比 2005 年下降 40%~50%。2015 年，《巴黎协议》指出运输业在欧盟温室气体排放量中占比较大，位于第二大行业。其中，公路运输在运输业中又占比较大。为此，欧盟采取了一系列政策措施以减少交通业排放，并为汽车设置 CO_2 排放标准，汽车作为中国第二大碳排放源也一直成为节能减排的重点领域。

中国的碳排放，尤其是汽车尾气排放量近十年来高速增长。据工信部统计，2020 年，中国汽车保有量将超过 2 亿辆，由此带来的能源安

全和环境问题将更加突出。根据测算，新能源汽车特别是电动汽车的能效比传统汽车高出46%，同时可以减少13%~68%的CO_2排放。而新能源汽车的研发和应用成为未来国际汽车业发展的重要趋势，被定位为许多国家的"战略性新兴产业"之一。

三、湖北省交通业温室气体排放核算方法与报告[①]

1. 适用范围

本部分规定了湖北省公交和出租车企业温室气体排放的量化和报告规范，适用于湖北省公路运输企业温室气体排放核算和报告。从事公路运输的湖北省企业可按照本节的方法核算企业温室气体排放量，并编制企业温室气体排放报告。

(1) 报告主体。

具有温室气体排放行为并应核算和报告的湖北省交通行业法人企业或视同法人的独立核算单位，本节具体指运营的公交运营公司和出租车运营企业。

(2) 湖北省公路运输企业。

湖北省公路运输企业包括公路旅客运输企业和公路货物运输企业，即客运和货运。

2. 核算边界

本节报告主体应以湖北省交通行业企业法人为边界，识别、核算和报告边界内所有与生产经营相关的排放，同时应避免重复计算或漏算。公路运输企业的温室气体核算和报告范围包括：燃料燃烧的CO_2排放，即燃料在各种类型的固定或移动燃烧设备(如锅炉、气源车、电源车、运输车辆等)中与氧气充分燃烧生成的CO_2排放；以及净购入使用电力及热力产生的CO_2排放。

---

① 鉴于交通碳排放核算方法研究，深圳领先，本节计算公式基于深圳市交通CO_2排放计算。

3. 核算方法

湖北省公路运输企业的温室气体排放总量等于企业核算边界内燃料燃烧的 CO_2 排放以及净购入使用电力及热力产生的 CO_2 排放。如公式（1）所示：

$$E = E_{燃烧} + E_{电和热} \quad (1)$$

式中，

E 为企业 CO_2 排放总量(t)；

$E_{燃烧}$ 为燃料燃烧的 CO_2 排放总量(t)，包括化石燃料和生物质混合燃料燃烧的 CO_2 排放量；

$E_{电和热}$ 为企业净购入使用电力和热力产生的 CO_2 排放总量(t)。

公路运输企业的燃料燃烧的 CO_2 排放包括公路运输过程中消耗的汽油、煤油和生物质混合燃料燃烧的 CO_2 排放，以及企业地面活动涉及的其他移动源及固定源消耗的化石燃料燃烧的 CO_2 排放。公路运输企业燃料燃烧的 CO_2 排放总量计算公式如下：

$$E_{燃烧} = \sum_{i}(AD_{化石,i} \times EF_{化石,i}) + \sum_{j}(AD_{生物质混合,j} \times EF_{化石,j}) \quad (2)$$

式中，

$AD_{化石,i}$ 为第 i 种化石燃料的活动水平(T_J)；

$EF_{化石,i}$ 为第 i 种化石燃料的排放因子(t_{CO_2}/T_J)；

i 为化石燃料的种类；

$AD_{生物质混合,j}$ 为第 j 种生物质混合燃料的活动水平(T_J)；

$EF_{化石,j}$ 为生物质混合燃料 j 全部是化石燃料时的排放因子(t_{CO_2}/T_J)，此处指航空汽油和航空煤油的排放因子；

j 为生物质混合燃料类型。

(1)活动水平数据及来源。

湖北公路运输企业燃料燃烧的活动水平包括两部分，化石燃料燃烧以及生物质混合燃料燃烧的活动水平，我们这里只计算化石燃料燃烧的活动水平。

化石燃料燃烧的活动水平

湖北公路运输企业消耗的化石燃料包括运输飞行消耗的航空燃油以及地面活动涉及的其他移动源及固定源消耗的化石燃料，其活动水平按下式计算。

$$AD_{化石,i} = FC_{化石,i} \times NCV_{化石,i} \times 10^{-6} \qquad (3)$$

式中，

$AD_{化石,i}$ 为第 i 种化石燃料的活动水平（T_j）；

$FC_{化石,i}$ 为第 i 种化石燃料的消耗量，对固体或液体燃料以 t 为单位，对气体燃料以 $10^3 m^3$ 为单位；

$NCV_{化石,i}$ 为第 i 种化石燃料的低位发热值，对固体或液体燃料以 kJ/kg 为单位，对气体燃料以 kJ/m^3 为单位；

i 为化石燃料的种类。

(2)排放因子数据及来源。

湖北公路运输企业消耗的化石燃料燃烧的排放因子及生物质混合燃料中全部是化石燃料时的排放因子由燃料的单位热值含碳量和碳氧化率等参数计算得到，计算公式如下：

$$EF_i = CC_i \times OF_i \times 44/12 \qquad (4)$$

式中：

EF_i 为第 i 种化石燃料的排放因子(t_{CO_2}/T_J);

CC_i 为第 i 种燃料的单位热值含碳量(t_C/T_J);

OF_i 为第 i 种燃料的碳氧化率(%);

44/12 为 CO_2 与碳的分子量之比;

i 为化石燃料的种类。

各种化石燃料的单位热值含碳量、碳氧化率参考国家标准。

4. 质量保证和文件存档

报告主体应建立企业温室气体排放报告的质量保证和文件存档制度,包括以下内容:

指定专人负责本企业温室气体排放核算和报告工作。

建立健全公路温室气体排放和能源消耗台账记录。

建立企业温室气体数据和文件保存和归档管理制度。

建立企业温室气体排放报告内部审核制度。

5. 报告内容和格式

报告主体应按照附件一格式进行报告:

(1)报告主体基本信息。

报告主体基本信息应包括报告主体名称、单位性质、报告年度、所属行业、组织机构代码、法定代表人、填报负责人和联系人信息。

(2)温室气体排放量。

报告主体应报告在核算和报告期内温室气体排放总量,并分别报告燃料燃烧排放量以及净购入使用的电力、热力产生的排放量。

(3)活动水平及其来源。

报告主体应报告企业消耗的不同品种化石燃料及生物质混合燃料的净消耗量和相应的低位发热值。

(4)排放因子及其来源。

报告主体应报告消耗的各种化石燃料的单位热值含碳量和碳氧化率数据以及报告采用的电力排放因子和热力排放因子。

第三节 湖北省新能源汽车减排核算方法与报告

低碳经济指在可持续发展理念指导下,通过技术创新、制度创新、产业转型和新能源开发等多种手段,尽可能减少石油、煤炭等高碳能源消耗,减少温室气体排放,达到经济社会发展与生态环境保护双赢的一种经济发展形态。它是应对能源环境挑战,改善能源结构和环境质量,加快中国产业结构升级的迫切需要,其核心之一就是发展包括新能源汽车在内的新能源产业。

2016年,吴敬琏和欧阳明高就提出效仿美国加州,将新能源汽车纳入碳排放交易权积分机制。2016年9月21日,工信部发布《企业平均燃料消耗量与新能源汽车积分并行管理暂行办法(征求意见稿)》。美国将绿色电动汽车发展与碳排放交易联系起来,采取积分的办法来鼓励美国公众购买和使用新能源汽车。得益于积分机制,美国特斯拉发展迅猛,一跃而成为世界电动汽车行业的佼佼者。本章尝试将新能源汽车作为减排指标,探讨交通业碳减排新指标。

一、湖北省交通业碳排放统计新指标——新能源汽车

2012年,中国《节能与新能源汽车产业发展规划(2012—2020年)》提出了高目标——到2015年,国内纯电动汽车和插电式混合动力汽车累计产销力争达到50万辆;2020年,两者累计产销量超过500万辆。据中国汽车工业协会统计,中国新能源汽车销售呈现逐年增长,2012年,中国新能源汽车产销分别为12552辆和12791辆,2013年中国新能源汽车产量1.75万辆。2015年,国家和地方政策支持下,中国新能源汽车销售发展迅猛18.8万辆。2016年,中国新能源汽车生产51.7万辆,销售50.7万辆,比上年同期分别增长51.7%和53%。

1. 综述

全球资源日渐枯竭,传统化石能源造成了世界性的能源短缺,环境

污染和气候变化等问题日趋严重。根据国际汽车制造商协会统计，目前 CO_2 排放中，汽车交通占比达 15.9%，加剧了全球气候变暖趋势。城市空气第一大污染源已经由煤烟转为机动车，传统汽车尾气更是大气主要污染源之一。实验证明，汽车尾气排放是近期倍受关注的雾霾之主要来源，汽车噪声是环境噪声污染的重要因素。面对能源安全、环境污染和气候变暖的严峻压力，节能、减排和减碳成为世界性的首要任务。各国政府均从可持续发展的战略高度制定各自的交通能源发展政策。测算显示，新能源汽车特别是电动汽车的能效比传统汽车高出 46%，同时可以减少 13%~68% 的 CO_2 排放。

中国城市空气质量不断恶化，2013 年以来，雾霾全国蔓延，多次爆发严重污染。日趋严峻的环境问题成为全社会普遍关注的焦点。2013 年至今，雾霾在中国多次大面积爆发，汽车尾气污染引起了社会各界的极大关注。尤为重要的是，随着世界石油资源需求量不断上升，供需矛盾日益严重，能源危机和能源安全问题是当今各国越来越重视的问题。新能源汽车的研发和应用有利于改善能源供应的紧张局面，推动节能环保和全球经济可持续的低碳发展。

2. 湖北省减排指标的新能源汽车界定

本书第三章对中国新能源汽车已经做了界定，本节所指的新能源汽车主要是指湖北省目前最普及的电动汽车和混合动力汽车两种。

二、湖北省交通业排放统计指标体系

湖北省是较早开展低碳经济研究的省份之一，湖北省政府也出台了《关于发展低碳经济的若干意见》（2009）等政策，2010 年被国家发改委正式批准为全国开展低碳 8 个试点省份之一。作为中国传统的重要工业基地，湖北省位于我国中部，是交通大省，人杰地灵，省会武汉市历有"九省通衢"美名。武汉城市圈位于中部地区的经济腹地，东承"长三角"，南连"珠三角"，北接"京津冀"，西启"成渝"，具有独特的综合区位优势，是中国承东启西、连南接北的纽带和桥梁，是长江流域经济带和京广铁路经济带的交会中心，铁路、水运、公路、空运优势均十分明显，是名副其实的综合交通枢纽。

2014年，湖北省成为继深圳市、上海市、北京市、广东省、天津市之后第6个启动碳排放权交易的试点省市。同年4月，《湖北省碳排放权管理和交易暂行办法》出台。

(一)湖北省交通行业温室气体排放初步指标

2011年10月，湖北省被国家发改委确定为全国7个碳排放权交易试点省市之一。湖北省碳排放权交易主体包括纳入碳排放配额管理的企业、自愿参与碳排放权交易活动的法人机构、其他组织和个人。其中，纳入碳排放配额管理的企业为湖北省2010年、2011年任一年综合能耗6万吨及以上的工业企业，共138家，涉及电力、钢铁、水泥、化工等12个行业。2014年，湖北省碳排放权交易配额总量为3.24亿吨。

本节提出的湖北省交通行业温室气体排放的主要指标有四个：运输里程、客货周转量、能源消费量、节能与新能源汽车。

1. 湖北省指标说明

交通运输业指国民经济中专门从事运送货物和旅客的社会生产部门，包括铁路、公路、水运、航空等运输部门。

运输里程，车仪表板中最显眼的是车速里程表，它表示汽车的时速，单位是 km/h(公里/小时)。汽车里程表由车速表和里程表组成。

货运周转量是指运输货物的数量(吨)与运输距离(公里)的乘积；其表示方法为吨公里或吨海里。

货运周转量表示方法吨公里或吨海里定义：运输货物的数量与运输距离的乘积公式：实际运送货物吨数×货物平均运距货物周转量，是指各种运输工具在报告期内实际运送的每批货物重量分别乘其运送距离的累计数。计算单位为吨公里(海运为吨海里，1海里=1.852公里)计算公式是：

$$货物周转量 = 实际运送货物吨数 \times 货物平均运距$$

货物周转量指标不仅包括了运输对象的数量,还包括了运输距离的因素,因而能够全面地反映运输生产成果。换算周转量,是指将旅客周转量按一定比例换算为货物周转量,然后与货物周转量相加成为一个包括客货运输的换算周转量指标。它综合反映了各种运输工具在报告期实际完成的旅客和货物的总周转量,是考核运输业的综合性的产量指标。计算公式是:

$$换算周转量 = 货物周转量 + (旅客周转量 \times 客货换算系数)$$

客货换算系数的大小,取决于运输 1 吨公里和 1 人公里所耗用人力和物力的多少。目前我国统计制度规定的客货换算系数,按铺位折算,铁路、远洋、沿海、内河运输的系数为 1;按坐位折算,内河为 0.33,公路为 0.1,航空国内为 0.072、国际为 0.075。

能源消费量是指能源使用单位在报告期内实际消费的一次能源或二次能源的数量,指能源使用单位在报告期内实际消费的一次能源或二次能源的数量。

能源消费量统计的原则是:

第一,谁消费、谁统计。即不论其所有权的归属,由哪个单位消费,就由哪个单位统计其消费量。

第二,何时投入使用,何时计算消费量。企业的能源消费,在时间、工艺界限上,以投入第一道生产工序为标志,即投入第一道生产工序就计算消费;何时投入第一道生产工序,何时计算消费量。

第三,在计算综合能源消费量时,不应重复计算,应扣除二次能源的产出量和余热、余能的回收利用量。

第四,耗能工质(如水、氧气、压缩空气等),不论是外购的还是自产自用的,均不统计在能源消费量中(计算单位产品能耗时应根据具体的指标规定将某些耗能工质包括在内)。

第五,企业自产的能源,凡作为企业生产另一种产品的原材料、燃料,又分别计算产量的,消费量要统计,如煤矿用原煤生产洗煤,炼焦厂用焦炭生产煤气、炼油厂用燃料油发电等。但产品生产过程中消费的半成品和中间产品，不统计消费量，如炼油厂用原油生产出燃料油后，又用燃料油生产其他产品，在这种情况下，如果燃料油不计算产量，那么作为中间产品的燃料油也不计算消费量（如果燃料油计算产量，那么也要计算消费量）。

2. 湖北省活动水平数据及来源说明

（1）湖北省统计局、进入碳排放权交易的3家企业、加油站、交管局。

（2）湖北省只有三家汽车企业参加交易。

（二）湖北省交通运输业碳排放调研报告

调研企业：

调研年度：

项目编号：

项目备案号：

调研机构：

调研日期：＿＿＿＿年＿＿＿月＿＿＿日

调研报告摘要：

　　　　年　月　日—　年　月　日，＿＿＿＿＿＿（调研机构）完成对＿＿＿＿＿＿（调研企业）组织边界内温室气体（GHG）排放量的调研工作，简要说明如下：

　　＿＿＿＿＿＿＿（调研企业）组织边界内＿＿＿＿＿＿年度GHG排放总量为＿＿＿＿＿＿＿吨，其中直接排放＿＿＿＿＿＿吨，间接排放＿＿＿＿＿＿＿吨。其中，节能与新能源汽车置换黄标车减排＿＿＿＿＿＿＿吨。

调研机构签字（盖章）：

调研企业签字（盖章）：

1. 湖北调研背景

低碳经济被称为一场产业新革命，是高碳工业化时代最具特征的可持续发展的经济方式。新型工业化道路是复兴中华民族的唯一选择。现阶段，中国正从工业化初级阶段向中级阶段迈进，自然也正处于以高碳为主的重工业化的关键阶段。中国制造业发展迅速，是世界能源消耗第二大国，是世界上煤炭、钢铁、铁矿石和氧化铜等消耗最大的生产国和消费国，工业排放的污染物超过发达国家的十倍以上，作为第二大排放源，交通等高耗能行业含碳量非常高。能源结构的高碳化是传统工业化的必然结果，工业部门也是最大的能源消费部门，理应成为节能工作的重点。

作为中国传统工业大省和第三大汽车生产基地，湖北省汽车业发展历程基本与中国汽车业同步，被认为是中国汽车发展的缩影，汽车业也是湖北省第一大支柱产业。

湖北省汽车工业是随着国家投资建设中国第二汽车制造厂（现东风汽车公司）发展起来的，是湖北省支柱产业之一。有当前的第二汽车制造厂先东风公司，与国外知名的汽车厂商合资合作，组建了神龙汽车、东风日产、东风本田、东风渝安、东风电动车等一系列整车制造公司。

2. 湖北省调研目的

_____（调研机构）通过现场数据收集计算_____（调研企业）在本年度的温室气体（GHG）排放量。

3. 湖北省调研范围

_____（调研机构）依据_____（调研企业）填报的《湖北省碳排放权交易企业碳排放调研边界描述表》中确定的组织边界和运行边界对其在_____年度 GHG 排放量进行调研。

4. 湖北省调研准则

调研机构在准备、执行及报告调研工作时，遵循相应调研原则，并参考以下文件作为调研准则：

第一，《湖北省碳排放权交易试点工作实施报告》

第二，《湖北省碳排放权交易监测、报告和调研(MRV)实施规则》

第三，《湖北省碳排放权交易调研指南》

第四，《湖北省碳排放权交易监测、量化和报告指南》

第五，《温室气体排放量化、调研、报告和改进的实施指南(试行)》

第六，GB/T 2589 综合能耗计算通则

第七，GB17167 用能单位能源计量器具配备与管理通则

第八，《2006年IPCC国家温室气体清单指南》

第九，相关统计年鉴

5. 湖北省调研企业信息

_____为本次碳调研申报和调研企业，位于_____，属于_____行业。企业组织边界和运行边界的具体描述请参见该企业于_____年___月___日填报的《湖北省碳排放权交易企业碳排放调研边界描述表》。

6. 湖北省调研过程

(1)调研安排

调研组组长：

调研组成员：

(2)调研方法

_____年___月___日至_____年___月___日，_____(调研机构)对_____(调研企业)在_____年度的GHG排放数据进行现场调研，通过现场访谈和文件查阅等方式对企业活动水平数据、排放因子等进行全面调研，以计算申报或调研单位组织边界范围内的GHG排放。

由于本次调研对象主要为_____交通行业相关机构、车企及交管局，为顺利完成本课题的目标，需要多种调查方式的结合使用，因此调研方法主要为实地调研，开展典型调查和专家访谈法等方式。

（3）调研实施

第一，调研流程：

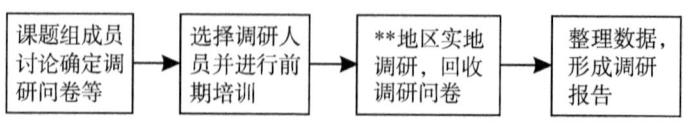

第二，人员培训：本课题组要求实地调研，需要调研人员一方面能吃苦耐劳，另一方面要求熟练掌握基本的数据处理能力。因此前期需要对相关人员进行基本的统计知识进行培训，会应用部分统计软件。

（4）组织边界、运行边界、排放源、源流及监测设备

见《湖北省碳排放权交易企业碳排放调研边界描述表》。

（5）日程安排

为规范和保证此次调研方案的顺利实施，制定详细的调研日程。具体安排如下：

第一，20_____年____月讨论，并确定调研方案、问卷的设计；

第二，20_____年____月项目准备阶段，确定调研人员并进行基本的培训；

第三，20_____年____月项目组开赴_____地区，进入实地访问阶段；

第四，20_____年____月项目组根据回收的调研问卷和访谈数据，进行数据预处理（编码、输入）以及数据统计分析；

第五，20_____年____月调研报告撰写阶段。

7. 湖北省调研内容

本次调研地点为_____企业。作为湖北省重点汽车生产和制造企业，该公司完全符合本课题组的研究要求，因此本调研选择该企业为调研地点。

对整个调研流程的质量控制是保证客观、科学地收集信息的前提。本次调研的质量控制应根据课题组的要求，坚持严格的质量评审制，定

期召开研讨会，针对具体问题实行责任到人、分工协作的机制，可有效的保证本次调研的质量。

三、节能与新能源汽车温室气体减排计算方法及核算（实施细则草稿）

经过与中国汽车技术研究中心沟通，结合对国内典型车企的实地调研，本细则尝试设计带有激励性质的节能与新能源汽车（以下简称新能源汽车）减排指标，就国家发改委2016年新能源汽车碳配额管理办法（征求意见稿）提出一点统计核算层面的政策性建议。

调研显示，车企主要关心的是双积分制和碳配额管理办法联合配合、协调设计或互补，避免重复冲突导致无法操作。

1. 调研显示车企基本认同新能源汽车节能减排，一汽提出新能源汽车使用环节减排177克/公里。

2. 鉴于国家对新能源汽车有不同界定，企业有不同车型发展战略，建议扩大新能源汽车车型以便有更广的适用性，同时避免无法操作或具体实施。

3. 将范围扩大到生产和销售环节的车型，实行跨行业交易，同时兼顾使用环节，以节能减排碳配额激励来促进销售。

鉴于工信部双积分制和发改委碳配额制（草稿）均参考借鉴了美国加州经验，工信部和发改委同时对新能源汽车管理，工信部负责指导行业发展，发改委负责碳排放权交易工作。新能源汽车双积分制和碳配额管理需避免重复甚至冲突，应该相互协调发挥政策组合的最大效用。本实施细则提出以下设想：

1. 允许新能源汽车节能减排所获得的碳配额在碳排放权交易所进行跨行业交易，碳配额采取虚拟货币形式，允许企业进行后续的盈利性操作。并尽可能完善交易的后续程序，如企业如何变现使用等。交易后的碳配额具体使用程序如如何变现等仍有待于进一步研究。

2. 鉴于车企选择的新能源汽车重点发展车型各异并考虑到未来发

展可能性，建议扩大在碳排放权交易所参与交易的新能源汽车车型，涵盖新能源汽车客车和乘用车。

3. 车企获得额外配额后的交易方式：等同其他公司碳配额，在碳排放权交易市场进行类似股票交易，企业自主交易，自负盈亏。

4. 使用新能源汽车的减排量和油耗积分折算成相应的碳配额，允许在碳排放权交易所进行交易。

5. 新能源汽车节能减排指标涵盖生产、销售和使用环节（使用环节可以考虑配合碳宝包），车企和个人用户均按照一般程序在碳排放交易所进行交易。具体交易程序均参照碳排放权交易所规定同等执行。

6. 如上述设想得以实现，初步预计车企将成为中国碳排放权交易所碳配额大户，由于车企大都属于非高排放行业，预计有较大的盈利空间，车企的加入有助于全国碳市场的建立，同时会带来较大的市场冲击。

具体实施细则如下，结合市场和政府对车企提出激励措施。

鉴于新能源汽车双积分制和碳配额制均借鉴了加州 ZEV 积分制，但双积分制和碳配额制度界定范围与对象不尽相同，车企选择的新能源汽车发展战略有所差别。在双积分制已正式出台的背景下，本细则建议协调双积分制，尝试将设置新能源汽车减排指标，纳入国家碳排放权交易体系，初步探讨中国交通业减排新指标。

（一）节能与新能源汽车减排指标初步计算方法

节能与新能源汽车，视国家各部委的具体规定，目前主要是指电动汽车，在使用过程中由于不需要消耗化石燃料，新能源汽车汽车节能量等同于传统燃油车平均耗油量，同时，新能源汽车使用过程中的 CO_2 排放较低，根据一汽计算得出为低于传统汽车 177 克/公里，按照具体行驶公里计算减排量。

表 7.3.1　　　　　节能与新能源汽车减排量统计表

年份	新能源汽车数量	替换黄标车数量	传统汽车、黄标车平均 CO_2 排放量

由于电动汽车耗电存在 CO_2 排放，电的排放因子每年略有变化，电动汽车电 CO_2 排放量以所用电的度数乘以当年的排放因子，具体为新能源汽车 CO_2 排放量=数量×当年电的排放因子。此外，新能源汽车电频与行驶里程的 CO_2 也应考虑，具体计算建议按照国家通用的一般计算方法或公式。

鉴于新能源汽车双积分制已经正式出台，建议协调双积分机制，将新能源汽车减排指标按照其新能源汽车生产量或销售量等同于使用量减排量直接给予车企 CO_2 碳配额量，并参加全国碳排放权交易体系。

建议探讨结合碳排放权交易增加独立的双积分制交易板块，与碳配额等同进行交易，具体交易规则根据本细则规定。

新能源汽车 CO_2 排放量统一采用国家工信部 GB27999（2014）的油耗计算标准。遵循国家取消新能源汽车按照零排放计算的规定，按照一定比例折算成 CO_2，新能源汽车倍数补贴将推出，2021 年—2025 年分别为 1.8，1.4，1.2，1 倍。

(二)活动水平数据及来源说明

1. 统计局、进入碳排放权交易的车企、加油站、交管局。

2. 所有新能源汽车，包括乘用车和客车。

3. 新能源汽车节能量即为传统车平均耗油量，新能源汽车 CO_2 排放按照国家标准计算，低于传统车平均排放的数量作为减排量。根据新能源汽车节能减排情况计算具体谈配额。其中，企业生产、销售或使用节能与新能源汽车替换黄标车的减排量就是原车的平均排放量。

(三)排放因子数据

表 7.3.2　　　　　　**相关排放因子和参数缺省值**

名称	排放因子单位	CO_2 排放因子
电力	tCO_2/MWh	实测值或采用国家最新发布值
热力	tCO_2/GJ	0.11

(四)报告模板

湖北省——企业新能源汽车节能减排报告

报告主体(盖章)：

报告年度：

编制日期：　　　年　　　月　　　日

本报告主体核算了_____年度新能源汽车节能减排量，并填写了相关数据表格。现将有关情况报告如下：

1. 企业基本情况

2. 新能源汽车节能情况

3. 新能源汽车减排情况

4. 新能源汽车 CO_2 活动水平数据及来源说明

5. 新能源汽车 CO_2 排放因子数据及来源说明

本报告真实、可靠，如报告中的信息与实际情况不符，本企业将承担相应的法律责任。

法人(签字)：
年　　月　　日

（五）主要统计表格：

表 7.3.3　报告主体 20 年新能源汽车节能减排量报告表

企业新能源汽车节能减排总量(tCO_2)	
新能源汽车节能量(tCO_2)	
新能源汽车减排量(tCO_2)	

表 7.3.4　　公路运输企业主要能源消费与库存

表　号：　　　表
制定机关：国家统计局
文　号：国统字（　）号

综合机关名称：　　　　20　　年　　　　　　有效期至：20　　年　　月

品　种	计量单位	代码	期初库存量	本年消费量	公路运输	水上运输和港口	期末库存量
甲	乙	丙	1	2	3	4	5
煤　炭	万吨	01					
汽　油	吨	02					
煤　油	吨	03					
柴　油	吨	04					
燃料油	吨	05					

单位负责人：　　　填表人：　　　联系电话：　　　报出日期：20　年　月　日

说明：1. 本表由交通厅报送。

2. 统计范围是公路运输企业、水上运输企业和港口，不包括部门所管理的工业、建筑业等企业及行政、事业单位。

3. 报送时间为次年　月　日前，报送方式为邮寄或传真。

表 7.3.5　　重点耗能交通运输业企业单位作业量能源消耗情况

201　年 1— 　季

表　号：
制定机关：
批准文号：国统制（　）号
有效期至：20　　年　　月

组织机构代码□□□□□□□□-□
单位详细名称：

代码	目录	计量单位			单位换算系数	1—本月			上年同期		
		指标单位	子项单位	母项单位		指标值	子项值	母项值	指标值	子项值	母项值
甲	乙	丙	丁	戊	1	2	3	4	5	6	7

单位负责人：　　统计负责人：　　填表人：　　联系电话：　　报出日期：20　年　月　日

注：1. 本表指标均保留两位小数。

2. 在本表中，计算综合能源消费量时，电力折标系数采用推荐值。

表 7.3.6　重点耗能交通运输业企业单位作业量能源消耗情况填报目录

交通运输行业（53、54、55）

1	货车耗柴油	升/百吨公里	升	百吨公里	货车柴油消耗量	货物周转量	1
2	货车耗汽油	升/百吨公里	升	百吨公里	货车汽油消耗量	货物周转量	1
3	客车耗柴油	升/百公里	升	百公里	客车柴油消耗量	行驶里程	1
4	客车耗汽油	升/百公里	升	百公里	客车汽油消耗量	行驶里程	1
5	公共汽车、出租汽车耗柴油	升/百公里	升	百公里	公共汽车、出租车柴油消耗量	运营里程	1
6	公共汽车、出租汽车耗汽油	升/百公里	升	百公里	公共汽车、出租车汽油消耗量	运营里程	1
7	电车耗电	千瓦时/节百公里	万千瓦时	节百公里	电车耗电量	运营里程	10000

表 7.3.7　报告主体排放活动水平数据

		消耗量 （t，10^3 m^3）	低位发热值 （kJ/kg，kJ/m^3）	
化石燃料燃烧[*1]	无烟煤			
	烟煤			
	褐煤			
	型煤			

续表

		消耗量 (t, 10³ m³)	低位发热值 (kJ/kg, kJ/m³)	
化石燃料 燃烧*1	焦炭			
	原油			
	燃料油			
	汽油			
	柴油			
	一般煤油			
	汽油			
	煤油			
	液化天然气			
	液化石油气			
	炼厂干气			
	石脑油			
	石油焦			
	其他石油制品			
	天然气			
	焦炉煤气			
	其他煤气			
生物质 混合燃料 燃烧*2		消耗量 (t)	低位发热值 (kJ/kg)	生物质含量 (%)
	混合燃料			
净购入 使用电力、 热力		数据	单位	
	电力净购入量		MWh	
	热力净购入量		GJ	

*1 企业应自行添加未在表中列出但企业实际消耗的其他能源品种，且企业应分别统计交通运输的化石燃料消耗量。

*2 企业应分别统计交通运输的生物质混合燃料的消耗量和低位发热值以及生物质混合燃料中生物质的含量。

表 7.3.8　　　　　　　报告主体排放因子和计算系数

		单位热值含碳量 （tC/GJ）	碳氧化率 （%）
化石燃料燃烧*	无烟煤		
	烟煤		
	褐煤		
	型煤		
	焦炭		
	原油		
	燃料油		
	汽油		
	柴油		
	一般煤油		
	汽油		
	煤油		
	液化天然气		
	液化石油气		
	炼厂干气		
	石脑油		
	石油焦		
	其他石油制品		
	天然气		
	焦炉煤气		
	其他煤气		
生物质混合 燃料燃烧		单位热值含碳量 （tC/GJ）	碳氧化率 （%）
	混合燃料		
净购入电力、热力		数据	单位
	电力		tCO_2/MWh
	热力		tCO_2/GJ

*企业应自行添加未在表中列出但企业实际消耗的其他能源品种。

表 7.3.9　　　　　其他排放因子和参数缺省值

名称	排放因子单位	CO_2 排放因子
电力	tCO_2/MWh	采用国家最新发布值
热力	tCO_2/ GJ	0.11

1. 湖北省新能源汽车减排指标初步计算方法

新能源汽车，目前主要国内主要是发展电动汽车。车企提出，由于在使用过程中不消耗化石燃料，其使用过程中的 CO_2 排放可根据实际情况计算。① 减排指标拟分两步进行，第一步是新能源车自身的同比减排。第二步是新能源汽车相对传统汽车节能减排。在生产、销售和使用环节均相应折算成碳配额进行交易。

实际上，电动汽车在使用过程之中也是有 CO_2 排放的，而且电的排放因子还每年不同，略有变化，因此，电动汽车的 CO_2 排放量需要以所用电的度数剩余当年的排放因子。

2. 排放因子数据（见表 7.3.10）

表 7.3.10　　　　　其他相关排放因子和参数缺省值

名称	排放因子单位	CO_2 排放因子
电力	t_{CO_2}/MWh	实测值或采用国家最新发布值
热力	t_{CO_2}/ GJ	0.11

---

① 与(东风)扬子江汽车有限责任公司总工程师雷洪钧和三环公司王心刚等多次探讨过新能源汽车使用过程中的二氧化碳排放设定，新能源汽车生产和销售商同意在使用过程中，设定新能源汽车排放为零，但作为第三方的中国质量认证中心武汉分公司技术人员提出了异议。

主要参考文献

英文部分：

[1] Santiangeli Adrianoa, Fiori Chiarab, Zuccari Fabrizioa, Dell'Era Alessandroa, Orecchini Fabiob, D'Orazio Annalisab. Experimental Analysis of the Auxiliaries Consumption in the Energy Balance of a Pre-series Plug-in Hybrid-electric Vehicle [DB/OL]. Science Direct, January 2014, Vol. 45, 779-788.

[2] Thomas Klier, Joshua Linn. Fuel. prices and new vehicle fuel economy——Comparing the United States and Western Europe, Journal of Environmental Economics and Management, 2013.

[3] Steven Parissien. The life of the automobile, Thomas Dunne Books St. Martin's Press, 2013.

[4] National Academy of Sciences. "Overcoming Barriers to Electric Vehicle Deployment," Interim Report, 2013.

[5] Consumer Reports. "Tesla Model S Review: An Electric Sports Car Earns Our Top Test Score," July 2013.

[6] Michael Liebreich. Global Trends in Clean Energy Investment [R]. Clean Energy Ministerial Delhi, 17 April 2013.

[7] Deloitte. Unplugged: Electric Vehicle Realities Versus Consumer Expectations [R]. 2012.

[8] Xiaoyu Yan, Roy J. Crookes. Energy demand and emissions from road transportation vehicles in China[J]. Progress in Energy and Combustion Science 36 (2010), 651-676.

[9] Jonn Axsen, Kenneth S. Kurani. Anticipating plug-in hybrid vehicle energy impacts in California: Constructing consumer-informed recharge profiles [J]. Transportation Research, Part D 15 (2010) 212-219.

[10] New fuel consumption standards for Chinese passenger vehicles and their effects to on reductions of oil use and COs emissions of the Chinese passenger vehicle fleet. Energy Policy, 38(2010).

[11] Energy demand and emissions from road transportation vehicles in China, Progress in Energy and Combustion Science, 36(2010).

[12] Fuel consumption from vehicles of China until 2030 in energy scenarios, Energy Policy38(2010).

[13] Zhang Qingyu, Tian Weili, Zheng Yingyue, Zhang Lili: Fuel consumption from vehicles of China until 2030 in energy scenarios[P]. Energy Policy, 38 (2010) 6860-6867.

[14] M. Gort & Klepper. Time Paths in the Diffusion of Product Irmovation [J]. The Economic Journal, 2009.

[15] Volker Blandow & Ludwig Boelkow. European Demonstration Projects on Hydrogen for Transport [J]. Sustainable Energy week. Brussels, 30 January 2008.

[16] Linde Gas. Hydrogen Production: Conventional & Renewable [J]. ETJ-Sustainable Energy week. Brussels, 30 January 2008.

[17] Hasishi Ishitani. Overview of Japan's Efforts on Plug-in Hybrid Vehicle, EVS-23 Plug-in Hybrid Electric Vehicleworkshop [J]. California USA. December 2007.

[18] Yoichi Kaya. Hydrogen and FCV in the Future[J]. Research Institute of Innovative Technology for the Earth. 2006.

[19] Joseph Romm. Reviewing the Hydrogen Fuel and Freedom CAR Initiatives. The Hype about Hydrogen[J]. Island Press. March 2004.

[20] P. T. Meade & L. Rabelo. The technology adoption life cycle attractor: Understanding the dynamics of high-tech markets [J]. Technological Forecasting and Social Change. 2004.

[21] John R. Wilson & Griffin Burgh. The Hydrogen Report: An Examination of the Role of Hydrogen In Achieving U.S. Energy Independence[J]. The Management Group. 2003.

[22] European Fuel Cell and Hydrogen Projects 1999-2002[M]. European Commission Community Research. 2003.

[23] S. Klepper & E. Graddy. The Evolution of New Industries and the Determinants of Market Structure[J]. RAND Journal of Economics. 2001.

中文部分:

[1] 国家发展改革办公厅:《新能源汽车碳配额管理办法》征求意见稿(发改产业办[2016]1768号), 2016年, 第一电动网。

[2] 清华大学中国车用能源研究中心:《中国车用能源展望》2012, 科学出版社2012年版。

[3] 湖北汽车工业学院项目组:《湖北省新能源汽车发展研究》, 2011年。

[4] 湖北汽车行业协会:《湖北汽车工业年鉴》2010, 湖北汽车工业年鉴2011, 2010, 2011。

[5] 中国汽车报2012年各期, 2012(1)~2012(9)。

[6] 付于武主编:《中国战略性新兴产业研究与发展新能源汽车》, 机械工业出版社, 2013年版。

[7]《吴敬琏建议新能源汽车引入积分交易机制》, 2016年。

[8] 朱劲松:《基于国家竞争优势理论的我国新能源汽车发展战略研究》,《湖北社会科学》, 2012年。

[9] 吴文劲:《低碳经济下中国新能源汽车发展路径及政策研究》,经济科学出版社,2015年12月1日。

[10] 陈军:《基于政策工具视角的新能源汽车发展政策研究》,《经济与管理》,2013年。

[11] 陈玲、张剑:《发达各国(地区)新能源汽车运行管理模式与特点》,《北京工业大学学报》(社会科学版),2013年。

[12] 唐贤兴:《政策工具的选择与政府的社会动员能力——对"运动式治理"的一个解释》,《学习与探索》,2009年。

[13] 道格拉斯·C.诺思,罗华平等译:《经济史中的结构与变迁》,上海三联出版社1994年版。

[14] 道格拉斯·诺斯著,杭行译:《制度、制度变迁与经济绩效》,格致出版社2008年版。

[15] 荷斯坦著,姜珊、高健译:《谁搞垮了通用——百年汽车巨头的十年拯救之路》,人民邮电出版社2009年版。

[16] 伊恩·卡森、维杰·V.维塞斯瓦伦:《汽车不确定的未来》,中信出版社2009年版。

[17] 国务院发展研究中心产业经济研究部:《中国汽车产业发展报告(2009)》,社会科学文献出版社2009年版。

[18] 国务院:《国务院关于加快培育和发展战略性新兴产业的决定》,2010年。

[19] 中国汽车工业协会:《我国节能与新能源汽车发展研究报告》,2010年。

[20] 曾耀明、史忠良:《中外新能源汽车产业政策对比分析》,企业经济,2011(2)。

[21] 何应成:《我国发展新能源汽车的国际战略意义——基于战略性贸易政策视角的分析》,产业经济,2011(4)。

[22] 刘兰剑:《国内外新能源汽车技术创新政策梳理与评价》,科学管理研究,2013(1)。

［23］梁晶晶、张建杰：《浅析中美新能源汽车市场准入制度》，标准科学，2013(8)：84-85。

［24］顾瑞兰：《促进我国新能源汽车产业发展的财税政策研究》，财政部财政科学研究所，2013。

［25］陈军：《基于政策工具视角的新能源汽车发展政策研究》，经济与管理，2013(8)。

［26］董建平：《用自主创新提升零部件业竞争力》，中国汽车报，2011年12月19日，A3版。

［27］陈柳钦：《摆脱新能源汽车产业发展困境的路径》，中国国情国力，2011(5)。

［28］温如春、钟新桥：《湖北战略性新兴产业发展战略研究》，特区经济，2012(8)。

［29］王晓辉：《新能源汽车走向产学研一体化》，时代汽车，2010(12)。

［30］清华大学中国车用能源研究中心：《中国车用能源展望2012》，科学出版社，2012(2)。

［31］聂彦鑫等：《美、日、中国新能源汽车的标准》，新能源汽车，2010(4)。

［32］左潋：《新能源汽车："弯道超车"需冷静》，现代商业银行，2010(5)。

［33］朱劲松：《基于国家竞争优势理论的我国新能源汽车发展战略研究》，湖北社会科学，2012(8)。

［34］肖俊涛：《论我国新能源汽车发展政策的完善》，湖北社会科学，2011(3)

［35］《电动汽车"解放"巴黎》，新能源汽车新闻，2013年6月16日。

［36］高雪莲：《新能源汽车产业全球进展与趋势分析》，青岛科技大学学报(社会科学版)，2013(9)。

［37］潘泓超：《退坡或将引发危机》，《新能源汽车新闻》，2013年11月6日，第5期，p.5。

[38] 经济合作发展组织，国际能源署：《电动汽车城市案例汇编》，2013年3月4日。
[39] 中国汽车技术研究中心、日产（中国）投资有限公司、东风汽车有限公司：《中国新能源汽车产业发展报告（2013）》，社会科学文献出版社，2013年9月。
[40] 徐枭、王巧凤、周荣：《新能源汽车发展主要障碍及其解决方案》，上海汽车，2009（5）。
[41] 吕斌：《"新能源汽车的规模化困境"》，法人，2009（8）。
[42] 万钢：《我国新能源汽车产业化发展分析》，市场论坛．2006（7）。
[43] 欧阳明高：《我国节能与新能源汽车发展战略与对策》，汽车工程，2006。
[44] 马钧、冯庆：《影响消费者购买电动汽车的因素研究》，上海汽车，2010（2）。
[45] 吴憩棠：《路漫漫其修远兮"私人购买新能源汽车补贴试点的通知"和"暂行办法"述评》，汽车与配件，2010。
[46] 李光：《影响我国电动汽车产业发展的关键因素研究》，武汉理工大学学报，2011（6）。
[47] 张明：《我国纯电动汽车产业发展：前景展望及策略选择》，四川省社会科学院研究生学院，2011。
[48] 唐葆君：《新能源汽车产业发展问题浅析》，经济研究导刊，2012（3）。
[49] 李小楠、罗思齐等：《消费者选择电动汽车的影响因素》，汽车与配件，2012（6）。
[50] 杨婕：《消费者对电动汽车购买意愿实证研究-基于政府产业政策理论》，特区经济，2012（2）。
[51] 李文辉：《新能源汽车产业链构建研究》，郑州大学，2012.05.01。
[52] 徐建伟：《我国新能源汽车产业发展中存在的问题及改革设想》，中国经贸导刊，2014（8）。

[53] 夏冬雨：《基于超级竞争理论的新能源汽车企业竞争优势研究》，中国海洋大学，2014.05.27。
[54] 黄俊岭：《我国汽车产业国际竞争力分析》，沈阳工业大学，2010.12.15。
[55] 艾民、黄怀玉：《我国新能源汽车产业发展的国际比较——基于"钻石模型"的分析》，工业技术经济，2011.11.25。
[56] 黄怀玉：《我国新能源汽车产业发展的国际比较研究》，陕西师范大学，2012.06.01。
[57] 王红岩、李景明：《中国新能源资源基础及发展前景展望》，石油学报，2009，30(3)。
[58] 崔胜：《新能源汽车技术》，北京大学出版社2009年版。
[59] 薛震：《新能源汽车产业化风险研究》，上海复旦大学，2009.4。
[60] 周柯：《新能源汽车产业链构建研究》，郑州大学，2012。
[61] 王涛，张友芹：《我国节能与新能源汽车的发展战略汽车工业研究》，汽车工业研究，2008(6)。
[62] 薛冬美：《我国新能源汽车产业发展战略研究》，山西财经大学，2011。
[63] 周东：《新能源汽车在我国发展的可行性分析》，中国环保产业，2007(1)：29-33。
[64] 曾鹏：《我国新能源汽车发展现状及问题》，上海汽车，2009(4)：12-14。
[65] 吴聪棠：《新能源汽车财政补贴政策解读》，新能源汽车，2009(13)：12-14。
[66] 陈柳钦：《新能源汽车产业发展的政策支持》，甘肃行政学院学报，2010(3)：11-19。
[67] 庾晋：《新能源汽车》，交通与运输，2008(2)：28-30。
[68] 赵斌：《比亚迪新能源汽车消费的影响因素研究》，中南大学，2010：53-71。

[69] 霍凤利：《我国发展电动汽车产业的专利分析与发展对策研究》，北京交通大学学报，2010(6)：24-26。

[70] 方海州、胡研：《促进新能源汽车快速发展的税收优惠政策影响分析》，汽车科技，2009(3)：7-10。

[71] 郑敬高、冯森、杨振东：《新能源汽车补贴政策的租金效应及其应对》，科学与管理，2014(6)：71-76。

[72] 史庆云、路漫：《我国新能源汽车如何应对贸易壁垒》，2010。

[73] 薛澜：《应对气候变化的风险治理》，北京：科学出版社，2014：204-210。

[74] 覃剑：《全球汽车产业发展趋势分析》，汽车工业研究，2015(10)：4-10。

[75] 陈军、张韵君：《基于政策工具视角的新能源汽车发展政策研究》，经济与管理，2013(8)：77-83。

[76] 符贵兴：《结构调整中的新能源汽车产业政策创新》，科技进步与对策，2013(20)：103-107。

[77] 马春梅：《我国新能源汽车贸易的发展策略——基于战略性贸易政策视角的分析》，决策咨询，2012(4)：40-44。

[78] 蒋丽君：《基于产品生命周期的中国汽车进出口贸易分析》，河南商业高等专科学校学报，2011(1)：10-13。

[79] 郑敬高、冯森、杨振东：《新能源汽车补贴政策的租金效应及其应对》，科学与管理，2014(6)：71-76。

[80] 罗少文：《我国新能源汽车产业发展战略研究》，上海：复旦大学硕士学位论文，2008。

[81] 薛震：《新能源汽车产业化风险研究》，上海：复旦大学，2009。

[82] 颜培钦：《我国新能源汽车发展主要瓶颈与建议》，机电工程技术，2010(8)：16-18。

[83] 程振彪：《对中国新能源汽车发展的看法及建议》，汽车科技，2010(6)。

［84］王慧：《促进我国新能源汽车产业发展的财税政策研究》，江西财经大学，2010。

［85］李大元：《低碳经济背景下我国新能源汽车产业发展的对策研究》，经济纵横，2011(2)：72-75。

［86］朱珞珈：绿色武汉交通，路就在脚下，湖北经济学报(人文社科版)，2011。

［87］高明泽：《中国新能源汽车产业研究》，吉林大学，2013。

［88］张东明：《新能源汽车推广应用相关政策及趋势分析》，汽车工业研究，2015(1)。

［89］唐葆君：《新能源汽车——路径与政策研究》，北京·科学出版社，2015年版。

［90］曾耀明、史志良：《中外新能源汽车产业政策对比分析》，企业经济，2011。

［91］王淳：《中国新能源汽车产业发展政策研究》，西南石油大学，2015。

［92］金永花：《日本新能源汽车市场推广对我国的借鉴》，东北亚论坛，2012。

［93］宋海清：《新能源汽车补贴政策研究》，北京理工大学，2015。

［94］王传琪：《中国新能源汽车发展现状分析及战略规划研究》，天津大学。

［95］胡建绩、翁睿：《我国消费补贴对象和产业选择实证研究——基于城镇居民收入消费面板数据的分析》，价格理论与实践，2009。

［96］张志强、曲建升：《温室气体排放科学评价与减排政策》，北京：科学出版社，2009。

［97］钱伯章：《节能减排——可持续发展的必由之路》，北京：科学出版社，2008。

［98］熊良琼、吴刚：《世界典型国家可再生能源政策比较分析及对我国的启示》，中国能源，2009。

[99] 晓宇：《新能源汽车补贴"退坡"加倍影响几何？》，经济研究参考，2015(48)。

[100] 宋海清：《新能源汽车补贴政策研究》，北京理工大学，2015。

[101] 周云发、曹克晶：《解读新能源汽车的政府新政策》，无线互联科技，2014(02)。

[102] 经济日报：《国内新能源车企借"他山之石"抢占先机》，2014年3月31日。

[103] 董治郡：《中国新能源汽车发展展望》，科技创新导报，2014年。

[104] 张贵群：《新能源汽车产业发展面临的路径依赖及其破解》，工业技术经济，2014。

[105] 何鹏：《国内外节能与新能源汽车财税政策分析》，汽车工业研究，2014(1)。

[106]《省级温室气体清单编制指南》

[107]《中国能源统计年鉴》

[108]《中国温室气体清单研究》

[109]《2006年 IPCC 国家温室气体清单指南》

[110]《温室气体议定书——企业核算与报告准则2004年》

[111]《欧盟针对 EU ETS 设施的温室气体监测和报告指南》

[112] 能源与交通创新中心：《零排放汽车积分机制 中国方案设计关键问题简要》，2015年6月。

附录一

湖北省襄阳市新能源汽车发展调查问卷
（2014 年 7 月）

您好！我们是湖北经济学院环境资源与国际贸易学院的学生，为全面了解湖北省新能源汽车发展的现状，正在做一项科研调查。本调查是 2013 年湖北省教育厅人文社科基金"后金融危机时代湖北省新能源汽车发展支持政策比较研究（13y067）"的子课题。

现耽搁您宝贵时间填写问卷。您的参与对我们非常重要，本次问卷调查数据只用于统计分析，不会对您产生任何影响，请您放心填写。诚挚希望能得到您的支持与协助。

您的职业： 1　消费者　　　　　　2　汽车企业职工
　　　　　　 3　汽车企业管理人员　 4　银行工作人员
　　　　　　 5　行业专家　　　　　 6　与汽车产业相关人员
　　　　　　 7　其他

请您在选中的答案后画"√"选择题均为单选

1. 您认为襄阳市绿色交通管理如何？您了解襄阳市新能源汽车及政策吗？
   A. 了解；　　B. 不了解；　　C. 有所了解；　　D. 无所谓
2. 您是否认为政府对新能源汽车政策与新能源汽车发展相适应？

A 是□	B 否□

3. 您是否认为提高汽车环保水平也会加大您的购车、用车成本？你是否愿意为环保汽车支出相对较高的购买费用吗：

A 是□	B 否□
A 是□	B 否□

4. 您认为银行系统对推动新能源汽车产业发展起到了相应作用吗？

情况不容乐观□	还好，一般般□
很好，推动了产业发展□	其他

5. 您认为在新能源汽车发展过程中，下面哪一项是最主要的因素？

政府政策□	企业的重视发展□
消费者环保观念转变□	其他

6. 您认为在销售方面所采取的策略是否够吸引消费者？

A 是□	B 否□

7. 您认为襄阳市新能源汽车发展中创新力度如何。请谈谈您认为金融支持对襄阳新能源汽车发展的作用。

A	B	C	D
大	一般	小	几乎没有创新

8. 您认为襄阳市新能源汽车发展中配套设施的建设如何？您认为有什么需要改进的地方？

A	B	C	D
非常好	一般	不好	差

9. 您认为襄阳市新能源汽车的发展前景如何？

A	B
前景很好	前景堪忧

10. 基于襄阳市新能源汽车发展状况，请谈谈您对襄阳市新能源汽车发展的看法和意见：

访问信息
姓名：_____　　居住城市：_____ 联系电话：_____　1. 手机　2. 家庭电话　3. 单位电话

附录二

2015年湖北省十堰市新能源汽车支持政策调查问卷

您好！我们是湖北经济学院和华中科技大学的学生，申请了2015大学生科研课题"湖北省新能源发展调查分析——以武汉和襄阳为例"。本课题也是2013年湖北省教育厅人文社科基金"后金融危机时代湖北省新能源汽车政策比较研究(13y067)"的子课题。为全面了解湖北省新能源汽车政策现状，现耽搁您宝贵时间填写问卷。您的参与对我们非常重要，本次问卷调查数据只用于统计分析，不会对您产生任何影响，请您放心填写。诚挚希望能得到您的支持与协助。

请您在以下问题选项后的□中打"√"

1. 您是否认为政府对湖北省新能源汽车的支持政策与新能源汽车发展相适应？

是□	否□

2. 在湖北省新能源汽车的支持政策中，您认为哪方面最重要？

对技术研发方面的支持□	对生产制造方面的支持□
对销售市场方面的支持□	对基础设施方面的支持□

3. 您认为湖北省新能源汽车政策在制定上存在哪些方面的不足？

基础设施建设□	税收优惠政策□
技术支持□	行业公平竞争规则制定□
汽车成本和使用成本□	其他

4. 您认为湖北省新能源汽车支持政策在实际中的运行如何？

情况不容乐观□	还好，一般般□
很好，推动了产业发展□	

5. 您认为在湖北省新能源汽车发展的过程中，下面哪一项是最主要的因素？

政府的支持政策□	企业的重视发展□
消费者环保观念转变□	

6. 您觉得湖北省新能源汽车的支持政策与新能源汽车的发展之间是什么样的关系：

政策很成熟□	政策超前□
政策滞后□	

7. 请您为下列政策的实施情况打分。

1	2	3	4	5
基本没有效果	效果很小	效果一般	较有成效	效果很好

减征乘用车购置税	1	2	3	4	5
开展汽车下乡	1	2	3	4	5
加快老旧汽车报废更新	1	2	3	4	5
清理取消限购汽车的不合理规定	1	2	3	4	5
促进和规范汽车消费信贷	1	2	3	4	5
规范和促进二手车市场发展	1	2	3	4	5
加快城市道路交通体系建设	1	2	3	4	5

8. 就您了解，目前相关政策对以下几种新能源汽车发展的扶持力度如何？（同上题一样打分）

混合动力汽车	1	2	3	4
纯电动汽车	1	2	3	4
燃料汽车	1	2	3	4
氢发动汽车	1	2	3	4

9. 基于湖北省新能源汽车的发展状况，请谈谈您对新能源汽车发展支持政策的看法和意见：

10. 请您就新能源发展战略和政策，简要谈谈政策实施过程中的得失：

附录三

2017年湖北省新能源汽车发展政策调查问卷

您好！我们是悉尼大学、北京盘古智库、湖北经济学院的学生和员工，为全面了解湖北省新能源汽车发展及相关支持政策现状，正在做一项社会实践调查。

现耽搁您宝贵时间填写问卷。您的参与对我们非常重要，本次问卷调查数据只用于统计分析，不会对您产生任何影响，请您放心填写。诚挚希望能得到您的支持与协助。

A 基本情况

您的职业： A. 学生　　B. 教职工　　C. 普通工人、商业服务人员、个体工商户　D. CEO、单位领导、私营业主、政府机关领导　E. 行业专家　　F. 其他

B 主体问题

请您在选中的答案后画"√"

1. 您是否有过购买新能源汽车的想法。

　　A. 有过，很可能购买发　　B. 有过，近期不会购买
　　C. 从未有过，但愿意关注　D. 从未有过，不会购买

2. 如果您想购买新能源汽车，最主要的原因是？（多选）

　　A. 节能减排

B. 追求时尚新潮，这是未来汽车的热点

C. 受周围人的影响

D. 用车成本低

E. 汽车品牌

3. 您了解武汉新能源汽车及相关支持政策吗？

  A. 非常了解-10 分； B. 有所耳闻-8 分；

  C. 不了解-5 分 ；   D. 无所谓-0 分

4. 您了解新能源汽车积分制吗？您认为积分制可以推动新能源汽车发展吗？

  A. 基本没有效果-0 分 B. 效果很小-5 分

  C. 效果一般-6 分   D. 较有成效-8 分

  E. 效果很好-10 分

5. 您了解武汉市的"碳宝包"吗？您认为这个 APP 可以促进市民提高购买新能源汽车的欲望吗？

  A. 基本没有效果-0 分 B. 效果很小-5 分

  C. 效果一般-6 分   D. 较有成效-8 分

  E. 效果很好-10 分

6. 对您而言，哪个价位的新能源汽车最具吸引力？

  A. 5 万以下   B. 5 万~10 万

  C. 10 万~15 万   D. 15 万~20 万

  E. 20 万~30 万   F. 30 万~50 万

  G. 50 万~100 万

7. 您认为新能源汽车的使用能缓解空气污染问题吗？

  A. 完全不可能-0 分 B. 只能缓解一部分-5 分

  C. 比较好的解决-8 分 D. 完全有效缓解-10 分

8. 如果您打算购买新能源汽车，您希望在购买中享受什么优惠（单选）

  A. 购车财政补贴   B. 免购置税

  C. 免费停车   D. 免限号

  E. 上牌摇号

9. 您觉得现在阻碍新能源汽车发展的最主要的( )三项原因

  A. 购买价格贵   B. 燃料成本高

  C. 维修保养费用高   D. 质量安全不可靠

  E. 配套设施不完善   F. 选择的车型太少

  G. 续航能力差

10. 您认为新能源汽车最大的3个优势( )

  A. 动力强   B. 节省能源

  C. 外观造型好   D. 功能齐备

  E. 安全   F. 维修保养费用低

  G. 发动机噪音小   H. 国家补贴多

  I. 清洁环保

11. 您认为在新能源汽车发展的过程中，下面哪一项是最主要的因素？

政府的支持政策□	企业的重视发展□
消费者环保观念转变□	其他

12. 请您为新能源汽车政策的实施效果打分。

A-0分	B-2分	C-3分	D-5分	E-10分
基本没有效果	效果很小	效果一般	较有成效	效果很好

  基于湖北省新能源汽车发展状况，请谈谈您对我省新能源汽车政策的看法和意见：

后　　记

　　作为新生事物，政策在新能源汽车的发展过程中起着关键作用。作为国家三大汽车基地之一的湖北，近年来湖北省新能源汽车爆发式增长，但遗憾的是，迄今为止，仍然没有一本系统介绍湖北省新能源汽车发展战略和政策绩效分析的书。2020年，中国新能源汽车补贴政策或将终止，湖北省新能源汽车如何才能可持续地健康发展？本书试图在此方面有所突破。

　　结合2013年中国清洁发展机制，基于《低碳经济下中国新能源汽车发展路径与政策研究》，本书进行了湖北战略和政策绩效的深入探讨。本书深入分析了湖北省新能源汽车战略与政策绩效，并提出了新能源汽车减排指标，对湖北省新能源汽车减排指标进行了初步设计并正在进一步完善。扬子江新能源汽车发展战略等约2万字由扬子江汽车有限公司雷洪钧总工程师负责撰写，有关亚洲新能源汽车发展战略等2万字由湖北经济学院金融学院叶楠副教授撰写，调研报告约5千字由华中科技大学管理学院、悉尼大学在读硕士朱珞珈主持调研并参与撰写，部分调研数据来自于扬子江汽车有限公司。

　　此外，湖北经济学院张奋勤教授、湖北经济学院经济与环境资源学院副院长王丹博士、扬子江有限责任公司雷洪钧博士、湖北经济学院金融学院叶楠博士等也对本书提出了很多宝贵意见，在此一并表示感谢！

　　本书是中国清洁发展机制基金2013年度赠款项目计划"湖北省应对

气候变化统计核算制度研究及能力建设"的阶段性成果，本书同时属于吴文劲主持的2018年度湖北金融发展与金融安全研究中心课题"后补贴时代湖北新能源汽车发展金融支持机制研究"。本书尝试性提出了衔接性的湖北省新能源汽车减排新指标，并具体落实到了可操作的层面。

所列举的主要参考文献之外，本书引用了国家图书馆电子文献"中文数据库"、"西文数据库"，网址：http：//www.nlc.gov.cn 和中国节能与新能源汽车网站，网址：http：//www.chinanewauto.org.cn 的资料，并采用了作者所主持和参与的相关课题研究报告。书稿难免存在不足，希望在今后的工作和学习中不断补充和完善。